• 高等政法院校专业主干课程系列教材 •

法理学教程

主　编　李其瑞

副主编　宋海彬

撰稿人　（按照姓氏拼音排序）

　　　　李其瑞　李　朝　宋海彬

　　　　王海山

中国政法大学出版社

2017·北京

西北政法大学本科教材编审委员会名单

出版说明

　　质量是高等院校的生命线，教学工作始终是学校的中心工作。多年来，我校始终把人才培养作为根本任务，弘扬老延大"政治坚定、实事求是、勇于创新、艰苦奋斗"的优良传统，不断改革进取，提高教学质量，为全国特别是西北地区经济社会发展和民主法制建设培养了大批高素质的专门人才。近年来，学校按照适度稳定规模、合理调整结构、充实办学条件、全面提高质量的工作原则，进一步深化教育教学改革，狠抓教学与管理工作，正在向着"法学特色鲜明、多学科协调发展、在国内有重要影响的高水平教学研究型大学"的目标迈进。

　　教材作为反映教育思想、教育观念以及教学改革成果的重要载体，是我校新一轮课程建设的重点。为了适应培养德、智、体全面发展的基础扎实、知识面宽、实践能力强、富有创新精神的人才目标的要求，学校决定紧紧抓住实施"质量工程"的有利时机，与中国政法大学出版社合作，启动新一轮的教材建设工作。

　　本轮教材建设工作围绕各专业的核心课程进行，命名为"高等政法院校专业主干课程系列教材"，由长期从事教学工作、教学经验丰富，具有教授、副教授职称的教师承担编写任务。我们力求使教材具有较强的科学性、系统性、新颖性和适应性，也希望这套教材能够为进一步提高学校的教育教学质量打下坚实的基础。

西北政法大学本科教材编审委员会

编写说明

本教程是应西北政法大学法学专业法理学教学和教材建设任务而编写的，因此，该教材的体例及章节安排是与我校法理学的教学改革相适应的。自 1998 年起，我校就开始对法理学课程进行改革，将原有的"法理学"课程一分为二，分为"法学导论"与"法理学教程"。"法学导论"为本科一年级法学专业学生开设，"法理学教程"为本科三年级法学专业学生开设，以期让学生通过循序渐进的方式逐步研习和融通法理学的基本概念和基本原理。与这一改革相呼应，本教程主要针对已经经过一定的系统法学教育和训练，特别是学习过"法学导论"的学生进一步深入掌握有关法学理论而编写。当然，作为一个集体的合作成果，其中难免存在内容和观点的各种瑕疵和问题，希望读者能够批评指正，以便修订时予以改正。最后，承蒙中国政法大学出版社的厚爱和西北政法大学领导的支持，本教材得以顺利出版，在此表示感谢。

本教材撰写分工如下（按照姓氏拼音排序）：

李其瑞：撰写绪论、第三章、第四章；

李　朝：撰写第一、二章；

宋海彬：撰写第八、九、十章；

王海山：撰写第五、六、七章。

李其瑞

2017 年 1 月

|目 录|

绪 论

【内容提要】

法理学以其独特的研究对象和研究方法区别于其他部门法学科，绪论旨在对法理学作为专门研究法律现象当中一般性问题的一门理论法学学科作一整体介绍。什么是法理学？法理学区别于部门法学的特征有哪些？法理学的研究方法有哪些？了解法理学学科的这些基本问题与基本方法，对深入理解整个法律现象及其理论体系，探讨法律现象和法律问题背后的深层联系和原因，把握法理学作为法学"元理论"的功能与价值，形成完整的法学世界观和方法论具有重要意义。

【重点问题】

法理学的定义与特征；法理学的研究对象；法理学的学科意义；法理学的研究方法

第一节　法理学的定义、特征及意义

一、法理学的词义及其在中国的传播

"法理学"一词，英语为 Jurisprudence，德语为 Jurisprudenz，都源于拉丁文 Jurisprudentia，即"法学"。Juris 是"法理学"一词的词根，指法律或权利，prudence 则指智慧、知识等，两词合起来可以"看做是寻求法律的智慧，或者寻求对法律的明智理解的学问"[1]。在 18 世纪以前，法学尚未发展成为一门独立的学科，法学内部的学科划分也还没有形成，因而也就没有作为法理学这一独立的学科门类。18 世纪以后，随着科学主义思潮的兴起，受经验哲学和实证哲学的影响，研究法律的学问也朝着科学靠近，于是便产生了法律实证主义。英国功利主义哲

---

〔1〕 ［英］韦恩·莫里森：《法理学——从古希腊到后现代》，李桂林等译，武汉大学出版社 2003 年版，第 2 页。

学家和法学家边沁（Jeremy bentham，1748～1832）在 1782 年撰写了《法理学定义的界限》（The Limits of Jurisprudence defined，1782）一书，提出把可感知的实在法作为法学的研究对象，建立一个与自然法学说不同的法学理论。但是这个书稿直至 1945 年才被发现，以至于在英美法学界，法理学的产生不是追溯到边沁，而是追溯到边沁的学生约翰·奥斯丁（John Austin，1790～1858）。奥斯丁在 1832 年出版的《法理学范围之限定》（The Province of Jurisprudence Determined，1832）一书中，试图划清法学在研究对象和研究方法上同哲学、伦理学相混同的状态，认为法理学应该研究"法律是什么"，而不是"法律应当什么"，法学研究应该严格区别"实有"与"应有"的东西，必须把道德的因素排除在法理学的研究对象之外，创立一个真正独立的法律概念体系。因此，他提出了所谓"一般法理学"（General Jurisprudence）的概念，用以指称"实在法之哲学"（philosophy of positive law），从而区别于政治哲学、道德哲学。伴随着"分析法学"后来在英美学术界长期占据的主流地位，奥斯丁既实现了法理学的独立，也同时赋予了法理学以"运用逻辑实证方法研究实在法的一般问题"这种"分析法学"的形态。基于此，法理学也往往被认为是以实在法为研究对象的法学理论体系。[1]

虽然英美分析法学至今绵延兴盛，但当今的一般法理学并非完全是分析哲学意义上的概念范畴体系。仅就法理学学科的一般含义来讲，首先牵涉到"法理学""法哲学"（Legal philosophy、Philosophie der Rechts）这两个概念的关系。在与边沁、奥斯丁大致同时代的德国，产生了作为哲学一个分支或门类的法哲学，并同样对法理学学科也产生了深远的影响。其中主要的代表人物及其文献有：1796 年费希特（Johann Gottlieb Fichte，1762～1814）的《自然法权基础》、1797 年康德（Immanuel Kant，1724～1804）的《法的形而上学原理》、1796 年历史法学派的重要奠基人胡果（Gustav Hugo，1764～1844）首开的"实在法哲学"大学课程（1798 年又将讲稿整理出版了《作为实在法，特别是私法哲学的自然法教程》）。其后，黑格尔（G. W. F. Hegel，1770～1831）在柏林大学开设"法哲学"讲座，并于 1821 年出版了《法哲学原理》。从此，作为哲学门类的法哲学课程广泛存在。同时，在法学界，"法哲学"和"法理学"两个概念也一直并存，并且存在着二者结合使用的情况。[2]此外，除法哲学以外，德语 Jurispru-

---

〔1〕 葛洪义主编：《法理学教程》，中国政法大学出版社 2004 年版，第 4 页。

〔2〕 针对这种情况，日本著名法学家八木铁男曾写道："不管是过去还是现在，一直都有学者试图明确区分法理学和法哲学。反过来，有相当多的学者不刻意区别二者，而把它们看作同一门学问的名称，这同样也是事实。不同名称在使用上的长时间并存，这种情况在学界范围之内来看实在可以说是绝无仅有的现象"。〔日〕八木铁男：《分析法学和现代》，成文堂 1989 年版，第 160 页。

denz 与英语"法理学"词形相同，但有时特指"法律解释学"，并不与 Jurispru-
dence 完全相同。受实证主义影响，德国也出现了"一般法学"（allgemeine Re-
chtslehre），后又改称"法的理论"（Rechtstheorie），则接近英美分析法学。相
反，在英美国家，Legal theory（法律理论）一词却更接近欧陆"法哲学"的含
义。一般认为，法理学与法哲学用法上的偏好，背后反映的是英美与欧陆两大
法系及其学术传统的差异。[1]

那么我们应该如何来确定法理学的范围和什么是法理学呢？对此英国法学
家韦恩·莫里森在其《法理学》一书中借用语言哲学家 L. 韦特根斯坦的观点，
认为研究词的意义，目的在于能够在实际生活中更好地引导自己，对语言用法
的研究会让我们感到社会生活是何等的复杂，对表面上看似简单的问题寻求意
义的答案时，结果通常是不确定的。法理学也是如此，不能把法理学简单地定
义为回答"法律是什么"的大全，如果法理学仅仅以此为核心任务，那么早在
2500 年前这一问题就提出来了，为什么人们至今尚未达成共识呢？由于人们对
法律有多种理解，所以，广义的法理学不应当局限于一种观念，而应该探求这
种多样性是如何形成的。[2]

在我国，法理学多年以来一直是大学法律系的一门必修课，但对大多数法
律人来说，法理学被认为是晦涩难懂、难以了解其基本要旨的学科。人们对法
理学模糊难解的印象，大概来自两方面的原因：一是内容本身抽象，富有高度
哲理性。另一个原因是"法理学"一词自身就不甚清晰，不如其他学科如民法、
刑法那么直观和容易理解。法理学就目前学界的理解，是英文 Jurisprudence 的中
译，但是"法理学"这个名词实际上传自日本。

如前所述，英文中的 Jurisprudence，就其拉丁文的语源而言，是法的智慧或
法的知识之意，也就是法学（Science of Law）的意思。Jurisprudence 一词在今日
英文中主要有两义：一是法学；二是法律哲学。而对中国学者而言，一般是从
后一种意义上来理解 Jurisprudence 的。另外，在许多场合还把法理学称做"基
础法学"，但这一概念似乎不太准确，台湾地区学者严厥安就认为"基础法学是
一个搜集式概念，它大致用来指所有与法律相关的，却又一般诠释实证法的学
科。严格说来基础法学并非学科名称，而只是一个别无他法下使用的一个概
念"[3]。至于"基础"，实际上是一个非常含混且缺乏内在统一性的词语，比如

---

〔1〕 葛洪义：《法理学》，中国政法大学出版社 2002 年版，第 5 页。

〔2〕 参见［英］韦恩·莫里森《法理学——从古希腊到后现代》，李桂林等译，武汉大学出版社 2003
年版，第 1～2 页。

〔3〕 颜厥安：《法与实践理性》，中国政法大学出版社 2003 年版，第 6 页。

刑法学中也有基础的犯罪学及刑事政策学，那么刑法学是基础法学还是应用法学？可见基础是个相对的概念，在此为基础而在彼则不是基础。

我国目前使用的"法理学"一词源于日语。明治十四年（1881年），日本法学家穗积陈重（ほづみ のぶしげ，1855～1926）从英国留学归国入东京帝国大学讲授"法论"时，认为当时日本流行的"法哲学"一词形而上学的色彩浓重，故创造了日文汉字"法理学"这一名称。后被大多数学者所接受，一直沿用至今。所以，在日本一般没有欧洲的法理学和法哲学之分，法理学就是法哲学。但也有一些日本学者没有采纳穗积陈重这一用法，大正昭和时期就有"法律哲学"之称和倡导"法哲学"的学者，如昭和四年高柳贤三出版了《法律哲学要论》[1]，以昭和十年尾高朝雄《法哲学》一书出版为契机，尾高所提倡的"法哲学"概念逐渐普及。[2]

日本学者对"法理学"和"法哲学"概念的这一用法也影响到我国。早在1904年，梁启超即发表了《中国法理学发达史论》一文，但他所指的"法理学"，显然只是指一般的法律思想及其理论学说，与我们现在所说的法理学尚有差距。民国时期的大学法学院系的课程设置上一般也都采用"法理学"这一名称，并翻译、编纂了诸多法理学的教材。如1928年商务印书馆即出版了共产党早期创始人李达翻译的日本穗积陈重的《法理学大纲》；中国人所写的法理学著作，最早见于1934年黄俊编著的作为朝阳大学教材的《法理学》一书，此后有1936中山大学出版的沈龙翔的《法理学讲义》、1947年李达在湖南大学开设"法理学"课程时著的《法理学大纲》。1949年以后，我国仿照苏联将法理学改称"国家与法的理论"。20世纪80年代中后期，政治学从法学中分离出来而成为独立学科，从而将"国家与法的理论"改为"法学基础理论"或"法的一般理论"，后来逐渐确立为"法理学"，并且大都与"法哲学"混用，指的是法学中研究法的一般理论的学科，是广义上的法理学，其区别于英美国家作为分析法学的狭义法理学。

二、法理学的研究对象与特征

一般地说，法理学是指运用哲学方法专门研究法律现象当中一般性问题的一门理论法学学科。法理学的兴起既是人们法学认识上深化的产物，也为推动法律实践和法学发展所必需。虽然法学的各个分支学科都是研究法律现象、解决法律问题的，但问题在于，如果不能从根源上对法律现象做出超越体制或规则自身的理论概括与解释，法学必然是盲目和肤浅的。正如德国著名法哲学家

---

〔1〕　该书的中译本由张与公译，上海法学编译社1931年版。

〔2〕　[日] 八木铁男：《分析法学与现代》，成文堂1989年版，第160页。

考夫曼所说:"法律哲学并不局限于现行法范围内,而是对现行法采取超越体制的立场。"[1]因此,法理学首先意味着将整个法律现象作为一个整体,以一种超然于当下的视角对法律问题作出学术反应,并以这样的学术产出为具体法律现象提供认识基础与方法旨趣。这就决定了法理学在研究对象以及学术品性上具有不同于部门法学的相互联系着的三个特征。

第一,法理学以一般性的法律问题作为其研究对象。法理学具有超越具象的一般性或总体性特征,法理学的研究对象不能局限于某一特定法律现象领域或者具体的法律问题,而是对法律现象做整体上的研究。这种整体上的研究当然不是所有其他部门法学的机械相加,法理学不是法学大全,亦非法学概论。所谓"整体上的研究",就是对作为具象的法律现象能够达到一种理论上的概括、抽象与统摄。

理论发展的直接动因就在于"凡事得有个说法",法理学的特点表明它正是对法律问题有个说法的理论。"说法"本身就是一种说理的过程,是通过思考者从具体问题开始,逐渐进行抽象和概括后形成的。当然,法理学的抽象性并不意味着它就是空洞、主观的说教,法理学的抽象来自于实践和经验,进而又对实践和经验进行理性提升。这种抽象的过程是更为丰富的"抽象",是从抽象到具体的上升。比如,法理学对权利的界定,是对债权、物权、诉权等具体权利的抽象和概括,但抽象和概括后的权利又成为那些具体权利的理论基础。法理学是以能够达致对整个法律现象或整个法学进行内在理论统摄的问题为研究对象的,要探讨法律现象背后的深层联系,找寻法律问题的正当性与合理性。法理学就是由这些法学领域当中的深层问题及合法性、合理性追寻所组成的范畴体系。这些问题既是对具体法律现象或法律问题进行抽象思考和理论概括所产生的问题,也是对这些具体法律问题的终极追问与价值考量。比如,"人人均需守法"作为一条规则,其具有约束力的依据何在?或者说人们为何要遵守这一规则?仅仅是由于国家的强制性规定?抑或是守法者对国家强制力的畏惧?这些问题均需得以回答,否则该规则的合法性或正当性就会受到质疑。正如施塔姆勒所言:"法哲学是法律对价值评判的思考,即'正当法学说'。"因此,通过理智的说理过程,给具体法律问题提供一个超越规则的、有效的说理模式和论证逻辑,使得法律规则或司法裁判具有合理性与正当性,或许才是法理学作为一个相对独立的法学门类存在和发展的原因。

第二,法理学是具有思想性特征的法律知识体系。思想没有全新的,思想在借鉴和继承中发展。法理学是关于一般性法律问题的理论体系或思想体系,

---

[1] [德]考夫曼:《法律哲学》,刘幸义等译,法律出版社2004年版,第10页。

必须具备某种程度的思想性特征。法理学是凭借自身思想性的学术品性来实现其总体性的价值关怀和研究目的的，即通过对法律现象进行总体把握，为整个法学提供价值取向和思想根基，只有这样，法理学才能够是法学的"元理论"。"元理论"的产生必然借助于"元问题"，而一切人文社会学科的"元问题"又往往是在思想史上具有永恒性的话题，也正是元理论的部分，才使得一门学科凝聚成具有核心范畴的高级逻辑形式。区别于法学其他学科，法理学根本上是一种法律思想作业，"法典背后有强大的思想运动"〔1〕，就像"哲学是把握在思维中的它那个时代"一样，法理学作为法学"元理论"的使命就在于它必须对自己时代的终极性问题给出正面的回答。而完成法理学的这一使命离不开对人类历史上已经产生的古老的、恒久的法律问题的关注和理解，离不开对人类法律思想谱系的高度自觉。因此，法理学研究必须建立在对历史上一切有价值的法律思想成果之上并不断重估这些思想成果。对此，考夫曼曾指出："任何刑法法律人都不能借助一本 50 年前，或只是 10 年前所写的工具（条文释义、教科书）来解答一案例。如此的文献几乎只能作为历史文献。哲学与法律哲学则截然不同。我们对亚里士多德、康德、黑格尔等人的兴趣并不仅止于其历史而已。要解决今天的难题，他们一直仍是重要的，在多方面远比一本 1992 年的哲学书籍还重要。"〔2〕换言之，区别于其他法学学科，法理学更多的是要以已经存在的具有重大影响的思想成果为直接的研究对象，正所谓"思想只能站在巨人的肩膀上得以发展"。可见，"法理学者是带着理解的前知识、前理解来把握现实法律的，而这个前理解则是通过解读以往的思想成果获得的。无法想象一个脑中一片空白的人能够对法律做出深刻的认识。正是凭借这种长期的知识积累，才能够把握住法理学领域中的'真问题'，所以，法理学研究最终应该定位在思想体系的构建上，是在前人已有法律思想成果基础上的思想进步"。〔3〕这实际上就是说，法理学还是一种具有谱系性的思想体系，是无法割断其历史联系的一种知识体系。在法律思想史上，每一种重大的成果都有其历史的渊源，都是对以往思想成果的承继与发展，都是法学理论工作者带着前理解和前知识来把握现实所获得的。因此，对思想体系的构建并在前人思想成果的基础上推进思想进步，是作为抽象法学理论的法理学的重要特征之一。〔4〕

---

〔1〕［美］劳伦斯·M. 弗里德曼：《法律制度——从社会科学角度观察》，李琼英等译，中国政法大学出版社 1994 年版，第 241 页。

〔2〕［德］考夫曼：《法律哲学》，刘幸义等译，法律出版社 2004 年版，第 5 页。

〔3〕葛洪义主编：《法理学》，中国人民大学出版社 2003 年版，第 15 ~ 16 页。

〔4〕李其瑞："抽象法学理论的品性及意义"，载《宁夏社会科学》2006 年第 1 期。

　　同思想的谱系性问题相联系，法理学还需保持其思想及其体系的开放性。作为对法律现象当中一般性问题的理论研究，法理学的进步必然要借助其他人文社会科学，甚至自然科学的研究成果。完全不依赖其他学科的法理学是不存在的。法理学研究的开放性，是由人文社科思想本身具有的内在联系性决定的，也是社会现象和社会关系本身无法截然分割的结果，自给自足的法学理论体系是不存在的。这也意味着任何法律问题的研究都不能脱离社会现实与社会实践，不能仅仅局限在法律现象的自身范围之内。相反，只要有助于思考法律基本理论问题的社会思想成果，都属于法理学所涉猎的研究范围。

　　第三，法理学是具有批判性和预设性的知识体系。法理学虽然具有逻辑自足性，是一种由许多概念、原则、原理等要素组成的知识体系。但是，法理学不是宗教信仰或戒条，更不是一套固定不变的教义或意识形态。法理学要不断地接受人们在实践中发现的理论缺陷和对它的批评，在开放的状态下包容其他理论成果并在其中反思自己，使自己能不断地向真理靠近。作为知识体系的法理学不同于法律制度的一个重要方面在于它不能墨守成规，不能仅仅满足于当下的法律实践和现实的需求。理论的主要作用在于不断地去检视、反思和批评现实，这也是法学研究和法律科学的生命力所在。法律是保守的，但法学是自由的。保守的法律需要法学不断地审视、批评和引导。人们常说当代法学的特征是反思性的，"反思"的前提就是要批判。正所谓"法学不能只满足于当前的法律政策和法律实践的需求；法律课程也不能只遵循现有的司法实践。对司法实践进行批判和修正是法学（信条学）研究的必要组成部分"。[1]

　　科学始于问题，爱因斯坦指出："提出一个问题，往往比解决一个问题更重要。"[2]问题和预见是理论和科学发展的出发点。任何一种成熟的理论都是首先提出问题和预见，然后对问题和预见进行观察、实验、应用等前评价，再经过实践环节来排除问题和预见中存在的错误后才能得以完成。人类的思想史也就是一部问题史，"如果运用'问题史的方法'去检视整个思想史，就会发现，一个一个哲学家的肖像都悄然隐去了，汗牛充栋的著作和手稿也悄然隐去了，剩下的只是一连串的问题。所谓思想史和哲学史，就是问题史，就是一长串问题构成的神圣的链条"[3]。同样，一个真正的法律问题并不是完全都直接来自于实践经验，或者都来自于法律实践中某个具体的案例。历史上许多经典问题往

〔1〕　［德］伯恩·魏德士：《法理学》，丁小春、吴越译，法律出版 2003 年版，第 147 页。

〔2〕　参见邱仁宗编著：《科学方法和科学动力学——现代科学哲学概述》，知识出版社 1984 年版，第 58 页。

〔3〕　俞吾金：《问题域外的问题——现代西方哲学方法论探要》，上海人民出版社 1988 版，第 119 页。

往是经过理论家和思想家敏锐的洞察力揭示出来的，例如，著名的"培根问题"就是因为哲学家弗朗西斯·培根认为科学应该是在归纳感性经验基础上形成的，于是培根就提出了知识是如何产生的问题。伊曼努尔·康德继续讨论培根提出的问题——科学怎样才能保证开始于经验的知识具有普遍性并与形而上学区分开来？于是就有了"康德问题"，等等，我们还可以列举许多这样的历史典例。尽管理论来自实践并在实践中排除错误和检验自己，但理论一旦形成又有自己的自主性，进而引领现实向未来进发。当一种理论失去了能够"指点"未来的预设功能时，人们往往就会指责它不成熟、保守或落后，这种理论也就失去了价值。法学界的人们都清楚地记得自己是在什么情况下感叹"法学幼稚、落后！"的。所以，法理学不能只是映像现实的镜子或照相机，更重要的应该是具有超前性的法律观念和法律知识体系。回顾法学史，我们可以深刻铭记，那些对人类法律变革起到指南作用的理论和思想，都不是那个时代法律现实的机械写照，而是被当时视为"臆想"或"背叛"的"异端邪说"。作为抽象法学理论的法理学的预设性，正是人的主观能动性在法律认识过程中的充分体现。

三、法理学的意义

法学是一门实践性很强的学科，而法理学却是以抽象性、思想性为特征的法学学科，也正是法理学的这些不同于部门法学的特点，才使得法理学的意义成为一个需要探讨的问题。在整个法学体系中，法理学的品性和地位都是很特殊的，这种特殊性在人们最初研习这一学科时肯定会带来认知上的困惑和误解。既然法理学是法学的一个部门或学科，人们也就往往很自然地习惯于用部门法学的思维看待法理学。但问题在于，法理学并不关切任何具体的权利、义务，好像无法从中得到解决任何法律纠纷的具体措施，从而使人们得出"法理学是无用的"的看法。美国当代著名法学家波斯纳就不无调侃地说道："对从事实务的人们，哲学是一个令人痛苦的题目。哲学家们似乎总是钻研一些只要有一点常识并且要挣钱糊口的人连一分钟也懒得去思考的问题。"[1]波斯纳的批评让我们看到，质疑法理学的价值既是一种简单化的认识，也是对法理学学科属性以及功能意义存在的常识性偏见。因此，对法理学意义的梳理与概括不仅可以纠正现实中对法理学的错误认识，还可以推动其跨越实在法的界限去构建法律思想体系的进程。总体上说，法理学的学科意义体现在两个方面：一方面是其理论意义；另一方面是其实践意义。法理学是法学体系中的一门基础性学科，学习和研究法理学首先要充分理解法理学的学科意义。这既是学习法理学的动因，更是对这门貌似枯燥的课程发生浓厚兴趣的前提。

---

[1]　[美] 波斯纳：《法理学问题》，苏力译，中国政法大学出版社 1994 年版，第 4 页。

　　第一，法理学既对其他法学学科具有普遍的指导意义，也是与其他学科知识进行交流的纽带。法理学与法学体系中的其他学科比较，它所研究的基本概念、原理等都是从各部门法学科中概括而来，反过来又对部门法学加以指导的。在部门法体系中，宪法处于"龙头"地位，处于最高的法律位阶，而在法学学科体系中，法理学相对其他法学学科而言，法理学属于"龙头"学科，它对其他法学学科或课程具有普遍的指导意义。尽管有学者认为将法理学与其他法学学科的关系定位于"指导"与"被指导"是作茧自缚[1]，但我们认为，只要承认法理学是一种思想体系，是一种系统的法律观，是一种价值权衡或方法论体系，它必然就具有了指导意义。因此，学习和研究其他法学学科，尤其是应用法学，必须熟悉和掌握一些法学的基本范畴与基本原理，比如权利与义务的关系、法律的效力及其位阶、法律与道德等其他社会规范的关系等，都是学习其他法学学科知识所必须掌握的重要理论工具。法理学作为整个法学的基础学科，可以从深层次制约着它们的知识体系和学科形态，甚至法学内部的学科整合与分化都是法学理论发展和更新的产物，这实际上就为其他法学学科提供了基本的法律观和方法论的指导。在此意义上讲，没有基本的法理学素养，就无法将法理学所提供的理论成果转化到本领域的研究，任何其他法学都是无法提升自己的学术层次和构建其理论体系的。比如，1997 年我国刑法曾做过一次大规模的修订，一批基于注释研究的刑法学著作一夜之间成为废纸。对此，陈兴良教授就呼吁刑法学研究要超越注释法学，注重刑法一般理论的研究。[2]德国法学家考夫曼也指出："并不需要每位法律人都成为专业的法律哲学家。但每位法律人至少应当有一定的法律哲学的品位，借以扩大他的'难题意识'。"[3]另外，法理学还是连结法学与其他人文社会科学甚至是自然科学的纽带，通过法理学把其他学科的最新研究成果引入法学。法理学肩负着法学和一般社会理论及其他人文社会科学交流、对话的职能，从而影响着整个社会思想界政治法律意识的进步。

　　第二，法理学的学科特征决定了它必然具有超越实在法的反思功能，并以此推动立法的发展与政治法律意识的进步。法理学的意义与部门法学有所不同，法理学不具有部门法学那样的现实"功用"，在这个意义上，与哲学以及其他基

〔1〕　对于法理学是否具有指导意义的争论可参见刘作翔："法理学的定位：关于法理学学科性质、特点、功能、名称等的思考"，载《环球法律评论》2008 年第 4 期；田夫："法理学'指导'型知识生产机制及其困难——从法理学材出发"，载《北方法学》2014 年第 6 期。
〔2〕　参见陈兴良：《当代中国刑法新理念》，中国政法大学出版社 1996 年版，序言第 1 页。
〔3〕　[德] 考夫曼：《法律哲学》刘幸义等译，法律出版社 2004 年版，第 1 页。

础理论学科一样，法理学确实是无"用"的。但是，也正是与哲学以及其他基础理论学科一样，法理学具有的却是任何部门法学都需要而又都替代不了的功能与价值。这种功能与价值不是技术性的，而是理论性、思想性和观念性的。按照美国法学家戈尔丁的概括，法律认识可以划分为两种：一种是根据法律的思考，另一种是关于法律的思考。其中"根据法律的思考"是把法律作为思考依据或准则的认识活动，这一认识过程是不能逾越法律的。一般来讲，部门法学的学术形态主要是注释法学，因而主要是"根据法律的思考"，即便有前瞻性、探索性的研究，这种研究最终也是一实在法及其现实运作为指向和归依的。而法理学则不同，法理学整体上讲属于"关于法律的思考"，也就是说，法理学必然要超越实在法，而探讨古往今来一切法律现象当中的一般性问题，或者说根本性问题，并对现实中的法律提出一种理想化愿景。这样一来，法理学就必然是抽象的、总体性的、反思性的，唯其如此，它才能够超越具体法律现象与实践经验的局限或片面，承担起作为法学"元理论"的功能与价值，从理论上把握和完善实在法。

第三，法理学是一门具有重要实践价值的学术门类。法理学不仅具有上述理论意义，还具有重要的实践价值。法理学的实践意义既体现在理论对实践的指导价值，也体现在法理之于疑难案件的处理上。往往人们对法理学的理论意义并无不同意见，但对其实践价值却存在不同看法，甚至认为法理学没有直接的"应用"性。实际上，"法理学作为法学的一个门类，同样是实践的"[1]。对法理学意义认识的不足，反映出人们在法学理论思维上的贫乏，其实质乃是根源于理论与实践关系上的错误认识。认识不到法学理论的价值，是因为他们错误地认为实践可以脱离理论而自足，而这种自足的感觉是由于他们缺乏整体把握实践经验从而挣脱常识性偏见的意识和能力。一方面，任何实践本身都包含着人们的意志、判断或预期，包含着人们的思考，这些观念性的成分必然内在地或者说前提性地影响着实践的形态与效果。另一方面，从实践到认识的过程从来都不可能是自动完成的，对任何实践经验的把握都离不开人们思维上的自觉，离不开人的主体性和能动性。因而，不具有起码的理论意识，对自身认识不具有起码的反思能力的人，必然在各种有限性力量的直接支配之下，整体上处于被动、盲目与奴役状态。正如英国哲学家罗素所说："一个没有一点哲学味的人的一生只是受制于各种偏见的囚徒，这些偏见来自于常识，来自于他的年龄和民族的习惯信仰，来自在他大脑中生长起来却没有得到他的思维理性合作

---

〔1〕　葛洪义主编：《法理学教程》，中国政法大学出版社2004年版，第18页。

或同意的内心确信。"〔1〕

法理学的实践意义就在它为法律认识提供理论依据和分析进路的同时，还不断强化着一种从总体上把握法律现象和法律问题的问题意识，强化着法律实践中不断反思的批判立场和深入论证的科学精神。法理学所承载的是探索符合时代要求的先进法律观念、成就本民族法学认识境界、昌明本国政治法治文明的学术使命。从法治原则的确证、法律信仰的普及、法治道路的抉择、民主人权价值的强固，到法律职业者理论素养的培育、国民主体意识和现代法律观念的养成，都与法理学息息相关。法理学通过理论化的言语最终所传递的乃是对人类生存、社会正义和民族命运的实践关怀。

法理学还有助于培养法律职业者所必须具有的法律思维方式和提升他们应对疑难法律问题的能力。这既包括法律信仰和职业伦理的确立，也包括运用法学理论驾驭法律问题的执业能力的提升。法律问题不像数学或自然科学的问题那样，可以按照一个既定的公式或程序自动推演出来。那种认为法官只是一张宣告法律的嘴，因而司法活动就是"上孔输入事实，下孔就会吐出判决"的认识，实际上是对成文法不切实际的幻想。法律问题能成为问题，就说明了它是需要动用人的智慧和勇气才能加以妥善解决的。一般情况下，纠纷解决的司法适用都可以寻找到相应的规则或条款，但当法律有漏洞或者适用某一规则明显会导致不公正的结果时，法官将会无所适从。因而，当司法过程遇到疑难案件时，法官只有借助法学理论以及公平正义的观念，才能实现对自己头脑中法律知识的创造性地组织和运用，作出无愧于时代的法律决定。正如美国当代著名法学家德沃金所认为的那样，在法理学与判案或法律实践的其他方面之间不能划出一条固定不变的界限，"任何法官的意见书都是法哲学的作品，纵使那个哲学被隐藏着，而引证与一系列事实支配着可见的论证。法理学是裁判的总则部分，是任何法律决定的无声前言"。〔2〕

总之，法理学应该研究什么？其范围如何确定？这些问题不仅关系到把什么作为法理学的研究对象，而且它还与其研究的进路和方法有关。在近代以前，西方法学主要表现为以自然法学为传统的二元思维。近代实验科学兴起以后，法学一直就被一种特定的法哲学所统治，那就是法律实证主义，狭义的法理学也就由此而生。通过对自然法学二元论和实证法学的反思，当代法学家意识到以往法理学研究之所以没有一个确定的构架或者一致性，可能是我们没有能够把"法律是什么"放在特定的语境中去加以考虑，法律现象到底是一个单一的

---

〔1〕　[英] 罗素：《哲学问题》，何兆武译，商务印书馆 2007 年版，第 130 页。
〔2〕　[美] 罗纳德·德沃金：《法律帝国》，李冠宜译，时英出版社 2002 年版，第 99 页。

现象还是一系列不同的、松散的集合在"法律"标签下的许多现象？为什么历史上那些著书立说论述法律的人们都倾向于提出一种主导性的法律理论，提供一种宏大的法律叙事？于是，许多现代法学家呼吁，对于学习法律的人来说，一个迫在眉睫的问题是如何说明法律理论视角的多样性，法理学的任务就是要给我们提供一些我们借以能够理解复杂法律现象并与之建立某种关系的手段或方法。

第二节　法理学的主要研究方法

一、价值方法

在法学研究中，不同的问题域会引发人们对该问题域中所涉及的研究对象的不同思考方式。英国著名哲学家罗素曾经指出：在全部哲学史中，哲学一直是由两个部分构成的：一方面是关于世界的本性（是什么）的学说，另一方面是关于最佳的生活方式（应如何）的伦理学说和政治学说（即价值学说）。[1]同样，人们对法律世界的探索也面临着两个方面的问题，即法律是什么和法律应如何的问题。对这两个问题的思考构成了法学研究的两大问题域——本体论和价值论。本体论是一个事实问题，而价值论则是一个评价问题。作为评价性认识的价值论，始终贯穿着评价者的主体因素，具有主体性，因而也使法学方法论中的价值方法就有着自身的特点和意义。

在法学研究中运用价值方法，强调法律认识的主体性特征，以及人自身的价值观念对法律的影响，不是否认在法律认识中包含有价值认识以外的事实要素，也不是贬低经验和实证方法对法学研究的重要意义。恰恰相反，承认价值观念和价值方法在法律认识中的作用，正是为了更好地在法学研究中建立科学有效的认识法则。尤其是长期以来我国法学研究曾忽视和回避了价值问题，没能把规范（价值）研究和实证（经验）研究结合起来。其实法学研究中的两种方法是紧密联系的，因为"人们在进行法的实证分析时总是以一定的价值标准为前提，而法的规范分析也必须具有实证基础才有说服力"。[2]所以，恢复价值方法或规范研究在法学方法论中的地位，会使我们重新得到一片需要耕种和播

---

[1] 这实际上就是长期以来人们争论不休的"休谟问题"，罗素认为事实与价值是由两个不可调和地混杂在一起的部分构成的，"这两部分未能充分划清楚，自来是大量混乱想法的一个根源"。［英］罗素：《西方哲学史》，何兆武、李约瑟译，商务印书馆 1981 年版，第 395 页。

[2] 季卫东、齐海滨："系统论方法在法学研究中的应用及其局限：兼论法学方法论问题"，载《中国社会科学》1987 年第 1 期。

种的法律园地。

第一，价值方法是法学研究和法律认识中辨别是非善恶的学术规范。法律认识的对象与物理学或生物学等自然科学的对象不同，那些认识客体非人为而生，其中没有是非善恶之分。而作为法学研究对象的法律规则及其实践是人的活动的产物，其间充满着人的要求和愿望。人对它的认识结果就带有好坏判别、价值取舍以及终极意义等根据和理由的考量。比如，我们对法官和警察权力的认识，并非只是为了表明法官审判和警察命令的现实活动，更重要的是我们要搞清楚法官为什么可以判人入狱，警察为什么可以关押人。英国当代法学家阿蒂亚对此有过精彩的讨论：他认为，如果我认同警察命令的惟一理由是他有逮捕我的物质力量，以及我反抗他会有其他警察帮忙的话，那么，警察与持枪歹徒之间的惟一区别就是他们人多。显然，问题的症结出来了。我们仅仅描述法官和警察活动的现象是不够的，也不能解决我们的疑惑和问题。而只有对法官和警察权力的合法性与合理性的回答，才能使我们认同他们对我们所实施的权力。也就是说，"只有法律或得到合法授权行为的合法性才能将警察的命令与歹徒的要求区分开来"。[1]价值方法正是从善恶区分及伦理道德视域认识法律问题的。

第二，价值方法是解决"诸善权衡"和价值选择问题的学术向导。法学必须面临各种相互竞争的价值，以及对冲突中的价值进行某种倡导性的讨论。法律价值冲突的原因是多方面的，但总体上可以概括为两个方面：一是主体的原因。由于每一个个体的人对法律有着不同的价值期待、价值要求和价值满足感，这些价值因素使人们对法律目的及其实现的要求呈现出一种多元化状态。至今为止，人们对法律的各种要求形成了各种各样的目的学说，如实现神的意志、使人的个性获得最充分的发展、给每个人以应得的权益、使个人得以在社会自由活动、使最多人获得最大幸福、使公民履行其义务、维护社会秩序、维护社会制度的安全、实现社会平等、达到人类需求的最大满足等。[2]不同目的预示着不同的追求和理想，它们之间会造成竞争与冲突。二是社会的原因。社会生活的复杂性、广泛性和动态性也使社会需要与个体需要一样呈现出多层次、多元化的状态，从而导致法律价值之间的矛盾和对立。可见，"在任何特定的时

---

〔1〕　[英] P. S. 阿蒂亚：《法律与现代社会》，范悦等译，辽宁大学出版社、牛津大学出版社1998年版，第153页。

〔2〕　澳大利亚法学家维拉特曼把关于法律目的的不同观点概括为以上十种。参见 [澳] 维拉特曼：《法律导引》，张智仁、周伟文译，上海人民出版社2003年版，第194页以下。

刻，我们都拥有服务于相互冲突的目的和价值的许多法律"。[1]既然冲突不可避免，就只有寻求"诸善权衡"和解决价值冲突的合理方案，法学研究的主要目的也在于此。哈贝马斯主张："严肃的价值选择或最高层次的偏好告诉我们总的来说什么是对我们（或对我）好的或善的。"[2]哪一种价值应该成为我们作出判断的基础，或者说哪一种价值具有决定作用，常常出现在一些具体的案件中。比如，契约的诚信和朋友的义务、知情权与隐私权、效率与公平等，这些相互冲突的善或利益需要依靠司法决定加以选择。对这类问题的思考或判决不是一个喜欢或不喜欢的判断问题，但是许多法学家也都承认"价值权衡"并非总有十分明确的答案或者有一个明确的换算公式。一般而言，这种选择与权衡将会考虑价值之间的位阶或等级，而关于这个等级如何排列却众说纷纭。比如，庞德就认为，无论任何时候社会整体利益都是法学家的最高目标；卡多佐却认为经济价值优于美学价值，道德价值又优于经济价值，对价值的取舍应考虑哪些是终极意义的，哪些是权宜之计或仅仅是某种价值的手段；罗尔斯则极力推崇作为公平的正义是价值位阶中的最高位阶等。尽管如此，这些分歧的观点仍然为我们在不同的时代或文化场景下作出选择提供了思考的基础。

第三，从法学研究的空间层面来看，价值方法还可以推动法学研究走向立体化。没有价值视角的法学是冷冰冰的、缺乏伦理支撑的法学。从苏格拉底提出"美德即知识"开始，人们对"善"的重视和认识程度就关系到对世界解释的完美程度。价值方法和价值判断尽管有着许多我们无法把握和证明的局限性，但是人们仍然在不断地开出一系列美德或价值的清单。之所以如此，是因为在人与法之间，不仅有人通过对法律认知而获得法律知识以求得真理的过程，同时还有法不断地向人接近并与人的美德保持一致的过程。在法学研究中，时刻把握这两个紧密联系、相互影响的过程，就会形成"人——法——真理——价值"的多种认识领域和多维方法网络，使法学研究的内容和方法更丰富、更具活力。

二、实证分析方法

法学研究既有追求价值认识的一面，同时也有必须服从于客观事实而进行事实认知的一面。实证分析方法正是以对法律现象进行客观认知为基础的认识方法。实证分析方法是一种通过对经验事实的观察和分析来建立和检验各种理

---

〔1〕 ［英］P. S. 阿蒂亚：《法律与现代社会》，范悦等译，辽宁大学出版社、牛津大学出版社 1998 年版，第 141 页。

〔2〕 ［德］哈贝马斯：《在事实与规范之间——关于法律与民主法治国的商谈理论》，童世骏译，生活·读书·新知三联书店 2003 年版，第 315 页。

论命题的科学研究方法。对法律现象进行实证分析是法学研究过程中必须面对的一个重要问题。以前，我们总以为实证分析方法就是要用数字说话，用实际案例来说明问题。这实际上是对实证分析方法的极大误解，从而陷入了轻视甚至无视理性思维的泥潭。科学的实证分析方法应该尊重抽象和理论思维，否则，就会使法学研究的成果成为一种经验材料的堆砌物，使法学的研究者变成一位坐在经验材料仓库门前的"材料狩猎神"。

法学研究的方法与法学学科的自身性质密切相关。在中世纪，法学和神学就已经成为教会大学里最重要的两种学科。而那时法学的研究方法与神学是一致的，即都以注解和阐释经典作为主要的研究方法。自经典的科学观占据主导地位的近代以来，以往的看法发生了彻底的转换，知识被人们区分为确定性的知识和想象的知识两类。科学只能是具有确定性知识的自然科学，"科学（Science），亦即自然科学的性质得到了清晰的界定，相形之下，与之对应的那种知识形式就不那么明确了，人们甚至在给它起一个名字上都从来没有达成一致的意见"[1]。哲学以及包括法学在内的其他关于社会的知识被排挤出科学的殿堂。直到实证哲学兴起后，社会科学才戴着"实证面具"从神学、形而上学等解释模式中解脱出来。在这种状态下的法学研究也开始力图缩小和限制自己的势力范围，以便与确定性、普遍性和客观性的"科学"要求相一致。然而，奥斯丁、凯尔森以及哈特的努力并没有完全说服与实证相对的解释模式，反而招致人们不断地批判甚至指责。这说明任何一种方法都不能包揽一切，或者说"一门'科学'采取什么研究方法，完全取决于它所试图回答的问题"[2]。

而今，法学是一门社会科学，这已经是法学家们乃至整个科学界的共识。但是，由于法学所面临的问题带有复杂性，法学的研究方法也就呈现出多元化的特征。一方面，法学需要描述和分析法律规则和法律现实；另一方面，法学又要不断地反思和评价其对象。而对于前者，实证方法或者说是描述的方法就发挥了其不可替代的作用。实证分析方法与我们以上讨论的实证主义哲学不同，它们虽有联系，但也存在着根本的区别：实证主义哲学是一种哲学思想，是对世界的理论认识，是人们从事科学研究活动的成果；而实证分析是一种研究方法，是认识工具，是获得理论认识所凭借的工具。所以，"作为一种方法，实证分析不具有实证主义哲学所固有的某些特征，也不依附于实证主义哲学所信奉

---

[1] 参见［美］华勒斯坦等：《开放社会科学：重建社会科学报告书》，刘锋译，生活·读书·新知三联书店、牛津大学出版社 1997 年版，第 7 页。

[2] 郑戈："法学是一门社会科学吗？——试论'法律科学'的属性及其研究方法"，载《北大法律评论》1998 年第 1 期。

的某些理念"。[1]例如，实证主义哲学对纯思辨的研究方式加以排斥，在意识形态上有保守的特点，具有突出的自然主义倾向，把社会现象简单地归结为自然界的延续等。而实证分析方法却既要重视经验层，也要重视抽象层，对任何数据都要进行理性把握，而且作为一种研究方法，实证分析方法无所谓激进或保守。可见，不能由于实证主义哲学以及实证主义法学在理论上有着难以解脱的困窘和缺陷，而对实证分析方法就予以全面否定。

实证分析方法的主要特点是通过对经验事实的观察、分析来建立和检验各种理论命题。它不是实证主义哲学，也不是简单地用数字说话或用案例说明问题。实证分析方法不仅强调法学研究中要如实再现法律现象的本来面目，服从于客观事实的实证分析，同时还关注规范分析或价值分析在法学研究中的意义，承认"强烈价值介入"的可能。认为科学的研究方法既要认识到价值判断对研究问题的影响，又要不断地检验这些价值判断，使理论与实践紧密结合在一起，这样才能科学地揭示法律现象的本质与规律。因此，在法学研究中大力推行和运用实证分析方法，是法学研究服务于法治建设的必由之路。

第一，法学研究需要对以往的和现实的法律制度、法律事实进行经验性的科学整理。卡多佐曾经指出："首先是需要某些重述，这些重述从先例的荒漠中找出法律的确定性和有序性。这正是法律科学的任务。"[2]的确，在法学形成并拥有自己的独立空间的过程中，重述或解释的方法就占据了极其重要的位置。在古罗马，法学家们对法律解释和研究就形成了一套关于法律的系统知识。中世纪晚期的罗马法复兴也是在研读、整理和注释中展开的，教会法学家和罗马法学家们"所研究的现象是宗教会议、教皇、主教和皇帝、国王、公爵、城市行政官以及其他世俗统治者所制定和颁布的判决、规则、习惯、法令以及其他法律文件。另外，也包括在《圣经》、查士丁尼的罗马法文本以及其他书面渊源中发现的材料"[3]。他们试图从那些经过观察、组织、分类和系统化的材料中获得和证明有关法律问题的新知和原则。除此之外，他们还发现和证明法律诉讼过程中的事实，强调法庭诉讼活动的事实证明。伯尔曼对中世纪法学家们的这些努力及其成果给予了极高的评价，他认为"12 世纪西欧法学家的法律科学

---

〔1〕 参见白建军："论法律实证分析"，载《中国法学》2000 年第 4 期。

〔2〕 ［美］本杰明·N. 卡多佐：《法律的成长 法律科学的悖论》，董炯、彭冰译，中国法制出版社 2002 年版，第 4 页。

〔3〕 ［美］哈德罗·J. 伯尔曼：《法律与革命——西方法律传统的形成》，贺卫方等译，中国大百科全书出版社 1993 年版，第 184 页。

乃是近代西方科学的先驱"〔1〕。在现代社会，实证分析已经是法学家们常用的方法之一。例如，波斯纳就认为，解释法律现象的经济分析理论就包含了规范和实证两个方面。伯克利加州大学的爱德华·拉宾教授也把法学研究的方法概括为"描述性的方法"和"规范性的方法"两类。〔2〕而对实证一面的研究，正是法律具有可操作性的前提，因为如果只生产思想而不考虑这些思想怎样才能被操作是十分有害的。另外，从法的存在形态看，它不仅包含价值需要和理想追求，还包括经验事实。其中对经验事实这一层面的研究恰恰离不开实证分析方法。例如，对法律量的规定性进行把握时，描述、统计、分析、预测等实证方法就成为处理法律经验信息的必备工具。所谓经验事实，是可以通过人们直接或间接观察而发现的确定性事实因素。在法学研究中，经验事实既有与法律制定和实施有关的一切社会事实，也有法律文本中的词语、句法和逻辑结构等事实因素。

第二，法学作为一种职业，其职业共同体的同一性特征也需要客观性法律知识的建构。古罗马时期法学家通过法律知识对立法和司法活动的影响力在神魅化时代消失了，从中世纪开始，"法律科学是受到政治的支配的：立法者可以并且经常不理睬法学家的研究成果"。〔3〕科学主义兴起后，法学一度曾经被排挤出所谓"科学"的行列。到 20 世纪中叶，这种情况发生了颠倒，那种实施法律只是法官和律师这一封闭集团的事情的看法被否定了，"象牙塔里的法律家只是过去的形象"。〔4〕起先在民法法系的国家中，法学家的领导地位逐渐确立，"他们理所当然地就法律知识方面的事项向法官提供指导，而且被法官欣然接受"，以至于人们将这一法系的法律称为"法学家的法"〔5〕。而在英美国家中，由于法学在很大程度上是作为一种"技艺"而不是作为一种"学术"来传授的，法学与医学、商学一同被归入"职业教育"的行列，而使法学家同法官、律师都顺理成章地进入了一个"共同体"。例如，"lawyer"一词在美国就用来指代所有的法律职业者，而法学教授也算在其中，被称作"academic lawyer"。〔6〕既然

〔1〕 〔美〕哈德罗·J. 伯尔曼：《法律与革命——西方法律传统的形成》，贺卫方等译，中国大百科全书出版社 1993 年版，第 183 页。
〔2〕 参见郑戈："法学是一门社会科学吗？——试论'法律科学'的属性及其研究方法"，载《北大法律评论》1998 年第 1 期。
〔3〕 〔美〕哈德罗·J. 伯尔曼：《法律与革命——西方法律传统的形成》，贺卫方等译，中国大百科全书出版社 1993 年版，第 186 页。
〔4〕 〔澳〕维拉曼特：《法律导引》，张智仁、周伟文译，上海人民出版社 2003 年版，第 386 页。
〔5〕 〔澳〕维拉特曼：《法律导引》，张智仁、周伟文译，上海人民出版社 2003 年版，第 377 页。
〔6〕 参见郑戈："法学是一门社会科学吗？——试论'法律科学'的属性及其研究方法"，载《北大法律评论》1998 年第 1 期。

是一个职业群体，那么他们就需要一种共同的职业话语、职业规则和知识体系。法学家作为"职业共同体"中一员的这种职业属性，迫使他们不能仅仅在书房里做"真理"的追求者，而要从现实的经验、特定的案件和问题中概括出一种不同于"思辨"的、一般性的、技术化的知识体系。当然，在构建这一知识体系过程中对经验性知识的强调并不是否认规范性方法的重要性，而是说法学研究不能忽视更不能离开这两种方法的结合。因为，纯粹客观性的知识是不存在的，正如华勒斯坦所指出的："如果我们所说的客观性是指绝对中立的学者再现了一个外在于他们的社会世界的话，那么我们必须指出，这种现象是根本不存在的。"[1]

第三，法学研究对象所涉及的不同问题域使实证分析方法成为多元方法体系中的重要方法之一。法学研究对象的问题层面既有本体追问和价值取向，也有制度规范和经验事实，对不同问题的回答需要借助不同的方法。实证分析方法虽然解决不了经验背后的本体根据和主客体之间的价值问题，但它却是法律规范和法律实践的最好陈述者。早在20世纪初拉德布鲁赫就提出："到底什么地方可以激发'自然的思维方式'，遏制将'法与国家意志相提并论'的实证主义？"[2]在当代西方法学中，侧重价值的学派尽管对分析法学和社会法学的指责或遏制从没有停止过，近年来试图超越实证法学与和自然法学的也大有人在。其中，有以"实然"与"应然"的制度性结合者，也有以实践理性或交往理性来连接"实然"与"应然"者，还有区分"解释"与"阐释"者，但却从没有彻底否定实然或实证方法者。尽管也有一些把实证研究等同于实证主义，并认为"实证主义差不多成了学术研讨会上的一个贬词，很少有学者再会自称为实证论者"。[3]可是，人们依然看到许多社会科学家还默默信奉着实证的方法。究其原因，就在于实然或事实是法的存在形态，而与其相对应的实证方法则是叙述这种事实的途径。

三、社会学方法

社会学方法在法学研究中具有十分重要的位置，对社会学方法的运用使法学与社会学得以整合，并形成了一个新兴的交叉学科——法社会学。在法学研究进入20世纪后，这个领域最重大的成就可以说就是法社会学的诞生和发展。

---

[1] ［美］华勒斯坦等：《开放社会科学》，刘锋译，生活·读书·新知三联书店、牛津大学出版社1997年版，第98页。

[2] ［德］考夫曼：《古斯塔夫·拉德布鲁赫传——法律思想家、哲学家和社会民主主义者》，舒国滢译，法律出版社2004年版，第132页。

[3] 阮新邦："批判诠释论的理论基础"，载阮新邦等：《批判诠释论与社会研究》，上海人民出版社1998年版，第6页。

法社会学把法律放在社会事实的文件夹里加以考察，为法学研究开辟了一个前所未有的广阔空间，以至于"今天，这一领域成为社会研究最富有朝气的中心问题之一"[1]。

社会学方法在法学领域中的运用还表现出它所具有的经验主义倾向，以及实证哲学对它的影响。正是法社会学的这一方法论指向，人们才把它称为"社会实证"的方法。但是，法社会学又不同于分析实证主义的法学理论，甚至它还成为对法律实证主义进行反动的一支劲旅，并试图建立一种"没有法的法学"和一个彻底摈弃"法律的新世界"。因此，对西方法学中的社会学方法的不同运用和影响要历史而全面地加以看待，尤其是它愈来愈凸现出的综合与多维方法取向，更使法社会学在超越传统法学研究的努力中成为一种具有理论包容性的法律"解码装置"。同时，对社会学方法与哲学方法在法学研究中的运用，还要始终保持适度和理论上的谨慎。对此，哈贝马斯曾经进行过很好的概括，他认为社会学对法律问题的讨论一开始就有一种哲学不具有的"建制向度"，因为"如果不把法律看作是经验性行动系统，哲学概念就始终是空的。但是，只要法律社会学坚持一种客观化的外在眼光，对那种只有从内部才可能进入的符号向度的意义麻木不仁，社会学就会陷入相反的危险：始终是盲目的"[2]。把法律现象放在社会学视窗里加以观察的必要性是毋庸置疑的，但问题是社会学的方法是多样化的，在法学研究中应用哪些方法以及如何看待这些不同的方法，就成为处理法学研究与社会学方法之关系的重要问题之一。法社会学把法学研究引向了趋向于整合以往方法的"第三条道路"，正所谓"法社会学的诞生，则提供了一种对法全方位研究的手段和方法"[3]。

对社会学方法多元特征的肯定并不意味着法社会学的研究就没有可供遵循的方法模式，现代社会学理论的多维视角并不影响用古典社会学方法去搜集那些用来进行"多维观察与综合"的材料。一般来讲，对法律现象进行社会学研究的基本内容大致可以概括为基本方法、具体方法、研究程序三个方面。

第一，基本方法。法社会学研究的基本方法是指从某个角度观察和分析法律现象时所采用的一些分析方式。这些分析方式主要有：

（1）角色分析。莎士比亚在《皆大欢喜》一剧中写道："整个世界就是个舞台，所有男男女女都只是演员：他们上场下场；每个人终其一生演了很多角

---

[1] ［英］罗杰·科特威尔：《法律社会学导论》，潘大松等译，华夏出版社1989年版，第17页。

[2] ［德］哈贝马斯：《在事实与规范之间——关于法律和民主法治国的商谈理论》，童世骏译，生活·读书·新知三联书店2003年版，第80页。

[3] 何勤华：《西方法学史》，中国政法大学出版社1996年版，第478页。

色。"莎翁富有科学精神的语句被社会学家们用来说明地位与行为的关系。在社会学中，角色一词指与某种特殊的社会位置有关的行为模式。在法律生活中存在着众多的法律角色，如法官、检察官、律师、诉讼当事人等。这些不同的个体角色在诉讼活动中都代表着一套有关这一社会角色所有的行为模式，通过对他们的行为及其互动关系进行观察、分析和评价，是法社会学分析某种法律现象的重要角度。对法律角色的分析涉及角色结构、角色素质、角色期待、角色差异、角色冲突等方面。

（2）组织分析。社会组织是法社会学的一个基本的分析单位。对组织的界定十分复杂，从韦伯对行政机构的科层制的组织分析而创立的组织社会学开始，人们对什么是组织就有不同看法，在法国 1968 年出版的《国际社会科学大百科全书》中关于"组织"的条目就多达 46 页。[1] 例如，美国社会学家彼德·布劳就认为，组织与集体或自发形成的集团不同，只有合法化的、按照正规程序成立的组织才算得上组织。但也有人认为，秘密结社、宗教团体、血缘群体也是一种强大的组织。依照组织理论，每一种法律制度都是通过法院、警察局、法人、学校、消费者协会等组织行为实现的。任何一个组织的存在都有一个结构，同时组织又与它所负担的功能是分不开的。组织的结构与功能被经典的社会学理论看作是一个问题的两个方面，也正是在这种意义上，帕森斯的理论往往被称为"结构功能主义"。所以，对法律组织的社会学研究，实际上也就是对法律组织的结构和功能进行分析。韦伯通过对"官僚科层制"的组织分析，从中得出了官僚制是一种具有高度理性化的组织机构的"理想类型"，成为组织分析的理论典范。

（3）系统分析。把社会行为看作是一个系统，在斯宾塞提出"社会有机体说"中已经显现出其萌芽，但由于社会有机体论是从生物有机体中推导出来的，它需要在实体中考察功能的相互联系。而帕森斯的"社会系统论"则是一种可以脱离实体进行构思的系统论。在法学领域，把社会系统理论引入法社会学研究中，可以说庞德的"社会工程"是一个成功的典例。系统分析在法学研究中的运用范围是极为广泛的，作为一种制度的法律不仅横贯所有社会制度，还是整个社会制度丛中的一个功能。同时，立法、法律解释、法律适用以及司法权的确定等问题也都为法律系统的功能提供了一个广阔的研究空间。

（4）比较分析。在法社会学中，比较分析不同于法哲学、法解释学和比较法学的比较分析。法社会学中比较分析的重点不在于法典、条文以及法律组织

---

〔1〕 参见［法］莫里斯·迪韦尔热：《政治社会学——政治学要素》，杨祖功、王大东译，华夏出版社 1987 年版，第 159 页。

结构，而是法律据以存在的社会环境和适用过程所产生的社会效用等问题。

第二，具体方法。法社会学研究的具体方法是指在处理经验性法律事实过程中的各种实证方法。法社会学的具体方法有很多，这里仅列举几种常用方法。

（1）统计方法。统计方法是指使用统计学原理和技术汇集、整理和分析各种数据资料的方法。一般来说，统计方法可以分为描述统计和推论统计两种基本类型。描述统计是指为了减少研究样本中数字的数量而运用百分比、平均数、分数等可操作的方式来描述数据的方法。它可以采用矩阵图、轴形图、柱形图、圆形图等量数简化图表，使资料从一种不易辨明的细节形式简化为容易理解的摘要形式。推论统计是用样本所得的结果来推论总体的方法。一般表现为研究者对可观察的资料或样本进行归纳和概率估价从而得出结论的一种理论或技术。在大多数情况下，研究者很少只为了描述样本而研究样本，他们最终的目的是希望对样本中的变量进行解释，发现并判断样本的总体特征。所以，也可以把描述统计和推论统计看作是研究过程的两个阶段。在法社会学中，对立法、司法和行政等权力运行以及对离婚、青少年犯罪、自杀、吸毒、卖淫等现象的社会研究，都需要借助统计方法来描述、分析和评价研究资料并总结这些样本资料的特征。在法学研究中，运用社会统计方法的成功典例很多。例如，在犯罪问题上，被称为生物犯罪学之父的意大利法学家切萨雷·龙勃罗梭认为，犯罪人的特殊形态与性质是与生俱来的，天生犯罪人是命中注定要犯罪的，具有不可预防性。而1913年英国学者格林的社会统计学研究结果——《英国犯罪人：统计学研究》中，就通过对4000名累犯的统计分析，否证了龙勃罗梭的天生犯罪人论。[1]

（2）文献方法。文献方法是一种对研究者不能直接接触的研究对象进行间接观察和搜集情报资料的方法。文献的组成有三个主要方面：私人文件（如日记、书信、遗书等）、公事文件（如庭审记录、司法档案、财务账目等）和印刷读物（如报纸、杂志、书籍等）。文献研究对已经逝去的历史状况进行研究具有不可替代的作用，它尤其适合于对研究对象的纵向分析，还有资料容量大和成本低等优点。但文献研究也有一些缺陷，例如文献往往带有倾向性、文献资料保存不完整以及资料大多已经过某种选择而失去客观性等。[2]文献方法对法学研究来讲是一种颇为有效的方法，我国著名法学家瞿同祖先生的《中国法律与中国社会》一书，就是大量采用文献研究方法的结果。他对中国古代法律产生的社会背景以及"法律在社会上的实施情况，

---

〔1〕　参见吴宗宪：《西方犯罪学史》，警官教育出版社1997年版，第292页。

〔2〕　〔美〕D.K.贝利：《社会研究的方法》，余炳辉等编译，浙江人民出版社1986年版，第151～152页。

是否有效，推行的程度如何，对人民的生活有什么影响"等问题进行了卓越的研究。

（3）社会调查方法。社会调查方法是一项非常古老的研究技术。社会学家们发现《旧约圣经》就曾提到："瘟疫之后，上帝对摩西和亚伦的以利撒说：'对 20 岁以上的以色列子民进行普查——'。"[1]据说，1880 年马克思为调查工人与雇主的劳资关系也曾给法国工人邮寄过 25 000 份问卷。[2]如今，社会调查已经成为社会学研究中最为普遍的研究方法。在法社会学研究中，进行社会调查的方式大体上有普查、抽样调查和个案调查等，而社会调查中所采取的技术通常有自填问卷、访谈调查和电话访问等。随着网络技术的发展，网上调查和移动终端 APP 等成为一项重要的调查技术和资料来源。社会调查在法学研究中的优点在于其是描述一个大样本特征的相当有效的方法，例如，对于市民对警察执法情况的感受、网络对青少年犯罪的影响等这样一些现象的研究，社会调查方法就有其不可替代的作用。与其他任何方法既有优点也有缺点一样，社会调查问卷的标准化要求常常带有研究者的倾向，而很少适合受访者的生活情景和实际状况。而且由于事先设计问卷的不可撤换性，如果出现新变量时会导致研究过程缺乏弹性或灵活性。还有，在社会学方法中，通常认为问卷回收率是体现研究效果的核心，问卷回收率达到 50% ~ 70% 为最佳。但对此，研究者无确实把握加以控制，如果回收率仅为 10%，那这项调查将因不具有代表性而前功尽弃。

第三，研究程序。法社会学的研究不仅有一套可遵循的方法和技术，在运用这些方法的过程中，研究者还需按照一定的步骤分阶段的完成研究任务。虽然这种研究的过程是复杂而多样的，但通常其所经历的基本阶段却是大致相同的。这些基本阶段是：①选择课题与提出假设；②设计研究方案；③搜集资料；④整理与分析资料；⑤解释结果和检验假设。[3]对此，我们将以迪尔凯姆的自杀研究为范例，说明这些不同阶段是如何开始并达到最终结果的。人为什么会自杀？在迪尔凯姆之前，人们对这个问题的回答通常是理财失败、感情困扰、羞耻或其他个人问题等。但迪尔凯姆则试图发现社会环境对自杀的影响，于是他选择了"自杀"作为研究课题。他还发现在许多国家每一年度的自杀率基本

---

〔1〕《旧约全书》，《民数记》第二十六章。

〔2〕 1880 年是马克思去世前 3 年。许多社会学家经过考证也没能证实这项鲜为人知的调查，而且这项调查没有任何返回的记录。参见［美］Earl Babbie：《社会研究方法（上）》，邱泽奇译，华夏出版社 2000 年版，第 321 页。另参见［英］戴维·麦克莱伦：《马克思传》，王珍译，中国人民大学出版社 2006 年版，第 463 页。

〔3〕［美］D. K. 贝利：《社会研究的方法》，余炳辉等编译，浙江人民出版社 1986 年版，第 1 页。

上是相同的，但在炎热的季节自杀率会升高，这引导他提出了第一个假设：温度与自杀有关。可是，经过对不同国家自杀率的对比，他却发现中纬度国家的自杀率最高，所以温度的假设不成立。迪尔凯姆重新调整了研究方案，经过对新资料的搜集，他又发现政治动荡时期自杀率会上扬，这个观察使他又提出了另一个假设：自杀与"社会均衡的破坏"有关。针对这个一般性假设，迪尔凯姆所搜集的资料表明新教地区比天主教地区的自杀率高。尤其是对不同国家和地区资料的整理显示，在新教徒最多的德国南部自杀率最高，而天主教徒较多的意大利则低于德国的 1/10。迪尔凯姆把他在宗教上的发现与政治动荡时期结合起来加以分析后指出：许多自杀都是失范的产物，或者是社会不稳定或不整合的一种反映。迪尔凯姆在研究过程中不断地运用各种方法测试他的结论，证实了结论的正确性。迪尔凯姆的经典研究不仅为自杀问题的研究提供了新概念——"失范性自杀"，而且还为社会科学增加了"失范"这个词汇。[1]

【延伸阅读】

1. 於兴中："时代的法理学：世界与中国"，载《浙江社会科学》2016 年第 1 期。

2. 舒国滢："寻访法学的问题立场——兼谈'论题学法学'的思考方式"，载《法学研究》2005 年第 3 期。

3. 刘星："法理学的基本使命和作用：一个疑问和重述"，载《法学》2000 年第 2 期。

4. 葛洪义："法理学的定义与意义"，载《法律科学》2003 年第 1 期。

5. 舒国滢："从方法论看抽象法学理论的发展"，载《浙江社会科学》2004 年第 5 期。

6. 李其瑞："抽象法学理论的品性与意义"，载《宁夏社会科学》2006 年第 1 期。

7. 严存生："法理学、法哲学关系辨析"，载《法律科学》2000 年第 5 期。

8. 焦宝乾："'法理学'及相关用语辨析"，载《华东政法大学学报》2012 年第 2 期。

9. 白建军："论法律实证分析"，载《中国法学》2000 年第 4 期。

10. 李其瑞：《法学研究与方法论》，山东人民出版社 2005 年版。

---

[1] 参见［美］Earl Babbie：《社会研究方法（上）》，邱泽奇译，华夏出版社 2000 年版，第 407～409 页。

绪论

【思考题】

1. 如何认识法学的研究对象及其特征?
2. 如何理解法理学的理论意义与实践意义?
3. 简述法理学的主要研究方法。
4. 如何认识价值方法的法学意义?
5. 对法律现象进行社会学研究的基本方法有哪些?

第一章

法的本质

【内容提要】

法的本质是指法律这一事物的内在必然联系和质的规定性，是法区别于其他一切事物的根本属法的本质。法的本质与法的现象之间既有区别又有联系，与法的现象相比，法的本质是对法的内在属性的解释和说明。关于法的本质，历史上出现了多种学说，如神意说、人类理性说、公共意志说、民族精神说及社会控制说等，不同学说有各自的解释角度，在特定历史阶段也发挥过一定作用。马克思主义法的本质观认为法的本质有着不同层次：首先，法是统治阶级意志的体现；其次，法受到物质生活条件的制约，二者之间是主客观内在统一的。

【重点问题】

法的本质与法的现象；历史上法的本质学说；马克思主义法的本质观

第一节　法的本质的概念

一、本质与现象之间的关系

关于本质问题的讨论是本体论研究中的核心问题。按照马克思主义辩证唯物主义的观点，在认识法的本质之前，我们必须了解什么是本质以及本质与现象之间的关系。我们在与自然和社会环境进行接触时，起初看到的总是充满复杂性、偶然性和多样性的现象，现象提供给我们感性的素材。但是，倘若我们停留在对现象的关注上，那我们就无法对事物内部的客观基础作出深层的把握，也无法准确地认识和理解事物发展变化的规律，这就要求我们透过现象认识事物表面背后的本质。

"本质是客观世界现象内部的、共同的、相对稳固的、根本性的特征的统一，这些特征决定事物的本性及其发展方向。"[1]在生活世界中，事物的本质并

---

[1]　陈昌曙："唯物辩证法的范畴：本质与现象"，载《哲学研究》1956 年第 5 期。

不能直接展现，而是通过现象表现出来。那么，现象和本质之间有哪些关系呢？简单来说，我们将二者的关系分为几个方面：①特殊性与一般性。任何现象具有特殊性，通常与特定时空情境相结合，表现为千姿百态的现实存在物，而本质是同类现象背后共同性的特征，是事物本身所固有而又区别于其他事物的根本属性。②外部性与内在性。现象外在地存在于生活环境中，人们借助观察等方式可直接捕获与感知，而本质则潜藏在现象背后，无法借助人的感性认识去接触和体察，需要动用理性思维予以总结、归纳和分析。③易变性与稳定性。世界上万事万物都处于不断变化当中，任何细微原因都有可能引起现象发生不同形式的改变，甚至不同环境中呈现出截然不同的形貌，而本质具有稳定性，在事物的发展变化过程中表现得更加牢固。但必须注意的是，世界上没有永恒不变的本质，本质的稳定也是相对的。

二、法的本质的概念解释

如同其他事物一样，法的本质也应嵌入现象与本质的关系范畴中去发现并建构。法的本质隐匿于法的现象背后，要发现和寻找法的本质，我们首先要了解的是法的现象。什么是法的现象？不同学者有着不同的观点。有学者认为法的现象是人类的社会关系在国家规范领域中的表现形态[1]；也有学者将法的现象分为动态与静态两类，前者包括制度设置层面的法律制度、法律规范等，而后者主要指法律规范的运作过程等[2]；还有学者直接将法的现象理解为法的外部的、比较多面和表面的方面[3]；还有人将法的现象分为规范形态、设施形态、精神形态和法的运用过程[4]等。结合学者们的观点，以及法律在实践层面的表现形式，法的现象至少应从立法、执法、司法和守法四个方面理解，制定法的设立、修改和废止、不同类型或领域的执法活动、以审判为中心的侦查、检察和审判活动以及公众参与法律实践的行为或事件都可归为法的现象。此外，为促使和保障法律实施提供的设施、职业共同体的培养、法治意识的教育和改善也属于法的现象。综合来看，法的现象非常丰富，表现形式多样，而且具有极强的开放性和包容性，并随着社会经济和科技的发展，不断吸纳原本在法律之外的新鲜事物，比如互联网时代到来之后，与网络相关的域名、IP 等知识产权等也都成为法的现象中的热点问题。

法的本质是相对于法的现象而言的，是对法的内在属性的解释和说明。一

---

[1] 李达：《李达文集》（第一卷），人民出版社 1980 年版，第 723～724 页。

[2] 卢之主编：《法学基础理论》，中国政法大学出版社 1994 年版，第 1 页。

[3] 徐学鹿、林新祝主编：《法学基础理论》，对外贸易教育出版社 1989 年版，第 8 页。

[4] 周永坤、范忠信：《法理学——市场经济下的探索》，南京大学出版社 1994 年版，第 6 页。

般来讲，法的本质是指法律这一事物的内在必然联系和质的规定性，也可以理解为法的内在联系和内部规定性，是法区别于其他一切事物的根本属性[1]。法的本质通常作为区别法与其他社会现象关系、划定法与其他社会现象差别的关键。法的本质是多层次的、多等级的，人们对法的本质的认识，要借助抽象思维和逻辑推理等方式才有可能把握。而正如列宁所说："人的思想由现象到本质、由所谓的初级的本质到二级的本质，这样不断地加深下去，以至于无穷不断。"[2]法的本质的认识也要经历这样的深化和发展过程。

三、正确对待法的现象与法的本质的关系

回顾人类认识法的本质的历史，我们可以发现，有些学者在研究法的本质问题时，混同对待法的本质与法的现象之间的关系，将法的现象如法的强制性、规范性作为法的本质使用，而另外一些学者在重视对法的本质的挖掘，但却将之与理性、神明等因素联系起来，未能揭示出精神现象背后的物质动因，未能充分建立起法的现象与法的本质之间的合理关系。实际上，法的现象与法的本质都是法这个事物在生成、发展过程所不可或缺的，二者之间具有区别也有着紧密的联系。

（一）法的现象与法的本质的区别

法的现象与法的本质的区别可借助哲学本体论中现象与本质的关系作出说明。首先，法的现象是法的外部联系和表明特征，是个别的、具体的、外露的，通过经验的感性认识即可为人们所感受和认知，而法的本质是法的现象的根据，在一定范围内具有普遍性，是法这个事物存在和发展的决定性力量。其次，法的现象是变化的，这个变化不仅发生在不同时空维度中，即便在同个时空内部，不同法的现象之间也有着一定的区别。最后，法的现象主要通过观察、体验或实证调研等经验方式得以认识，而法的本质必须借助理性思维和逻辑思辨才可能把握，二者的认识方式存在不同。特别需要警惕的是，某些法的现象有时还会歪曲或掩饰法的本质，使人们在感性认识形成错误的判断，我们把这种现象称为假象，必须在认识法的本质的过程中不断剔除。

（二）法的现象与法的本质的关联

关于法的现象与法的本质的关联，我们可以从两个方面认识：首先，法的现象是认识和掌握法的本质的前提。人们对法的本质的所有认识都是由认识法的现象开始的，没有法的现象做载体，法的本质就无法存在，没有对法的现象的精确感知，也就无法获取对法的本质的理想认识。其次，法的本质是正确认

---

[1] 陈金钊主编：《法理学》，北京大学出版社 2010 年版，第 48 页。
[2] 《列宁全集》（第 55 卷），人民出版社 1990 年版，第 213 页。

识法的现象的基础与保证。法的现象纷繁复杂，并且随着时代变迁还会不断丰富和变化，只有建立起对法的本质的正确认识，才能帮助我们更好地认识法的现象，并在辨明不同法的现象蕴含实质的基础之上，指导法律的设置、实施、运作与进一步发展。

第二节 法的本质的学说

法的本质是对法的内在属性的解释，多以"法律是什么"的问题形式出现。人们对法的本质的认识过程经历了漫长的时间，在其中也形成了形色各异的不同学说，不同学说在不同历史阶段也扮演着重要的角色。站在马克思主义法学的立场，我们并不完全赞同已有的、非马克思主义的法的本质学说。但是，他山之石，可以攻玉，了解和借鉴非马克思主义法的本质学说中的合理成分，可以更好地认识马克思主义法的本质观。由于历史上形成多种法的本质学说，我们选择其中比较重要的学说进行介绍。

一、神意说

神意说是人类历史上存在时间最长、范围最大和最古老的法的本质认识，至今在宗教法占统治地位的国家和地区仍然适用，其核心就是认为法是由神所设，是神的意志的体现，也是神对人类行为的标准与要求，中国古代就有"天用剿绝其命，今令恭行天之罚"的说法，而在古印度、古巴比伦，《摩奴法典》《汉谟拉比法典》都强调的是代表神的意志而制定的。在神意说中，比较具有代表性的人物有奥古斯丁与托马斯·阿奎那。

奥古斯丁是教父思想的集大成者，也是同时代最伟大的神学家，其主要著作有《上帝之城》《忏悔录》《教义手册》《论三位一体》等，对中世纪基督教思想的发展发挥了重要的作用。奥古斯丁提出原罪与救赎，并将世界划分为上帝之城和世俗之城，认为国家成立的目的就是满足人们生存所需的各种利益，同时以完善的秩序和和谐的关系取悦上帝。奥古斯丁认为法律源自于上帝的正义，是上帝赋予人类的行为标尺，并以基督教教义为基础，将法律分为神法和人法，前者来自上帝的意志和智慧，是普遍而又永恒不变的，约束人的内心，按照上帝的安排享有平等和自由；而后者是为了克服人的原罪而对人的本性的约束和惩罚，是随着时间空间而发生变化的，重在约束人的行为。人法必须服从神法，否则就无法分享上帝的正义，就无法存在。而人们也应当遵守人法，以维护生活的秩序与稳定。

托马斯·阿奎那是西欧中世纪著名的神学家和政治思想家，他将亚里士多德的理论与基督教神学相结合，建立出庞大而又无比精致的神学法体系，主要著作有《神学大全》《论君主政治》《亚里士多德政治学诠释》等。在阿奎那看来，法是人们赖以导致某些行动或者不做其他一些行动的行为准则或尺度[1]，其目的是促进共同的福祉，而这种福祉来自于上帝的安排，并在此基础上将法分为永恒法、自然法、人法和神法。其中，永恒法是上帝统治世界的法律，是神的理性的完整体现，不仅支配着人类社会，就连自然界也在其管控之下，而其他类型的法都是基于永恒法产生的。对阿奎那而言，永恒法是上帝对创造物的合理领导的规则，具有法律的性质[2]。自然法是上帝用来管理人类的法律，是专属于人类的永恒法的体现。在阿奎那看来，人类无法完整获知永恒法，但作为理性动物，人类可以知道永恒法的部分内容，并分享上帝的智慧。人法是指由承担社会管理职能的治理者根据自然法原理制定和颁布的，其内容主要是关于公共事务的安排，不能与永恒法、自然法相抵触。神法是指以《圣经》对永恒法和自然法的补充，是神所赋予的法律，指导人们过上一种有德行的生活。而在所有法律类型中，其背后的本质是神的智慧与安排。

二、人类理性说

人类理性说出现很早，持续时间也很长，并且在西方国家的法律建制方面起到了很大的促进作用。通常我们将人类理性说与自然法学的历史发展结合起来看，以时间为轴线，大致可分为古代自然法学、古典自然法学和新自然法学三个阶段。

在古代自然法学阶段，自然法被认为是和物理世界一样，是具有规律性的、不受人的意志控制的自然现象，但人们可凭借自身的理性去认识和发现自然法。自然法思想的出现源自古希腊的斯多葛学派，但比较有代表性的人物是古罗马的西塞罗，他在自然法学说传播中发挥重要作用。西塞罗认为"真正的法是与自然契合的正确理性，投射到一切人身上；它连续而不变，召唤着人们依据它的规则来尽自己的义务，并通过它的禁令使人们疏离错误；对正直的人来说，它的要求和禁令就全不起作用……它是唯一而一同的法，永恒而不可改变，约束所有时代的所有民族"[3]。在西塞罗看来，自然法是理性的体现，源自自然而又永恒不变，所有人定法的内容和效力都来自于自然法并体现自然法，如果人定法违背自然法就不是法律，真正的法律就是人类理性的结果。

在古典自然法学阶段，自然法是高于并指导政治社会法律建制与运作的人类理性，是最基本的、起决定性作用的法律，人定法来自于自然法。其中的代

---

[1] 徐爱国、李桂林：《西方法律思想史》，北京大学出版社 2009 年版，第 85 页。

[2] ［意］托马斯·阿奎那：《阿奎那政治著作选》，马清槐译，商务印书馆 1963 年版，第 106 页。

[3] 转引自［爱尔兰］J. M. 凯利：《西方法律思想简史》，王笑红译，法律出版社 2002 年版，第 56 页。

第
一
章

表性人物有格老秀斯、霍布斯和洛克等人。格老秀斯认为自然法之母是人性，而人性是社会交往成立的基础，所有人定法均来自自然法的规定。也就是说先有人性而后有自然法，有自然法方可有人定法，即便是在国家战争时期，敌对双方的人定法是无效的，但自然法依然有效。霍布斯认为人性有恶面，在自然状态下容易陷入人与人之间的战争[1]，唯有凭借理性发现的"自然律"也就是自然戒条或法则，才能保护自身的自然权利和自由。国家制定的实在法虽然在形式上更为多样，规定更为详细和具体，但必须符合自然法原则。洛克则认为自然状态是一种平等的状态，人们普遍享有自由和平等的天赋权利，但自然法因缺乏强制性和明确的规定而得不到有效的遵守，在社会契约之下人为制定的法是为实现自然法并以保存人的生存、自由和财产权利为目标。

在新自然法学阶段，二战后人们反思并认识到不加辨识的法律容易成为推行集权和暴行的工具，开始重新重视人性和人的尊严，关注法律中的价值成分。其中的代表性人物有富勒、罗尔斯和德沃金等。富勒的法律道德性命题是在与哈特分析实证主义法学的论争中产生的，富勒认为法律受到道德的影响，并将法律的道德性分为义务的道德与愿望的道德两个方面，法律的义务道德是指法律制度所必须具备的一系列条件，包括法律的普遍性、公开性、明确性等八项原则，属于程序自然法的范畴，也界定了程序理性的标准。法律的愿望道德实质则是法律实际追求的价值与目标，属于实体自然法的范畴，也圈定了实质理性的范围。罗尔斯则提出正义论，提出分配正义与矫正正义两个概念，并认为法律应符合正义的要求，而正义实际上来自人们理性的判断。德沃金的权利法律观以个体权利为核心，认为法律应当为权利的实现提供有效的保护。

三、公共意志说

公共意志说认为法律是公意的行为，代表人物是卢梭，主要著作有《论人类不平等的起源和基础》《社会契约论》。在卢梭看来，社会来自人们平等和自由的约定而缔结的契约，提出社会契约成立的方式是权利的全部转让，通过此种方式结合的共同体体现了人民最高的公共意志，并认为"需要有约定和法律来把权利与义务结合在一起，并使正义能符合它们的目的"[2]。从这个意义上看，卢梭提出"凡是实行法治的国家——无论它的行政形式如何——我就称之为共和国，因为唯有在这里才是公共利益在统治着"[3]。卢梭尤为重视立法权的归属，认为立法权永远并唯一的属于全体人民。制定法律的关键是要看法律

---

[1]　[英]霍布斯：《利维坦》，黎思复、黎廷弼译，商务印书馆 1985 年版，第 92 页。

[2]　[法]卢梭：《社会契约论》，何兆武译，商务印书馆 1980 年版，第 49 页。

[3]　[法]卢梭：《社会契约论》，何兆武译，商务印书馆 1980 年版，第 51 页。

所适用人民的状况、人民是否认同和服从法律的规制，同时也要考虑到国家的面积以及其与人口数量比率。在卢梭看来，立法的最终目的就是促进全体人民的最大幸福，也就是保证自由和平等。

在这个基础上，卢梭将法律分为四种：一是政治法，主要是规定主权者和国家之间的关系。二是民法，是规定公民之间以及公民对整个共同体关系的法律。三是刑法，涉及对违反其他法律的相应制裁。四是风俗习惯，来自于不同地区的不同风尚与地方习惯。在卢梭的表述中，风俗习惯是至关重要的，因为"这种法律既不是铭刻在大理石上，也不是铭刻在铜表上，而是铭刻在公民的内心里；它形成了国家的真正宪法；它每天都在获得新的力量，当其他法律衰老或消亡的时候，它可以复活或代替那些法律，它可以保持一个民族的创制精神，而且可以不知不觉地以习惯的力量代替权威的力量"[1]，这实际上也表明法律背后的真正动力来自于人民的公共意志。

四、民族精神说

民族精神说认为法律绝非纯粹理性的产物，而是社会整体的一部分，与所处社会的属性相吻合，跟随社会的发展而发生变化。比较具有代表性的人物是萨维尼和梅因。德国法学家萨维尼认为，"法律和语言、生活方式一样，受着同样的运动、变化和发展规律的支配，并随着民族的发展而发展，随着民族力量的加强而加强，最后也同民族失去它的民族性一样而消亡"[2]。所以，萨维尼反对古典自然法学，反对那种机械的、自然法假定的法典，并认为法典应该为任何可能出现的案件提供规则性目标是不可能实现的。对萨维尼来说，理性主义者的错误就在于他们将法律的概念和思想当作人的理性的结果，忽略了法律所处的社会与历史阶段，提出应回到民族的概念，理解法律的本质。如果法律本身是积极有效的，是与民族特有的资源属性相契合的，就没有必要进行法典的编纂，甚至在有利条件下也是一样的。

英国法学家梅因采取历史、比较的方法探讨法的本质问题，发现人类法律概念起源于个别的、单独的裁判，而后形成习惯，并逐渐进入法典的阶段。当原始法律成为法典，法律的自发过程告以终止，而自此以后，对它起影响的，便是有意和来自外界的[3]。自法典时代开始，进步社会与静止社会之间的区分愈发明显，少数进步社会的法律不断向前发展，而大部分东方静止社会的法律

---

[1] [法] 卢梭：《社会契约论》，何兆武译，商务印书馆1980年版，第73页。

[2] [德] 弗里德里希·卡尔·冯·萨维尼：《论立法与法学的当代使命》，许章润译，中国法制出版社2001年版，第9页。

[3] [英] 梅因：《古代法》，沈景一译，商务印书馆1959年版，第15页。

出现停滞。梅因关注进步社会,提出借助"法律拟制""衡平"和"立法"手段来促使法律与进步社会的协调匹配[1]。梅因肯定自然法在古代发挥过作用,但认为后来自然法却变成纯粹的信条,是粗糙的和不精确的。梅因相信社会的进化和法律的进化,并不否认法典编纂,并提出如果我们把身份表示一种人格状态的话,"所有进步社会的运动,到此处为止,是一个'从身份到契约'的运动"[2]。

五、规则说

规则说与分析法学的出现相关,规则说认为法律本质上是一套规则体系,应拒绝自然法学的干预,并主张通过共同的原则、原则和特征,明确不同规则之间的逻辑关系,为人们的生活提供必要的限制与保障。规则说的代表人物有奥斯丁、凯尔森和哈特。分析法学家奥斯丁认为,法学对象限于实在法,而实际存在的有人制定的法实际上来自主权者的命令,包括责任、制裁和义务三个方面。在奥斯丁看来,实在法的本质是由一个主权人或团体直接或间接地为社会成员所设立的,其中那个人或团体就是主权或至尊[3]。现代分析法学家凯尔森对法的本质的理解是在对奥斯丁等人观点的反思上形成的。凯尔森提出纯粹法学,认为法律是人的行为的一种秩序,是具有统一性的一系列规则,并认为不同法律之间存在一定的位阶关系。纯粹法学的特点反映在其纯粹性上,也就是说,以实在法为研究对象,而其他所有非法律因素都排除在法学研究之外。

英国法学家哈特是现代分析法学的杰出代表,他认为法律应当与道德之间有明确的界限,应排出法外因素的干预。在他看来,任何国家或地区的法律,从本质上讲都是第一性规则和第二性规则的结合。其中,第一性规则是设定义务的规则,要求人们做或不做某事,而第二性规则规定人们可通过行使权力而引入新的第一性规则、废除或修改原来的主要规则[4],并提出承认规则、改变规则和审判规则。此外,哈特在与富勒的论争中提出了"自然法的最低限度内容"[5],认为有些法律违反了社会的基本道德,属于恶法,虽然亦为法律,但因其邪恶特征而不应被遵守和服从。

---

[1] "法律拟制"指掩盖或目的在掩盖一条法律规定已经发生变化这事实的任何假定,其时法律的文字并没有发生改变,但运用的规则实际上已经发生了变化。"衡平"与法律拟制的最大不同在于某些法律原则因其自身固有的优越性而能够公开的、明白的干涉法律应用。[英]梅因:《古代法》,沈景一译,商务印书馆1959年版,第15~48页。

[2] [英]梅因:《古代法》,沈景一译,商务印书馆1959年版,第97页。

[3] 徐爱国、李桂林:《西方法律思想史》,北京大学出版社2009年版,第270页。

[4] 徐爱国、李桂林:《西方法律思想史》,北京大学出版社2009年版,第270页。

[5] [英]哈特:《法律的概念》,许家馨、李冠宜译,法律出版社2011年版,第171~176页。

六、社会控制说

社会控制说将法律作为社会控制的工具，并以法律在社会生活中的运作和实施为重点，提出在研究法律时，不要单独地强调法律本身，而要重视法律与其所处社会环境之间的关系以及法律的实际目标。社会控制说的出现是与其时社会变迁中各种矛盾频出并不断加剧的局面相关，通过法律加强对社会生活尤其是经济生活、政治生活的正当干预，以舒缓社会矛盾，维持统治秩序。社会控制说的代表人物有埃利希、庞德等。奥地利法学家埃利希认为"在所有的法律联合体中，法律规范构成了内部秩序的支柱"[1]，而法本质上就是来自法律事实的规范，且只有成为人类生活必需品，起到实际规范作用的法律规范才是活法，才具有现实价值。

美国法学家庞德是法社会学的代表人物，他主要从文明、社会控制和法律之间的关系分析法的本质。庞德认为文明使得社会控制开始出现，而在不同的社会发展阶段，有着不同的文明内涵，就有着不同的社会控制手段。到了现代社会，文明的发展促使法律成为社会控制的主要手段。在庞德看来，法实质上是一种制度，是依照一批在司法和行政过程中使用的权威性法令来实施的高度专门形式的社会控制，而这种社会控制的目标就是通过对个人自我扩张的本性的有效控制，协调人们的利益关系，满足人们的要求和愿望，承认、确定、实现与保障各种利益。

第三节　马克思主义的法本质理论

根据马克思主义创始人与其后继学者的经典论述，法是社会发展到一定阶段，出现阶级分化和对立之后才产生的社会现象，法律没有独立的历史，既不能从法律本身理解，也绝非理性判断的体现，而是阶级社会所特有的，受制于社会物质生活条件的制约。法的本质的展现过程则反映出法本质的不同层次，包括法是国家意志的体现、法是阶级意志的体现和法受到物质生活条件的制约。当然，也有学者将法的国家性和法的阶级性合并为掌握国家政权的阶级意志的体现，并与法的物质制约性合并为两个层次，与三个层次的分法并无实质性差别。

一、法是国家意志的体现

第一，法是"意志"的体现。法不是自发产生的，而是人们凭借一定的意

---

[1]　[奥]尤根·埃利希：《法律社会学基本原理》，叶名怡、袁震译，中国社会科学出版社 2009 年版，第 29 页。

志创制的，是人类自觉活动的产物。所谓意志，是指为达到某种目的而产生的心理状态，是支配人的思想和行为并影响人的思想和行为的精神过程。意志属于意识，但不等同于意识，而是意识组成当中有目的性、方向性并且经过理性加工的部分，意志是人对自身生活境况的理性认识和判断，但意志本身不是法，只有当其被立法机关按照立法程序的规定，以法律、法规、规章等规范性文件予以表现时，才有了法律意义上的存在形式。作为意志的体现，法构成人类文明乃至上层建筑的重要组成。

第二，法是"国家"意志的体现。法是意志的体现，但并非是所有个人或组织的意志反映，其所体现的意志具有国家性。"法律是掌握国家政权的阶级意志的表现"[1]，在阶级分化的社会中，占统治地位的利益集团除了以国家的形式组织自己的力量外，他们还必须给他们的共同意志和利益以国家意志的表现形式。"每一个力图取得统治的阶级……都必须首先夺取政权，以便把自己的利益说成是普遍的利益"[2]，只有掌握国家政权，阶级意志才能获取在管辖范围的至高权威，才能上升为国家意志，而只有上升为国家意志的阶级意志，才能有机会成为法律。这既表现为法是由掌握国家政权的阶级集团，通过公共权力机关按照一定程式来制定或认可，并以正当表现形式予以公布，同时还表现为法是以国家强制力保证实施的。总之，只有掌握国家政权的阶级，才有资格、有能力将自己的意志宣布为法律，而其他组织、集团制定的规则，因其缺乏国家性，而不具有法的本质特征。

二、法是统治阶级意志的体现

第一，法是阶级意志的体现。法是国家意志的载体，从表面上看具有一定的公共性和中立性，任何个人或组织的意志一旦上升为国家意志，就拥有了由公共权力保障实施的，社会成员普遍遵守的效力。但是，并非所有个人或组织的意志都能有机会成为国家意志。在阶级分化的社会中，不同个体之间因所处社会位置、经济结构的差异，有着不同的利益需求，处于相同或相似位置的个体因彼此的联合而形成阶级，而处于不同位置的个体或组织因分歧而形成阶级对立。不同阶级之间的利益并不完全吻合，甚至在一定情形下存在着冲突。所以，法是阶级意志的体现，无法出现可超越所有阶级分歧，而实现所有阶级意志或愿望的共同法律。

第二，法是统治阶级意志的体现。不同阶级所处的社会位置存有不同，所以并非所有阶级都有国家意志的表达权，处于支配地位的阶级才能掌握国家政

---

[1]《列宁全集》（第16卷），人民出版社1988年版，第292页。

[2]《马克思恩格斯全集》（第3卷），人民出版社2002年版，第37页。

权，才有资格以国家意志的形式，确认本阶级的意志为法律，而处于被支配地位的阶级，除非其利益诉求为统治阶级所认可，否则就难以成为法律，而且还必须服从以法律形式体现的统治阶级的意志。必须注意的是，此处所说的统治阶级的意志，并非指统治阶级的任何个体成员的意志，也不是统治阶级中个别成员、少数成员或处于领导位置成员的意志，而是统治阶级的整体意志和共同意志。正如马克思主义学者所述的"通过法律形式来实现自己的意志，同时使其不受他们之间任何一个单个人的任性所左右，这一点不取决于他们的意志，如同他们的体重不取决于他们唯心主义的意志或任性一样……由他们共同利益所决定的这种意志的表现，就是法律"[1]。即便是作为统治阶级成员，也必须服从法律，在违反法律时接受制裁，这样才能更好地实现统治阶级的意志和利益。

第三，并非所有统治阶级的意志都是法律。法律是统治阶级的意志表现，是法律化的统治阶级的意志，但并非所有统治阶级的意志都以法律为表现形式。在掌握国家政权之后，统治阶级往往需要根据治理对象的特点，所处的社会发展阶段，借助不同的治理方式进行统治，其中包括道德、宗教、舆论及政策等多种手段，而法律仅为统治阶级意志的表现形式之一，虽然在现代社会，法律扮演着越来越重要的角色，也成为承担统治阶级意志的主要形式，但是这并不否认其他反映统治阶级意志的合法形式，也不能简单地将统治阶级的意志理解为法律。

第四，并非所有法律仅反映统治阶级的意志。在阶级分化的社会中，法律所体现的是统治阶级的意志，而作为国家政权的统治者，统治阶级既要维护自身的阶级统治，同时也要承担面向全体社会成员，并将其行为纳入统治阶级所能接受的范围当中的公共管理职能。在一定范围内，法律不仅反映统治阶级的意志，还有可能反映被统治阶级的某些愿望和要求，包括设立对全体社会成员均有利，在不同程度上反映全社会不同阶级阶层共同利益的法律，以及为缓和与被统治阶级之间矛盾和冲突，更好地加强对被统治阶级的控制，而在一定程度上对被统治阶级作出让步，并在立法中设置反映被统治阶级某些意志或利益要求的内容[2]。当然，此类法律仍是通过统治阶级掌握的国家机关予以确认和制定的，而且从根本上讲还是为了实现统治阶级的意志，更好地保护统治阶级的利益，并不能改变国家法律的整体性质。

〔1〕《马克思恩格斯全集》（第3卷），人民出版社2002年版，第38页。

〔2〕 高其才：《法理学》，清华大学出版社2011年版，第35页。

三、法律体现统治阶级意志最终由物质生活条件所决定

马克思主义学者在揭示法的本质之际主张法是统治阶级意志的体现，但这并不意味着统治阶级可按照自身意志随意的制定法律。相反，统治阶级意志也具有客观规律性，无论是作为统治阶级意志的法律还是统治阶级意志本身，最终都是由一定社会的物质生活条件所决定。

社会物质生活条件是指与人类生存和发展密切相关的地理环境、人口和物质资料的生产方式等，其中生产方式是最重要的内容。生产方式的物质内容是生产力，其社会形式是生产关系，生产方式是两者在物质资料生产过程中的辩证统一。按照马克思主义的观点，生产力决定生产关系，经济基础决定上层建筑。在社会活动中，人们的各种需求都来自于生产方式，通过一定的生产方式使得自然环境的一部分转化为人类所依赖的社会物质条件。而生产过程中产生的经济关系是人与人之间最根本的社会关系，包括法律在内的其他社会关系都是从中派生出来的，都要服从并维护于经济关系。

马克思指出"作为纯粹观念，自由和平等是交换价值过程中的各种要素的一种理想化的表现，作为法律的、政治的和社会的关系上发展了的东西，自由和平等不过是另一次方上的再生产物而已"[1]。这表明法律受到社会物质生活条件的决定性制约。在这种制约之下，法律不能违背社会历史条件，不能违反经济发展规律，而必须承载和反映一定的经济关系，甚至于在相同阶级执政下产生不同法律，也是服从不同的社会物质条件。事实上，正如马克思在批评蒲鲁东时所述"只有毫无历史知识的人才不知道：君主在任何时候都不得不服从经济条件，并且从来不能向经济条件发号施令。无论是政治的立法或市民的立法，都只是表明和记载经济关系的要求而已"[2]。

在强调法律的物质制约性的同时，我们也不能忽视或否认法的阶级意志性，二者之间是辩证统一的。这表现在：首先，法的阶级意志性与物质制约性是内在统一的。经济关系以及所派生的其他社会关系只有通过统治阶级的意志形式才能体现在法律层面，并通过立法、执法、司法等法律活动予以实现，其实质反映了特定阶级的价值追求和利益分配方案。其次，法律化的阶级意志具有相对独立性。在社会物质生活条件发生变化时，作为统治阶级意志的法律，是否发生变化以及在何时发生变化，并不完全和物质生活条件的变化合拍，也有可能出现超前立法或滞后变法的情形，等等。当然，法律的独立性是相对的，不能超出一定的范围，不能违反物质生活条件对法律的决定性作用。

---

[1]《马克思恩格斯全集》（第 46 卷），人民出版社 1980 年版，第 477～478 页。
[2]《马克思恩格斯全集》（第 4 卷），人民出版社 1958 年版，第 121～122 页。

　　此外，统治阶级意志除了受到物质生活条件的制约以外，政治、文化、道德、宗教和历史传统等其他因素也会对统治阶级的意志产生影响，而进一步影响到法律的内容和形式设计。这也是为何在经济基础相似的国家或地区，法律在形式和设置重点上存在不同程度的差异化之原因所在。

【延伸阅读】

　　1. 郭道晖："论法的本质内容与本质形式"，载《法律科学》2006 年 3 期。

　　2. 童之伟："法的本质是一种实在还是一种虚无——法的本质研究之一"，载《法学杂志》1998 年 10 期。

　　3. 童之伟："用什么方法确定法的本质——法的本质研究之二"，载《法学杂志》1998 年第 11 期。

　　4. 任丑："关于法本质的哲学追问"，载《哲学研究》2012 年第 12 期。

　　5. 胡玉鸿："马克思主义法本质观之重述"，载《学习与探索》2006 年第 3 期。

　　6. 杨显滨："论当代中国法律本质的应然归属"，载《法学论坛》2014 年第 1 期。

　　7. 彭中礼："当代中国法律本质理论研究重述"，载《时代法学》2009 年第 4 期

　　8. 何柏生："马克思主义法学为何要把'意志'视为法律本质"，载《法律科学》2004 年第 2 期。

　　9. 李龙等："人本法律观对社会主义法本质的再认识"，载《山东社会科学》2011 年第 3 期。

【思考题】

　　1. 什么是法的本质？其与法的现象之间有哪些区别和联系？

　　2. 历史上有哪些主要的法的本质学说？

　　3. 马克思主义法的本质包括哪些内容？

第一章

第二章
法的作用

【内容提要】

法的作用是法对人的行为或社会关系的影响。法的作用包括法的规范作用和法的社会作用两类。法的规范作用是指法对人的行为的引导、预测、评价、教育和强制作用，而法的社会作用是指法的阶级统治作用与法的社会管理作用，作用范围覆盖至政治、经济、思想文化、公共事务等多个领域。正确认识法的作用，既要避免法的虚无论，也要警惕法的万能论，明确法的作用的意义与局限所在。

【重点问题】

法的作用与法的功能；法的规范作用；法的社会作用；法的局限性

第一节 法的作用概述

一、法的作用的含义

法的作用是指法对人的行为或社会关系所发生的影响。法的作用与法的概念、特征、本质、目的、价值等问题关系密切，是法的特征和本质的外在体现。对法的本质、目的、特征等的研究是对法的本体和形式基本联系的静态分析，而对法的作用的研究则是对法的活动方向和动态分析。

法的作用是法理学的重大理论与实践问题，是各个历史时期法学家们无法回避的问题。韩非指出"言无二贵，法无二适，故言行不轨于法者必禁"，慎到也提出"法之功莫大于使私不行"，强调法律应当严格遵守并治恶扬善。柏拉图也认为法律应有至上权威，法律是否发生作用事关城邦的存亡，亚里士多德则将法的作用理解为促使实现城邦的善和全邦人民共同善的方式。近代以降，法律作用多集中行为人的合法权益方面，洛克提出"法律按其真正的含义而言与其说是限制还不如说是指导一个自由而智慧的人去追求他的正当利益……法律的目的不是废除或限制自由，而是保护和扩大自由"[1]，卢梭在谈及法的作用

---

[1] ［英］洛克：《政府论（下）》，叶启芳、瞿菊农译，商务印书馆1964年版，第36页。

时指出"需要约定和法律把权利和义务结合在一起,并使正义能符合它们的目的"〔1〕,而边沁则提出法律应当不断改进,以谋求人们的福利。庞德更是将法律作为社会机器,认为法律自身为社会而存在,其职能和作用也是为社会服务〔2〕。可见,由于时空、地域和历史文化传统等因素的影响,不同历史阶段人们对法的需求也存在差异,法律作用的大小、覆盖范围、实现方式和目的途径是不同的,而且学者的认知也受到时空性的限制,对法的作用的理解和解释很难形成一致的认识。

究其实质,法的作用是法的本质的外在表现,人类创造法律的目的就是让它对社会产生影响,使人的行为或社会关系有序化。法的作用的直接对象是人的行为或社会关系,实质上法作用的这两种对象是一致的。因为,社会关系就是人与人之间的关系,其通过人与人之间的行为互动连接在一起,没有人们之间的行为互动,就没有社会关系。唯物史观认为,法在社会生活中的地位和作用都与一定的生产方式有关,都要服从于物质生活条件的要求和指令。同时,法又具有相对的独立性,这种独立性既表现法对自己的经济基础具有能动的反作用,又表现为它对整个社会的影响。法能否对社会起到积极的促进作用,最终的衡量判断标准是它能否与社会生产力发展的需要相一致。

在提到法的作用时,人们习惯于将法的作用和功能混同起来,也就是将这两个概念通用。要明确法的功能以及其与法的作用之间的关系,首先必须辨明什么是法的功能?法有哪些基本功能?法的功能是指法本身所固有的功用和性能,是法的天然的和内在的属性,基本上我们将法的功能理解为法的调整功能、法的指引功能以及法的保障功能〔3〕。在国外,德国学者魏德士在论述法的作用与功能时就未作出区分,并统一理解为法律有创设和调整功能、形式上的调整功能、保持功能、赋予功能和法律保障功能、裁判纠纷功能、满足功能、融合功能以及创造与教育功能〔4〕。然而,实际上,从严格的语义分析角度看,"法的功能"和"法的作用"之间既是统一的和密切联系的,同时也有所区别。

第一,内在性与外部性。法的功能是法律内在的功用和效能,侧重于由法的本质、目的所决定和要求的法本身所具有的内在或潜在影响,它表明法的基本活动方向;而法的作用是法在社会生活中产生的各种影响的总称,侧重于法

〔1〕　[法]卢梭:《社会契约论》,何兆武译,商务印书馆1980年版,第37页。

〔2〕　参见[美]庞德:"法学肆言",载《庞德法学文述》,雷宾南、张文伯译,中国政法大学出版社2005年版,第6页。

〔3〕　周旺生主编:《法理学》,北京大学出版社2007年版,第157页。

〔4〕　[德]魏德士:《法理学》,丁晓春、吴越译,法律出版社2005年版,第38~44页。

对人的行为或社会关系所发生的客观或现实作用。因此，可以说法的功能是法的作用的内在依据，法的作用是法的功能的外在表现。法的功能是否健全，从根本上决定着法的作用的发挥程度[1]。

第二，固有性与易变性。法的功能是法所固有的、天生的属性，无法增添、减少或剥夺，我们只能去发掘和发现法的功能，充分利用和调动法的功能，以促使法的功能得到充分运用而不被闲置。法的作用是被创设或添附的，其上集合着法的创设者对法的预期和要求。在不同统治阶级、不同时空环境以及不同历史条件下，法的作用呈现出明显的差异与变化，这也会促使法的作用在不同情形之下有着不同表现形式和实施重点。

第三，应然性与实然性。"在法的各种属性或成分中，法的功能同法的价值的关联较为紧密，实现法的调整、指引和保障等功能，总是同实现法律秩序、法律利益和法律正义诸价值有无可割裂的联系，总是在很大程度上为实现这些法律价值存在的"[2]，而法的价值本身就有较强的应然性。而且，法的功能是法律规范为实现系统输出而具体作用到人的行为的特定工作或活动方式[3]，也承接了更多的应然属性。法的作用是法律实施并作用于客观世界所产生的外部效应，其产生对社会生活的影响是实际存在的。而且，法的作用总是和特定时期国家的政策方针、发展路线相吻合，并服务于统治阶级意志的具体实现，具有实然性。

第四，有益性与双向性。法的功能是法所具有的对社会有益的功用和效能，其所产生的功效是主动的、积极的、正向的，反映出人们有意识地通过法律参与和改造社会生活方式的方法及其过程。而法的作用具有双向性。在法的功能输出过程，法的作用往往发生在法律与社会生活的交叉互动之中，其中既有可能产生有益的结果，也有可能出现不利的局面，甚至产生超出我们预料之外的法律后果，会有积极作用和消极作用两种可能，其作用具有双向性。

二、法的作用的分类

法的作用可以从不同的角度作不同的分类，法的作用的基本分类主要有：

(一) 法的一般作用与法的特殊作用

这是按照一般与特殊的逻辑关系对法的作用的分类。法的一般作用是基于事物矛盾的普遍性所产生的法的共性作用，是从法的各种具体作用中抽象出来的，在所有社会的法中都普遍存在的共同作用。比如在不同社会形态下法都有

---

[1] 黎国智主编：《法学通论》，法律出版社 1998 年版，第 64 页。
[2] 周旺生："法的功能和法的作用辨异"，载《政法论坛》2006 年第 5 期。
[3] 乔克裕主编：《法理学教程》，法律出版社 1997 年版，第 52 页。

维护社会秩序，以权利义务关系指引人的行为及调整社会关系等。法的特殊作用是基于事物矛盾的特殊性而产生的法的个性作用，是不同历史时期的法因其自身的规定性或差异性而形成的各种不同的具体作用，比如在不同历史条件下，在不同地域或空间范围内，不同指向的法律或相同指向的不同法律各自不同的具体作用等。分析法的作用既要看到它的一般性，又要看到它的特殊性，法的作用是一般性与特殊性的统一。

（二）法的整体作用与法的局部作用

这是按照法的体系与法的部门之间的关系所作的分类。法的整体作用是指法作为由各自法律规范、法律部门所构成的法律体系在调整社会关系中的作用，一国法律体系作为整体是统一的，它的作用也是统一的，针对所有调整对象发挥作用。而法的局部作用是法律体系中某一法律部门或法律规范的作用，针对其所调整的特定范围的发挥作用。认识法的作用既不能把局部作用归结为整体作用，也不能把整体作用归结为局部作用，应有所区别，而且整体作用的实现需要各个局部作用的协调与联系。

（三）法的预期作用与法的实际作用

这是按照人们对法的期望与法的实效之间的区别所作的分类。法的预期作用是立法者希望通过法律所达到的意图或目的，是理想状态的法的作用。法的实际作用是通过法的实施后的所达到的现实作用。法律实施的目的就是实现法的预期作用，并实现与实际作用的统一。在社会生活中，法的预期作用与实际作用之间往往存在一定的差距。这个差距背后蕴含着更为深刻的命题：其一，帮助我们准确认识到二者的差距，及时采取措施最大限度的实现法的预期作用，缩小其与实际作用之间的距离。其二，通过法的实际作用反映立法者在法律创立阶段的疏漏和问题，调整法的预期作用以更好地服务社会。

（四）法的积极作用与法的消极作用

这是按照对法所作的价值评价角度所作的分类。法的积极作用是法所产生的正面价值，即法的作用对特定主体的有益性。法的消极作用是法所产生的负面价值，即法的作用对特定主体的有害性。由于积极与消极的价值评价来自于评价者的主观动机，而评估者的主观动机形成本身又受到诸多法外因素的干预，具有结构性和复杂性，这也导致人们对法的作用的积极性与消极性的评价结论也很难统一。

（五）法的规范作用与法的社会作用

这是按照法的作用的手段、目的、形式与内容的区别所作的分类。法的规范作用是法作为一种特殊的规范体系而具有的规范人们行为本身的作用，这种作用构成法调整社会关系的手段或形式，主要具体包括指引作用、评价作用等；

法的社会作用是法通过规范人的行为而达到的社会效果，这种作用构成法调整社会关系的目的或内容，包括法的阶级统治作用和法的执行社会公共事务作用，并具体表现在政治领域、经济领域等多个领域当中。法的规范作用和社会作用的划分有助于更好地认识法的作用的表现形式，也是我国主要采取的法的作用分类。

第二节　法的规范作用

法的规范作用是指法作为一种特殊的行为规范所具有的，对人的行为本身的统一、规制、明确影响与约束性效果。"规范作用是法律的基本的、第一位的作用，法律的其他作用由此派生并受到其制约"[1]，法的规范功能是法实现其社会价值的必要属性，而法的规范作用的实现是法的社会作用实现的必然途径。从法的作用方式和机制的角度，法的规范作用可以分为指引、评价、教育、预测和强制五种作用。当然，任何社会的法都有这几种作用，但在不同社会制度和不同历史时期，这些作用的性质、目的、范围、方式等却有着很大的差别。

一、指引作用

法律以权利义务关系为内容，法的规范作用首先体现为通过权利义务关系，对人的行为的指引，包括为人们提供的行为模式、标准或方向，并规定违反这一行为模式、标准或方向所产生的法律后果。对人的行为的指引可以分为两种：一是个别性指引（或称个别调整），是通过一个具体的指示对具体的人和事的指引；二是规范性指引（或称规范性调整），是通过一般性的规则对同类的人和事的指引。个别指引具有针对性和具体性，在处理具体事务上也很重要，但就建立普遍的社会关系以及维护社会秩序而言，规范性指引的意义更大。法律指引一般是规范性指引，从立法技术以及行为模式上看，法律指引又可以分为确定性指引和选择性指引。确定性指引是通过规定法律义务，明确行为界限，要求人们作出一定行为或不作出一定行为。确定性指引是一种强制性指引，它不允许行为人有自己的选择，而为行为人指定了那些行为是可以做的，那些行为是应该抑制的。选择性指引是一种非强制性指引，规定了一定幅度或范围内的行为自由，它允许行为人作出一定行为或不作出一定行为。这样，行为人就有权选择或者放弃这种指引。应该看到，法能否真正发挥指引作用及其发挥指引作用的程度取决于许多复杂的因素，比如法与人们生活需求的匹配程度、人们的法律素养及以及守法结果与违法后果的利益衡量等。

---

[1]　陈春龙："法规范作用新探"，载《现代法学》1990 年第 4 期。

二、预测作用

法律的预测作用是人们可以依据法律规范估计自己或他人的行为及其后果，从而对自己如何行为作出更为合理的安排。具体而言，人们可通过法律规范，在事先对自己或他人行为的合法与否、有效与否以及产生怎样的法律后果作出判断。法的预测作用以法的规范性为基础，是安全、秩序等法的价值实现的重要条件。没有法的预测作用，人们就无法对自己的行为作出合理预期，也无法保证行为的合法性。在社会中，大多数人遵守法律在很大程度上与人们对违法产生的成本、风险以及由此带来不利后果等因素的准确预测相关。法律的预测作用一般表现为两个方面：一是行为人依照法律规范对自己将要作出的行为进行合法性、有效性预测；二是行为人依照法律规范对相互间将要作出的行为进行合法性、有效性预测。法的预测作用与法的指引作用之间既有联系又有区别。二者的共同之处在于都对人们进行行为选择产生影响，指引作用本身也有预测成分，预测作用往往落实在法对人的行为的指引中。二者的不同之处在于指引作用着重告诉人们选择行为时具体按照哪种行为模式去做，而预测作用则着重告诉人们遵守或违反某种规则将可能带来出现怎样的情况或后果，怎样安排自己的行为才能够达到预期的目的。

三、评价作用

法律作为一种行为规则，具有判断衡量人们行为是否合法的作用。在现实生活中，人们总要对自己或他人的行为进行自我评判或相互评判，法律正是这样一种重要而有普遍的评价标准。当然，法律并非是评判人们行为的唯一标准，除了法律以外，道德、宗教、习俗等都是行为的评价标准。只是法律作为一种明确具体的评价标准，具有与其他评价标准完全不同的特点。首先，评价的基点不同。法律评价的基点或对象是人的行为，而且它对人们的行为进行评价时是严格以事实为依据，考察主体行为的实际效果、作用以及所应承担的责任。而道德、宗教等其他社会规范在对人们的行为进行评价时，或专注行为人的内心情感，或就行为而论行为，没有法律评价方式那样严格的主客观双向要求。其次，具有普遍性。法律作为具有权威性和普遍性的规范，对人们的行为进行评价时，是不论行为人是否愿意的都必须接受，这样就避免了其他评价标准那种缺乏权威的局限性。再次，具有明确统一性。法律作为明确具体的规则，要求不能因人而异、朝令夕改。法律评价相对于其他评价方式那种模糊和非统一的特点，其评价标准不会受到信仰、观念或地域等因素的影响。最后，具有强制保障性。不同于其他社会规范，法律评价的落实最终会受到国家强制力的保障。

四、教育作用

教育作用是指通过法律的实施对人们行为所发生的影响。法律的教育作用并非指法的内容中所包含的道德因素，价值因素及真理成分等对人们的教育，而是指法在具体案件中的实施而对人们今后的行为所产生的一种积极影响。促使法律的实现是立法者的目的，法律一旦实现必然对行为人产生教育作用。这种教育作用通过法自身活动的两种方式来实现：其一，通过对社会成员合法行为的肯定，保护和激励，为其他一般人的行为起示范作用，指明行为的合法方向。如某人因合法行为而受到鼓励和赞扬，对于提高人们的法律意识和守法习惯具有示范作用。其二，通过对社会成员的违法行为的否定，惩罚和制裁，对一般人的行为起警诫作用。如某人因违法行为而受到法律的制裁，这种制裁不仅对他本人有教育作用，同时对一般人的行为也具有警示和威慑作用。当然，如果所实施的法的内容与一般人的道德，理想及利益相违背，则这种示范或惩戒对一般人行为的影响或规范就会大打折扣。

五、强制作用

法律规范凭借国家强制力作为后盾而具有的强制违法者必须遵守法律的作用。法的强制作用对于法的实现非常重要，任何一种法律一旦离开法的强制作用就无法得到保障[1]。"任何一种社会规范的实行都离不开强制，只是强制的性质、程度、方式、范围有所不同。法律在这些社会规范中之所以处于一种特殊的地位，就在于法律的强制是一种规格最高、程度最重、性质最烈、范围最广的强制"[2]。法律的强制作用主要通过威慑、直接的强制、惩罚等方式展开。其中，威慑作用和直接强制是法得以实施和社会秩序得以有序化的主要途径，而惩罚作用是威慑作用和直接强制的最终保障。当然，法的强制作用并非是对违法犯罪者的简单报复，而是法律实现的手段之一，在诸多情况下，法律是不需要强制的。单纯强制是不能解决一切问题的，只有把强制和教育结合起来，使人们从内心认同和遵守法律，才能更好地发挥法律的作用。

第三节　法的社会作用

法的社会作用是指法律通过规制社会关系，为实现一定的社会目的而发挥的作用。法的社会作用主要是从法的目的和本质角度考察法的作用，在理论上可以有不同的概括方法。目前，我国法理学界对法的社会作用的理解可以归纳

[1] 葛洪义主编：《法理学教程》，中国政法大学出版社2004年版，第147页。
[2] 陈春龙："法规范作用新探"，载《现代法学》1990年第4期。

如下：

一、阶级统治作用和社会管理作用

法的社会作用的两大方面是指法的阶级统治作用和社会管理作用。马克思很早就曾指出："政府的监督劳动和全面干涉包括两个方面：既包括执行一切由社会的性质产生的各种公共事务，又包括政府同人民大众相对立而产生的各种特殊职能"[1]，指的就是法的这两种社会作用。

法的阶级统治作用主要指法在维护统治阶级利益、统治秩序方面的作用。马克思主义法学者认为，在阶级对立社会中，社会的基本矛盾表现为对立阶级之间的冲突和对抗，统治阶级为了维护自身利益和建立对自己有利的秩序，需要借助国家权力进行社会控制，而制定和实施法律就是统治阶级进行社会控制的主要手段，通过法律将统治阶级和被统治阶级纳入特定的行为规则内，使得阶级冲突控制在可接受范围内，建立有利于统治阶级的社会稳定与秩序，并保证秩序运行的有序与可控。

法的社会管理作用是指法在组织社会运作，维护社会秩序方面的作用。人类社会从形成到不断发展，必须要维持社会存在的基本条件、维持人们交往和日常交易的条件，并且要对人们生活中的公共事务进行有效管理。不同于法的阶级统治作用，法在执行社会公共事务中并没有直接的阶级倾向，表现出更强的公益性和社会性。只有在既定条件下它才间接地为统治阶级提供服务。

法的这两类社会作用之间既有区别又有联系，是辩证统一的关系。在不同时期、不同地域和不同国情下二者之间的关系位置会发生变化。在阶级对立社会，也就是阶级矛盾占主要地位的社会，法的社会作用侧重于法的阶级统治作用，强调统治阶级对被统治阶级的管理和控制。而在阶级矛盾不占主要地位的社会，法的社会作用更关注社会管理的质量和有效程度，法的社会作用的重点也放在如何更好地执行社会公共事务上。

二、法的社会作用在不同领域的具体表现

恩格斯曾指出"政治统治到处都是以执行某种社会职能为基础，而且政治统治只有在它执行了它的这种社会职能时才能继续下去"[2]，法的阶级统治作用与法的执行社会公共事务作用并非各种独立和径行展开的。相反，在法律实践中，二者在很多方面是相互结合、交互作用的[3]。具体而言：

---

[1] 《马克思恩格斯全集》（第25卷），人民出版社1974年版，第432页。
[2] 《马克思恩格斯全集》（第3卷），人民出版社1995年版，第523页。
[3] 张文显主编：《法理学》，法律出版社2007年版，第299页。

（一）政治领域

按照马克思主义的观点，法律承载着统治阶级的政治意志，实现对政治权力的有效调整。在政治领域中，法律主要调整政治权力关系与阶级关系两组关系。在调整政治权力关系上，法律要根据执政者的利益需要确认和巩固执政者的政治权威，明确政治社会中的权力结构、为政治权力的运行提供明确规则、规定国家机构的组织和活动原则。在调整阶级关系方面，法律需要面对统治阶级与被统治阶级、统治阶级内部以及统治阶级与其同盟者三组关系，必须将被统治阶级的行为限制在统治阶级利益容许的范围内，明确统治阶级内容成员的关系和行为界限，并确定统治阶级与同盟者之间的联盟关系，巩固自己的统治。此外，法律在调整其他与政治关系有关的民族、政党、社团等方面的关系上也有重要作用。

（二）经济领域

按照马克思主义法学的观点，法作为上层建筑的重要组成部分，根源于经济关系，同时又服务和反作用于经济关系。在当今社会，法律成为调整经济关系中不可缺少的手段。其主要作用包括：其一，建立或确认财产权制度。生产资料所有制是生产关系的核心，包括生产资料的所有、占有、支配和使用，法律需要确立生产资料所有权以法律形式表现出来的财产权，包括所有权、占有权、支配权和使用权。其二，确立经营和交易原则。经济活动本身是潜伏着各种风险的领域，参与者有可能为获利而采取不当手段规避风险，法律必须规定不同参与主体的权利义务关系，明确生产经营和交易的基本规则，矫正和克服经济主体逐利性的内在缺陷，确保经济活动的公正有序展开[1]。其三，调处和解决各种经济纠纷。经济活动中不可避免产生各类纠纷，通过经济执法和司法活动，解决经济纠纷，制裁经济违法，打造公开平等交易环境，保障正常良好的经济运行秩序。

（三）思想文化领域

法在调整思想文化领域中的作用不可低估。其具体表现包括三个方面：其一，确立符合执政者利益的道德观念在社会生活中的主导地位，倡导和引导人们遵从主流价值观[2]。其二，运用法律推广符合执政需要的政治观念、道德观念、法律观念以及文化价值观念等，从而使统治者的意识形态在全体社会成员中得到更为广泛的认同、接受、信仰和传承。其三，运用法律抵制

---

〔1〕　张林海主编：《法治的衡量与实现——法治指标体系及应用研究》，黑龙江人民出版社 2011 年版，第 165~168 页。

〔2〕　葛洪义主编：《法理学》，中国政法大学出版社 2008 年版，第 148 页。

来自外来或传统遗留下的不健康、不正确的价值观念的传播和渗透，消除其对社会文化价值造成的侵蚀和破坏。

（四）公共事务领域

公共事务是指为满足社会发展的共同需要而进行的各项事务，诸如兴修水利、交通管理、基础建设、卫生保健、自然资源的合理利用以及环境保护等。公共事务与人们的生活密切相关，构成人类社会建立和发展的基本条件。法在这方面的作用一般表现为下列两点：其一，通过制定调整公共事务的法律法规，明确人们在公共事务中的权利和义务，以及违反之后所应承担的法律责任和后果。其二，通过法律确认和执行技术规范、质量标准，保护有利公共事务的行为，惩戒不利或破坏公共事务的行为，促使公共事务朝着符合社会发展规律，有利于整个人类社会，同时又有利于统治阶级根本利益的方向持续发展。

第四节　正确看待法的作用

法的作用是法的本体论中的重要内容，而更好地认识法的作用也是法理学学习的重点之一。关于如何正确看待法的作用，我们必须坚持辩证的观点，既要理解法的作用的重要意义，反对"法律虚无论"，也要理性认识到法的作用的有限性，反对"法律万能论"，这是更科学、更有效地发挥法的作用的关键所在。

一、法的作用的重要意义

法律虚无论认为法律的设立和使用没有实际意义，否认法律在维护阶级统治和社会管理方面的作用，如老子曾说过"法令滋彰，盗贼多有"，孔子也曾说"道之以政，齐之以刑，民免而无耻"。新中国成立后特定时期无法无治的历史教训，还有近些年泛起的虚置立法权威、违法司法、法外操作等，都在反复提醒我们要摆脱法律虚无论的错误观点，更为合理地认识到法的作用[1]。法的作用的重要性至少可以从以下几个方面理解：

第一，法律是维护政权和秩序的重要社会控制手段。韩非曾说"家有常业，虽饥不饿；国有常法，虽危不乱"，与其他社会规范相比较，法反映统治者的意志，是统治者用以安排、调整和建构社会生活的必要手段，以政权巩固和社会秩序稳定为己任，并以国家强制力保证实施，在很大程度上调整着国家和社会的重要发展过程。

---

[1]　赵钢、王杏飞："新的法律虚无主义之批判——基于民事司法的视角"。载《现代法学》2012 年第 4 期。

第二，法律具有更强的稳定性。"任何法律制度都是'保守的'：它保持着当时的国家和社会结构的原则，并因此为'制度变化的合法性划定界限'。"[1] 较之其他社会规范，法律变化性较小，稳定性交强，为变化中的社会提供了相对稳定的秩序安排，保证社会变化过程的可控、合理和有序展开。

第三，法律的标准化建制。比其他规范更具有公开性、程序性和普遍性，在法制统一的国家或地区，法律对每个人都是同等对待的，可给人们提供一种相对精确的标准化、明确化的行为规则，给人们认识法律、进行权利维护、预测行为性质与后果方面提供了规范层面的指示。

法的作用的重要性还表现在很多方面，如权威性、公正性等。尤其在社会转型时期的中国，依法治国是保证社会治理有序和重大改革部署实现的规范和制度保证，法的作用的有效发挥也是实现各项工作安排的重要基础。

二、法的作用的局限性

尽管我们认同的法的作用，提倡法在现代社会中的正向价值。但是，我们也要警惕和杜绝"法律万能论"的错误观点。与法律虚无论不同，法律万能论认为法律是无所不能的，所有人的行为和社会关系的调整都必须依靠法律，夸大了法的作用，实际上忽视了法的作用的内在局限。

第一，法的作用限于人的外部行为，并非社会调整的唯一手段。法的作用范围非常广泛，涉及经济、政治、文化和社会生活不同领域，但并非所有问题都可以依靠法律去解决，法律只用来调整那些基本的、重要的人的行为和社会关系，负责正其行的功能，而对那些涉及人的思想观念、情感、信仰等方面的事项，法律并不能直接干涉，也无法起到明显的规范作用。一旦强行进入这些领域，不仅无法实现法的作用，甚至还可能减损法的作用，产生事与愿违的后果。而且，法律是调整社会关系的重要手段，但绝非唯一手段。即便是涉及人的行为，国家进行调整和控制的手段也有很多，比如行业惯例、习俗和组织章程等，这些有着规范性价值的规则在解决实际问题、化解纠纷时往往有着法律无法比拟的优势，成本更低、效率更高，所取得的效果也更为理想。

第二，法的作用具有滞后性、不周延性和被动性。法律具有稳定性，而其稳定性的代价就是法的作用总体上滞后于社会需求。任何一种法律制度都来自于已有的生活法则，而社会是不断发展变化的，在变化中也会不断产生对法律的新需要，而从规范角度法律无法与社会的动态演进完全适应。而且，法律也有不周延之处，哈特曾指出"当我们把特殊情况纳入一般规则时，任何东西都不能消除这种确定性核心和非确定性边缘的双重性，这样所有的规则都伴有含糊

---

[1]　[德] 魏德士：《法理学》，丁晓春、吴越译，法律出版社 2005 年版，第 40 页。

或'空缺结构'的承认规则"，实际上说的就是这点。此外，法的作用的实现往往是被动的，对人们生活的介入也具有很强的事后性，在社会控制的事先预防和矛盾提前舒缓方面无法发挥更好的作用。

第三，法的作用实现受到人的因素的影响。亚里士多德就曾强调良法基础上的善治之重要性，法律并非单凭精密与严谨的法律规定即可实现，大量立法、法律实施、监督事项仍有赖于参与者的素质、能力与配合。首先，法律本身就是人的意志的反映，人的认识水平在很大程度上制约着立法的合理性、科学性程度。其次，法律实施尤其是执法和司法过程中，执法人员、司法人员的业务素质、业务能力与道德品行在很大程度上决定了法律能否得到高效高质的执行。最后，法的作用离不开社会成员的配合，而社会成员的个体素质和认识水平也会干预到法的作用是否得到或在多大程度上得到有效的落实。

第四，法的作用的实际发挥需要与其他社会因素的配合。法的作用的发挥并非在不受干预的封闭区，而是嵌入社会的总体环境当中，受到经济、政治、科技等多种因素的影响，如在刑事案件中，鉴定技术的先进程度会直接影响到司法人员对案件事实的准确判断。而且，法的作用的发挥还会受到其他社会规范的制约，如民间习俗、组织规约等。但是，法律并非总是与其他社会规范相吻合、相一致，甚至很多方面还面临着一定的冲突和矛盾。而在实际上，如何有效缓解这些矛盾和冲突也是法学经验研究的重要问题。

【延伸阅读】

1. 季卫东："社会变革与法的作用"，载《开放时代》2002 年第 1 期。

2. 蔡宝刚："法律作用与经济发展—诺思与马克思的法律作用观比较研究"，载《江苏社会科学》2003 年第 3 期。

3. 付子堂、胡仁智："关于法律功能实现的若干思考"，载《法学评论》1999 年第 5 期。

4. 祁春轶："国家治理中法律对期望结构的分辨和选择"，《法学》2015 年第 12 期。

5. 王广辉："法律规范的性质及作用"，载《法律科学》1995 年第 6 期。

6. [美] 罗伯特·C. 埃里克森：《无需法律的秩序——邻人是如何解决纠纷的》，苏力译，中国政法大学出版社 2003 年版。

7. [美] 罗·庞德：《通过法律的社会控制 法律的任务》，沈宗灵等译，商务印书馆 1984 年版。

8. 苏力：《送法下乡——中国基层司法制度研究》，中国政法大学出版社 2000 年版。

9. ［美］昂格尔：《现代社会中的法律》，吴玉章、周汉华译，中国政法大学出版社1994年版。

【思考题】

1. 什么是法的作用？
2. 法的作用有哪些基本的分类？
3. 法的规范作用和社会作用分别指什么？又有哪些区别与联系？
4. 法的作用有哪些局限性？

第二章

第 三 章

法律价值

【内容提要】

法律的价值是法律的内在状况和人对法律的要求的结合，即是通过法律的内在状况和人对法律要求的双向关系建构而成的。因此，法律的价值包含法律的内在状况、人对法律的要求和法律实践三方面的内容。法律的主要价值表现为：秩序、自由、效率和正义。法律的价值判断与事实判断是法学研究的两种存在方式，法的价值判断具有非统一性、规范性和创造性的特征。法律的事实判断是法律价值判断的前提和基础，而法律的价值判断又是人们更加全面、深刻揭示法律本来面目的动因，价值判断已经成为对法律进行事实判断的必要组成部分。法律的事实判断和法律的价值判断是统一的。

【重点问题】

法律价值的概念；法律的主要价值；法律的价值判断

第一节　法律价值的含义

一、价值一般的含义

法律价值属于社会诸价值中的具体价值，对法律价值的认识和研究与对待其他社会具体价值一样，必须建立在对一般价值的认识基础上。

价值（value）一词在英、德、法等民族的语言中，与古代梵文和拉丁文中的"掩盖、保护、加固"词义有渊源关系，是它派生出"尊敬、敬仰、喜爱"的意思，才形成了价值一词的"起掩护和保护作用的，可珍贵的，可尊重的，可重视的"基本含义。[1] 在我国，价值一词通常有两种用法：一是指体现在商品中的社会必要劳动；二是指客观事物的有用性或积极作用。其中，前者是从经济学意义上讲的，后者则属于哲学的范畴。

马克思在《评阿·瓦格纳〈政治经济学教科书〉》中指出："价值这个普遍

---

〔1〕　参见李德顺：《价值论——一种主体性的研究》，中国人民大学出版社1987年版，第11页。

的概念是从人们对待满足他们需要的外界物的关系中产生的"。[1]可以看出，马克思在此强调完整的价值概念不单纯地来源于客体，也非纯粹来源于主体，而是主客体相互作用、相互关系的产物。虽然马克思没有明确地给价值下定义，但却揭示了这样的思想：价值的形成必须具备三个基本条件，即人、外界物和关系。把这一思想纳入其整个思想体系，就可以作出以下理解：

第一，主体条件。主体需要与价值存在具有必然联系，主体需要是实现价值的必备前提之一，没有主体需要就不可能形成价值。事实上，在人的实践和关注范围之外的客观外界物就无所谓价值，它们只是具有一种物理、化学、生物等属性，而不具有价值属性。正是在这一意义上，马克思才说："人在把成为满足他的需要的资料的外界物……进行估价，赋予他们以价值或使他们具有价值属性。"[2]

第二，客体条件。亦即具有一定的结构、功能和关系的客观事物。没有客体，无论主体有无需要，都谈不上价值。所有事物都由其内在的结构、功能和关系构成一定的机制，因而它们都具有作用于周围存在的属性或功能。这种属性或功能被人所关注，就演化为一种价值属性，一旦被人们利用就会转变为现实的价值。就此而言，任何事物都存在实现一定价值的可能性，只是性质、大小不同而已。可是，只有客体也不会形成价值，如同只有主体一样。

第三，社会实践。马克思主义哲学给予我们最深刻的启示，就是要紧紧抓住实践这把钥匙。事物的价值只能在实践中才能展现自身。这不仅由于实践是联结主客体的桥梁，而且更重要的是主体需要的种类、大小和客体的存在状况均受到实践发展水平的影响。可见，价值既不能将其单方面地归结为客体，也不能一味地强调主体，而应该从主客体的相互关系——即实践中去寻找。价值是一个表征关系的范畴，它反映的是人（主体）与外界物（客体）的关系，这种关系经常被界定为客体满足主体需要的积极意义或客体的有用性。

二、法律价值的含义

根据以上对价值的一般分析，法律价值只能是法律的内在状况和人对法律的要求的结合，即在法律的内在状况和人对法律要求的双向关系中才能建构而成。换言之，法律价值包含以下三方面的内容：

（一）法律的内在状况

法律的内在状况是指法律的内在要素、结构和功能。法律作为社会关系的调整器，它总是表现为一种特殊的有机体。而这一有机体的状况正是法律

---

[1]《马克思恩格斯全集》（第19卷），人民出版社1963年版，第406页。
[2]《马克思恩格斯全集》（第19卷），人民出版社1963年版，第407页。

具有价值属性的客体条件。从一定意义上说，法的价值也正是法律内在状况的要素、结构和功能的反映。首先，法律规范的内容（权利与义务的规定）是决定法律内在状况具有良好状态的先决条件。法律规范是构成法律这一有机体的基本细胞，法律规范的内容直接关系到一个法律部门乃至整个法律体系发挥作用的效果。因此，法律规范应该成为完善一国法律体系的出发点。这就要求立法者在制定法律时要注意进行大量的社会调查，体现民意，慎重行事，努力制定出符合社会政治、经济关系的法律规范。同时，还要及时地修改和废除过时的法律规范，保持其内容的科学性、时代性。其次，法律规范的逻辑结构以及法律规范与法律部门、法律体系之间的相互关系也是完备法律机制的形式要件。法律规范作为法律有机体中的基本要素必须在其体系中才能发挥它的功能。当法律加入社会运行并与人发生联系之前，法律规范只是作为一种潜在的价值存在着，但它却直接影响着法律的现实价值。如果一国现行的各种法律规范之间是互不联系、杂乱无章的，它就没有实现价值的可能性。

（二）人对法律的要求

人对法律的要求指作为主体的人对法律提出具体愿望和条件并希望得到满足或实现。愿望和条件是人对法律要求的基本形式，由于人们对法律的要求不是一成不变的，所以法律价值的特性与一般价值一样，具有主体性、时代性、历史性和社会性。由于利益关系的不同，人对法律提出要求的具体内容是不同的。什么样的法律对什么人有价值，也就是说一定的法律与哪些人存在着价值关系，集中反映在主体的不同利害关系上。从价值观念看，没有任何一种法律对社会各阶层都是有同等意义的。不同时代的特征和社会文化背景也会影响人们对善恶是非的判断。这就是法律价值问题的主体性表现。可见，现实的法律价值离不开人对法律的主体要求，没有主体的法律要求，就不会存在法律，更谈不上法律价值。法律作为价值的客体与一般客体或自然客体不同，因为法律价值的对象性是受到客体的创造者和运用者的有目的活动所制约的，人创造法律并加入到法律实践中的"秘密"就在于目的性。法律实践的特征也在于它的目的性，在于使现有的东西改造成应有东西的意图。人为了借助法律实现自己的愿望，就要向法律不断地提出新要求，比如要求法律实现秩序、自由、正义等。人对法律的要求一般又表现为一定的法律价值标准，它制约着人们对法律的评价标准。

（三）法律实践

法律的内在状况是法律价值的客体条件，相对地说，它总是以静态的方式存在于社会之中的，它自己是不能自发地去调整社会关系并展现其潜在价值的，它仅仅具有一种满足或不满足人的需要的可能性。而要将可能过渡到现实，就必须将其置入法律实践。这一过程一般是通过国家机关对法律的适用、执行和公民对法律的遵守来实现的。但至此为止，法律价值仍不具有现实性，因为它仅仅表明了法律价值实现的主体客体化过程。现实的法律价值还必须具备客体主体化过程，即人对法律的改造。人对法律的要求是形成法的价值的主体条件。但这一要求要转变为现实，同样要介入实践，即人对法律的立、改、废、释。这一过程一般是通过立法环节来实现的。就是说国家机关对法律的适用、执行及公民的守法行为，是法律作用于人并使其指向人的需要的过程；而人对法律的立、改、废、释，则是人作用于法律的过程。只有在两种趋向的交叉结合中，才能建构法的价值整体。由此看来，法律实践是实现法的价值的媒介，法律实践的状况决定着法的价值的产生、存在以及大小程度。法律实践是法的价值的必要条件之一。

　　总之，法的价值包含着以上三个不可分割的方面，任何一个方面都不可能单独构成法的价值。只有把法律内在机制所显示的功能与人对法律的要求结合起来，并在一定的法律实践基础上形成的相互关系中考察它，才能得出正确的含义。据此，法的价值应是法律的内在状况与人的法律需要的相互联系、相互作用、相互建构的关系范畴，是法律的内在状况在实践中对人的法律需要潜在的和现实的满足过程。

第二节　法律的主要价值

一、秩序

（一）秩序的含义

　　秩序一词含有整齐规则之意，是指人或事物依一定的规则或方式连结而成的状态。秩序可以分为自然秩序和社会秩序两类。社会秩序是人与人行为互动的结果，它包括政治秩序、经济秩序、文化秩序等。社会要得以发展就必须要有秩序，秩序的存在是人类社会一切活动的前提。

　　"历史表明，凡是在人类建立了政治或社会组织单位的地方，他们都曾力图防止不可控制的混乱现象，也曾试图确立某种适于生存的秩序形式。"[1]但是由于历史的、阶级的原因，人们对秩序的理解和追求却呈现出多种方式。在古希腊，思想家们把因才定分、各守其分、循份供职、各得其所、和谐一致作为秩

──────────

〔1〕　［美］E. 博登海默：《法理学——法哲学及其方法》，邓正来、姬敬武译，华夏出版社 1987 年版，第 207 页。

序的标志。西欧中世纪的神学家们又把封建的等级制度看作不可侵犯的秩序。在中国古代，统治者认为人之间有着贵贱、尊卑、长幼、亲疏之差别，秩序的意义就在于使人之间的这种差别正常化。正所谓"礼者养也。君子既得其养，又好其别。曷谓别？曰贵贱有等，长幼有差，贫富贵贱皆有称者也"。[1]这样，才能达到君君、臣臣、父父、子子、兄兄、夫夫、妇妇的理想社会。古代社会的秩序观、其核心是"要求秩序中的行为者按照既定的等级安排各司其职、各得其所。在这种意义上的秩序就意味着顺序和等级"。[2]在资产阶级取得政权以后，他们一再强调要建立一个适合于人类文明的社会秩序。在这种秩序下，人与人的差别将由平等取代，国家会保障每个人的幸福并防止权力的滥用。正如庞德所说："法律是对权力的一种限制。作为社会控制的一种高度专门形式的法律秩序，是建立在政治组织社会的权力或强力之上的。但是法律绝不是权力，它只是把权力的行使加以组织和系统化起来，并使权力有效地维护和促进文明的一种东西。"[3]马克思主义认为，秩序是一定社会生产方式和生活方式的固定形式，是人类社会普遍存在的历史现象，是人类文明的前提和最基本的构成要素。秩序是与无序相对应的具有一致性、连续性和确定性的现象。秩序是普遍的，无序是偶然的。秩序在人类社会中是无处不在，无时不有的，秩序是人类生存的基本条件。人们总是向往着秩序，向往一种安居乐业、有条不紊的社会生活，而法律是人们要达到这一目的的重要手段之一。

（二）法律的秩序价值

法律之所以可以带来秩序，是因为秩序的本质是让人们的行为和谐与合乎规律，并以此达到社会关系的有序状态，秩序是无序的对立物。法律的特征正好符合有序化的内在规定性，法律自产生之日起，就是无序的克星。法律可以防止无政府状态和专制政府的暴政，可以将有序关系引入人们的交往之中，并给人们如何行为提供一种标准、规则和尺度。由此看来，法律与秩序的关系是极其密切的，法律就意味着秩序，秩序是法律所追求的重要价值目标和基本价值之一，"与法律永相伴随的基本价值，便是社会秩序"。[4]

第一，法律的社会政治秩序价值。在社会的政治生活中，政治权力的运行秩序是社会得以有序发展的重要条件之一。法律存在的重要依据或意义就在于

〔1〕《荀子》卷一三，《礼记篇》。

〔2〕於兴中：《法治与文明秩序》，中国政法大学出版社2006年版，第56页。

〔3〕［美］罗·庞德：《通过法律的社会控制　法律的任务》，沈宗灵等译，商务印书馆1984年版，第26页。

〔4〕［美］彼德·斯坦、约翰·香德：《西方社会的法律价值》，王献平译，中国人民公安大学出版社1990年版，第38页。

对公共权力的限制、协调和分配，并使权力运行规则化、制度化。所以，用法律规定各种国家机构的权限及其活动原则，防止权力失控和专制独裁就显得尤为重要，它是政治权力的产生和使用具有合法性或正当性保障。因为，当政治权力"失去合法性和正当性时也就失去了权威性，而没有权威性和只留下物质部分的'政治权力'便与土匪强盗的暴力无异"。[1]法律对国家权力的调整一般表现在两个方面：其一，对国家机关的权力划分作出明确规定，使之活动有章可循，有条不紊，做到权力制衡、依法行政、司法独立；其二，引导国家机关的工作不断改进和完善，提高工作效率。国家机关的设置及其活动方式有一个不断完善和发展变化的过程。在这一过程中，法律起着重要的作用。国家机关的完善，其活动的规范化和制度化是重要的内容和标准。法律不仅可以促使国家机关的机构健全、制度完善，还可以指导各机构之间的结构和工作方式的改革，使其朝着更加科学和规范的方向发展。

第二，法律的社会经济秩序价值。生产、消费、交换和分配是人类社会的一种基本活动，也是人类赖以生存的基础，人类的存在和发展必须要有正常的经济秩序。因此，建立生产、分配、交换和消费秩序便成为法律的根本价值。实际上，法律就是应这种经济秩序的需要产生的。正如恩格斯指出的："在社会发展某个很早的阶段，产生了这样一种需要：把每天重复着的生产、分配和交换产品的行为用一个共同的规则概括起来，设法使个人服从生产和交换的一般条件。这个规则首先表现为习惯，后来便成了法律。"[2]法律在建立和维护社会经济秩序方面有着无可替代的重要作用。其一，法律通过对财产权的规定，使财产所有者可以根据自己的意志在法定范围内占有、使用和处分财产，从而为生产和交换创造提供最基本的法律保障。如果没有财产权的规定，生产和交换就无法顺利进行。其二，法律通过对各种社会关系的调整，可以为社会经济发展创造一个良好的社会环境，从而间接地促进和保护经济发展。其三，法律通过对分配原则的确认，引导和调整分配制度朝着有利于生产力的方向发展，从而从根本上刺激了生产者的劳动积极性，推进社会经济发展。其四，法律在确认市场规律的同时，又通过其特有的权威性与统一性对社会经济秩序进行规划，减少和避免了生产和交换的盲目性，创造生产和交换秩序。同时，法律还解决了经济活动中的各种纠纷，保障了经济运行的正常发展。

第三，法律的社会生活秩序价值。安居才能乐业，建立有序化的社会生活是人类其他活动的前提。亚里士多德强调，法律"其本质就在谋求一个城邦的

---

[1] 严存生："'依法执政'的哲理思考"，载《法律科学》2005年第5期。

[2]《马克思恩格斯选集》（第2卷），人民出版社1972年版，第538～539页。

长治久安"。[1]因此，维护社会的正常秩序，促进社会的团结统一就成为法律所追求的基本价值之一。其一，法律为人们提供了安全保障。在社会成员之间，偶然也会发生各种冲突，这种冲突有时表现为对他人进行肉体的伤害，有时表现为对他人财产或其他权利的侵害。因此，必须用法律限制社会成员对他人的各种侵权行为，保障社会的安定。其二，法律通过对权利和义务的规定，以达到预防和解决纠纷的目的。法律很重要的作用之一，就是定纷止争。人们在日常生活中，存在着个体与群体之间，个体与个体之间的各种矛盾和纠纷。这些纠纷和矛盾可能表现在衣食住行方面，也可能表现在感情及家庭关系方面。法律的任务就是通过设定各种权利和义务，明确什么是可以做的，什么是不可以做的，并以此来抑制和调整各种纠纷和冲突。其三，法律通过文明的诉讼方式取代各种野蛮的解决争端的方式。人类在漫长的文明进程中，有过许多种解决彼此争端的方式。从血族复仇、血亲复仇、同态复仇、赎罪、发展到诉讼、仲裁等程序化解纷方式，表明了人类从野蛮向文明的过渡。用公力救济取代私力救济的法律程序，是人类文明社会对解决争端方式的最佳选择，它避免了人类在无限制的恶性循环的暴力复仇中相互毁灭。当然，在一定范围内保留私力救济，比如协商、调解等方式，也是纠纷解决必不可少的途径。其四，法律通过保护和发展社会生存环境和社会福利事业，促进社会的良性发展。自古罗马以来就有这样一句格言：人民的福利是最高的法律。法律一方面通过对社会自然环境保护和合理利用，另一方面又规定了社会公共福利事业的兴建与使用原则，给全社会成员创造一个较好的生存环境，并以此促进社会不断地向前发展。

二、自由

（一）自由的含义

自由一词源于拉丁文 libertas，原义指从被束缚、被虐待中解脱出来。在政治上，自由是指社会关系中受到保障或得到认可的按照自己的意志进行活动的权利。自由是具体的，有其不同的历史内容。在古希腊，一个男子达到成年，便可以从父权的束缚下解放出来，具有独立人格，拥有妻室、财产和奴隶，享有公民权利，承担公民义务，成为"自由人"。这时的自由主要是指自主和自立，它意味着人身依附关系的解除和人格上的独立。到了近代，自由的主要涵义已不再是自主和自立了，而是指人的解放、个性的解放。卢梭认为，自由是人的本质，自由意味着人可以依照自己的意志而行动。人类从自然状态进入社会状态所产生的一场最堪注目的变化，就是他们的行动中被赋予了前所未有的道德性。因此，自由也可以分为两种形式：一是以情感和欲望为基础的自然自由；

---

〔1〕〔古希腊〕亚里士多德：《政治学》，吴寿彭译，商务印书馆1965年版，第273页。

二是以理性为基础的道德自由（社会自由）。由于道德自由使人摆脱了情欲的枷锁，其内容更真实更有保证。所以，道德自由比自然自由更广泛、更高级，"唯有道德的自由才使人类真正成为自己的主人"。[1]黑格尔进一步指出："人类的本质是自由的；然而人类首先必须成熟，才能够达到自由。"[2]自由不是为所欲为，不是任性，而是被认识了的必然，是包含着必然内容的理性意志。黑格尔不同意卢梭等启蒙学者们有关天赋的"自然自由"的观念，认为人类在自然状态下并无自由可言，有的只是任性和人与人的相互残杀。只有当人们成为自为地、具有理性的人时才有独立和自由。黑格尔的自由理论对科学的自由观的产生起了巨大的作用，但由于他把现实的自由只看作是自由观的实现过程，从而使他的自由理论也存在着一定的不足。

除了自由的定在或规定性以外，近代以来人们有关自由谈论最多的话题要数自由的界限了。英国哲学家密尔在他的《论自由》一书中，把自由区分为意志自由和社会自由两种，他说，意志自由应是绝对自由，而社会自由则"必须约制在这样一个界限上，就是必须不使自己成为他人的妨碍"。[3]美国学者阿德勒也认为，自由有三种主要形式。第一种是人性之中固有的自由，我们生来拥有它，可称之为天生的自由（natural freedom）；第二种是与智慧和美德相联系的自由，可称之为后天的自由（acquied freedom），有时也称作道德自由；第三种是完全依赖于有利的外部环境的自由，可称之为环境自由。人类的这三种自由前两种是无法限制的也不必要进行限制的自由，因为"即使自己是一个戴着脚镣手铐的奴隶，他仍然拥有道德自由而依然是一个自由人"。"只有第三种——为所欲为的环境自由——需要由正义来加以制约。"因为，第三种自由是一种行为自由，它"有时可能会对别人有所伤害，它可能是一种违背正义法则的行为，它可能违背他所在的社会的最大利益"。[4]就连的自由主义的代表哈耶克也承认，自由只能相对地达到，"社会秩序乃是以规则为依凭的，而且个人自由也是以一般性法律为基础的，亦即他所说的'法律下的自由'（freedom under the law）"。[5]当代自由主义学者则更多的是在极力倡导一种多元主义自由理论，认

〔1〕 ［法］卢梭：《社会契约论》，何兆武译，商务印书馆 1994 年版，第 30 页。

〔2〕 ［德］黑格尔：《历史哲学》，王造时译，生活·读书·新知三联书店 1956 年版，第 143 页。

〔3〕 ［英］约翰·密尔：《论自由》，许宝骙译，商务印书馆 1959 年版，第 59 页。

〔4〕 ［美］摩狄曼·J. 阿德勒：《六大观念——真、善、美、自由、平等、正义》，陈珠泉、杨建国译，团结出版社 1989 年版，第 147 页。

〔5〕 邓正来："研究哈耶克法律理论的一个前提性评注——《法律、立法与自由》代译序"。载［英］弗里德利希·冯·哈耶克：《法律、立法与自由》，邓正来、张守东、李静冰译，中国大百科全书出版社 2000 年版，第 4 页。

为应该对那些不能"认同主流规范的个体和群体给予必要的关注是必要的"。[1]尽管如此,"自由的保障无疑需要得到国家的坚决保护,以抵制公民组织对其他成员的压制"。[2]

马克思给予自由以积极的意义,认为自由不是消极地摆脱限制,而是对必然的认识。也就是说,自由乃是一种认识并掌握规律,进而达到人与自然、人与社会和谐相处的实际能力。这也是由于人是一种自觉的社会存在物,为了生存人必须和自然与社会发生联系,对其进行利用和改造。自由就是人与自然、社会所发生的一种必然联系,是对自然和社会自觉地利用和改造,是支配它们的一种能力。这种能力表现于内心思维叫做意志自由;表现于外部活动叫做行为自由;表现于个人叫做个人自由;表现于一个阶级或社会叫做社会自由。也由于这种自由是建立在人对世界及其规律的正确认识和利用基础上的,因此,自由是被认识和被利用的必然。人类认识和征服世界的活动贯穿于人类全部历史,不同的时期有不同的水平和性质,所以自由是历史而具体的。恩格斯在《反杜林论》中把自由划分为三大阶段,即第一阶段主要是原始社会,在这一阶段,人"在本质方面和动物本身一样是不自由的"。[3]人本身与神秘的大自然浑然一体,处处受到大自然的摆布。第二阶段出现了以物的依赖性为基础的人的独立性。人这时打破了血统依赖的纽带,变成了似乎是独立地相互接触并在这种自由中互相交换的金钱关系。这一阶段较之第一阶段看起来享有更大的自由。第三阶段是自由个性充分发展的阶段,只有在消除了"三大差别"后,任何人所享有的生活资料都极为丰富的共产主义制度下,人才能有真正的自由。由此看来,人类的历史是一个不断由必然王国向自由王国转化的历史,也是关于自由的发达史。此外,马克思主义也认为自由应受到限制,它一方面受自身的限制;另一方面受外在限制,即受到妨碍事物合乎规律地发展和运动的外在的束缚性的限制。

(二) 法律的自由价值

人们对法律与自由关系认识的历史如同法律的历史一样古老。可以说,自从人类社会产生了法律,人们便开始关注和思索法律对人的自由是一种限制还是是一种保护。在古罗马时期,著名的政治家和法学家西塞罗便对法律与自由

---

[1] [美] 威廉·盖尔斯敦:《自由多员主义——政治理论与实践中的价值多元主义》,佟德志、庞金友译,江苏人民出版社 2005 年版,第 83 页。

[2] [美] 威廉·盖尔斯敦:《自由多员主义——政治理论与实践中的价值多元主义》,佟德志、庞金友译,江苏人民出版社 2005 年版,第 158 页。

[3] 《马克思恩格斯全集》(第 20 卷),人民出版社 1973 年版,第 126 页。

的关系有过一段精辟的名言："我们都是法律的奴隶。正因为如此，我们才是自由的。如果没有法律所强加的限制，每一个人都可以随心所欲，结果必然是因此而造成自由的毁灭。"[1]当然，以西塞罗为代表的罗马人对自由的看法，并不是指保护公民不受国家或政府的干涉，而是"指单个的公民之间相互能够做的事情而已，他们非常强调这种自由与私法之间的关系"。[2]把法律视为对自由权的保护最具代表性的观点要数洛克了。他说："法律按其真正的含义而言，与其说是限制还不如说是指导一个自由而有智慧之人去追求他的正当利益，……法律的目的不是为了废除或限制自由，而是保护和扩大自由。"[3]洛克的观点为法律与自由的关系注入了新的内容，开辟了法律如何对待自由的新领域。因此，人们才开始从一个崭新的角度审视法律与自由的相互关系。正如阿德勒所说："一旦正义的法律得到巩固，它们就会扩大个人的自由。"反之，"在不存在正义法律或正义法律得不到有效行使的地方，个人的自由随时都会被这样或那样地剥夺和侵犯，从而削弱了自由"。[4]马克思认为，法律与自由有着密切的关系，并且指出，"哪里的法律成为真正的法律，即实现了自由，哪里的法律就真正地实现了人的自由"。[5]由此看来，法律与自由的关系中包含了相互的肯定和相互的否定，两者是对立的统一。法律也离不开自由，并把自由作为自身追求的基本价值之一，自由也离不开法律，自由应是法律下的自由，离开法律的自由必然导致无自由。法律对自由的实现起着多方面的作用。

　　第一，法律把自由法律化为权利，使自由的实现得到充分的保障。在现代法律制度中，自由占有一个显要的位置，几乎所有法律都确认了公民的某些基本权利。这些基本权利包括言论自由、集会自由、迁徙自由、获得财产和缔结协议的权利等。这些法律化了的自由（即法律自由）就转化为法律权利（自由权），成为受到法律认可和得到法律保障的人的权利。这样，人的自由就取得了合法性，得到了国家的承认，从而表现为一种普遍的权利。正如马克思所说："如果总的说来自由是合法的，不言而喻，每一特定形式的自由就越鲜明，越充

〔1〕　参见〔英〕彼德·斯坦、约翰·香德：《西方社会的法律价值》，王献平译，中国人民公安大学出版社 1990 年版，第 174 页。

〔2〕　〔英〕彼德·斯坦、约翰·香德：《西方社会的法律价值》，王献平译，中国人民公安大学出版社 1990 年版，第 174 页。

〔3〕　〔英〕洛克：《政府论》，瞿菊农、叶启芳译，商务印书馆 1982 年版，第 35～36 页。

〔4〕　〔美〕摩狄曼·J. 阿德勒：《六大观念——真、善、美、自由、平等、正义》，陈珠泉、杨建国译，团结出版社 1989 年版，第 152 页。

〔5〕　《马克思恩格斯全集》（第 1 卷），人民出版社 1960 年版，第 72 页。

分，自由的这一特定形式就越合法。"[1]任何对它的侵犯就成为对国家权威的侵犯，都要受到国家强制力的回击。

第二，法律引导人们正确地享有自由，行使自由权。法律自由是一种行为自由，作为行为自由就必须要受到法律的限制。1789 年的法国《人权宣言》第一次用法律形式对自由作了明确规定："自由就是指有权从事一切无害于他人的行为。因此，个人的自由权利的行使，只以保证社会上其他成员享有同样权利的界限。此等限制仅得由法律规定之。"可见，自由不是任性，如果自由不加限制，自由就会被滥用。那么，任何人都会成为自由的受害者。被滥用的自由不是真正的自由，而是假自由、形式的自由。用法律来限制这些假自由，以达到排除有些人不自由的状况，使自由真正地让大家享有。正如马克思所说："法律不是压制人的手段，正如重力不是阻止运动的手段一样。……恰恰相反，法律是肯定的、明确的、普遍的规范，在这些规范中自由的存在具有普遍的、理论的、不取决于别人的任性的性质，法典是人民自由的圣经"。[2]自由要以其他社会成员的同样自由和社会的整体自由为界限，不超出这个界限，个人自自由才能实现。所以，法律不是限制自由的工具，而是引导人们在允许的范围内追求自由，只有遵守法律，才有真正地自由。

第三，法律通过对自由权的规定，为人们提供自由选择的机会，增加自由选择的效能。自由在本质上意味着主体可以根据自己的意图对行为方式或客观事物进行选择。而自由权利则是按照自己的意志进行活动或选择的权利，它涉及社会的政治、经济、文化等方面，这也就决定了自由选择的复杂性、多样性。而要使人们的这种活动或选择更有效、更具有社会意义，就必须对这种选择进行事先预知或合理推测。马克思在分析法国 1793 年宪法关于自由的规定时说："每个人所能进行的对别人没有害处的活动的界限，是由法律规定的，正像地界是由界标确定的一样。"[3]自由的范围是由法律规定并以法律为界限的。法律作为一种明确、肯定的规则，它对人们的行为选择的模式及其后果作了详尽的规定，为人们的行为勾画了自由的幅度和范围。这样就使人们行使自由权时有了可预测性，减少了自由选择的偶然性和盲目性，增加了自由选择的效能。因此，"好的社会必然既容许自由，又能为人们过自由而令人满意的生活方式提供机会"。[4]

---

[1]《马克思恩格斯全集》（第 1 卷），人民出版社 1960 年版，第 85 页。
[2]《马克思恩格斯全集》（第 1 卷），人民出版社 1960 年版，第 71 页。
[3]《马克思恩格斯全集》（第 1 卷），人民出版社 1960 年版，第 438 页。
[4]［美］乔治·霍兰·萨拜因：《政治学说史》，刘山等译，商务印书馆 1986 年版，第 785 页。

三、效率

（一）效率的含义

效率（efficiency）也称为效益，通常指日常工作中所消耗的劳动量与所获得的劳动效果的比率。在价值体系里，效率是指从一个给定的投入量中获得最大的产出，即以最少的资源消耗取得同样多的效果，或以同样多的资源取得最大的效果。所以，少投入多产出就成为人们的一种价值追求。从效率的内在规定性看，效率价值属经济范畴，它是从生产活动中提出来的，是人类生产活动中所追求的最高目标。

当效率成为人们追求的价值目标时，在现实中就出现了如何协调这一价值准则与其他社会诸价值的关系问题，其中最为突出的是如何处理好效率与公平之间的相互关系。首先在西方社会，一方面由于经济效率提高，出现了贫富分化的不公平现象，另一方面沉重的"社会福利"又影响到社会经济的持续增长。这样，就将西方社会推入了效率与公平的两难境地。对此，西方学者提出了许多解决这一冲突的价值选择。罗尔斯就认为，正义优先于效率。一个社会无论效率有多高，如果它缺乏公平，我们就不能认为它比效率低但比较公平的社会更理想。而且，由于效率原则总是处于不确定的状态，就必须把它与机会公平原则与差别原则相结合，即一人有所得，他人也应有所得。而英国经济学家卡尔多和希克斯则提出一种"卡尔多——希克斯标准"。他们认为效率是最高价值，在发展社会经济与社会财富面前，公平与平等是第二位的。"只要经济的改变提高了效率，在经过了足够长的时间以后，受损者会自然而然地得到补偿。"[1]在中国，市场经济打破了违背公平原则的平均主义，使效率与公平成为中国社会所关注的重要问题。为此，在市场经济起步的初期，政府提出了"效率优先、兼顾公平"的原则，把效率原则摆在了社会价值体系的优先位置，同时还要处理好公平原则。在社会主义初级阶段，由于生产力的水平还比较低，注重效率应成为社会发展的经济原则。但是，效率的提高离不开公平，公平是效率的条件。实际上，公平与效率是一个矛盾统一体的两个方面，只有公平促进效率，效率促进公平，两者的冲突才能解决。因此，效率与公平既有价值冲突的一面，也有价值统一的一面，处理好两者的关系应以社会发展与稳定为出发点。"效率优先"可以从促使生产力的发展，使社会财富的总量得以增加。但同时我们也要看到西方经济分析法学将效益作为最高价值、甚至是唯一价值的片面性，在关注效率价值的时候也要充分认识到法律价值的多元性。不要把"所有的问题都取决于'成本'和'效益'具体化的方法"，而应该在制定法律中关注一下

––––––––––––––

〔1〕　参见吕世伦主编：《西方法律思潮源流论》，中国人民公安大学出版社1993年版，第358页。

"经济效益以外的目的"。[1]"既饱以食，履饱以德"，温饱以后，更要从正义和公平的角度去看待贫富差距、社会财富的二次分配等问题。尤其在我国经过将近三十年的经济飞速发展，社会公平与效率的矛盾已经显露，再提"效率优先"显然无法解决社会的首要矛盾，于是社会和谐与社会公平的问题就应该是一个亟待关注的社会问题。构建和谐社会实际上就是一个强调公平正义的社会，只有处理好公平与效率的关系，才能形成人与人、人与自然的和谐。

（二）法律的效率价值

法律与效率的关系是当代法学所关注的热点之一，也是西方经济分析法学向传统法学冲击并脱颖而出的理论支点。效率之所以成为法律的价值追求，可以说是近现代以来经济飞速发展的直接后果。庞德指出："在以往50年中，法学思想方面发生了一种转向于强调经济的变化，……把寻求最大限度满足需要作为重点。"[2]在这种背景下，传统法学所论证的正义、公平，即描述和论证如何才能使社会成员合情合理地分配权利和义务，就要让位于如何才能有效地利用自然和社会资源，最大限度地增加财富总量的有关效率的研究。尤其是当国家越来越多地直接参与资源与产品的分配的情况下，法学家们不仅要思考法律的"正当性""合理性"，还要考虑法律的"效率性"，考虑法律应如何作用、影响并提高经济效率。马克思主义法学一贯将法律看作是经济关系的写照，认为评价法律作用积极与否的最终标准是社会生产力。以效益作为对法律进行社会评价或检验的方式，可以把"主观一致性检验与社会效益检验"结合起来，"自觉地从客观的社会效益出发来检验研究方法，毕竟是一条更为符合马克思主义者思维习惯的道路"。[3]因此，效率不仅是法律追求的价值目标，还是评价法律作用积极与否的标准之一。

第一，法律通过对各种利益关系的调整，调动人们的劳动积极性，并以此来促进和提高效率。法律的效率价值在于利用权利和义务的分配方式，来规范资源的有效配置，即利用法律的调控促使效率结果的出现。对此，庞德认为，法的目的、作用和效率就在于以最小的浪费来调整各种利益关系，从而实现社会控制。法的任务就是"通过调整关系和安排行为的各种方式，使其在最小的阻碍和浪费的情况下给予整个利益方案以最大的效果"。[1]马克思主义经典作家则认为，"人们奋斗所争取的一切，都同他们的利益有关"。[2]强调经济效率首先要承认并保障人的物质利益，从而鼓励人们为物质利益而奋斗。利益是一切创造性活动的源泉和动力，法律可以使人们的各种利益明确化，使相互的利益达到最优化，并处理好国家、集体和个人三者之间的利益关系，充分调动社会的积极性，提高效率。

第二，法律可以协调经济运行过程各环节的相互关系，降低成本消耗，创造出最佳的经济运行模式。社会经济活动是由若干相互联系的环节组成的。从经济学角度看，这些相互关联的环节通常是由价值规律调节的。但价值规律又需要人来认识和把握，而由于认识主体的局限性必然导致经济活动具有相对的盲目性。因此，它还需要有一定的规则与计划。在自然经济条件下，人们既是劳动者，又是消费者，交换还不发达，社会经济主体的关系主要靠宗法、习惯、宗教、道德等规则调整，社会经济的总体效率十分低下。在产品经济形态下，政治和经济融为一体，经济成为政治的附属品，生产者没有自主权，人们之间的经济关系主要由行政命令和权力关系来调节。法律在经济活动中的作用微乎其微，生产、分配、交换和消费全由政府安排，造成社会经济效益的萎缩。而市场经济是一种有竞争性、市场性和自发性特征的经济形式，经济活动的各环节在市场条件下要求既有自主性，又有秩序性。市场经济的这些内在规定性就必然使它要借助于法律这种间接的方式调整。商品经济愈发展，它对法律的要求就愈多。而法律所具有的特殊调节方式，既适合市场经济的自身特点，又刺激了市场经济的蓬勃发展。一方面法律的稳定性可以克服生产中的盲目短期行为，另一方面法律的明确性、公开性可以使市场有一个合适的尺度。通过法律的安排，可以使经济运行的各环节成为具有内在秩序、相互配合、相互促进的有机体系。这样就可以避免市场的盲目与失调，降低经济运行的成本消耗，创造出一套最具效率的经济运行模式。

第三，法律可以排除影响效率的各种干扰和阻力，保障效率的提高。市场经济是一种效率经济，要求所有参与的经济主体严格按经济规律办事，相互间平等互利、等价有偿，决不允许有侵害他人的行为存在。法律的特性正好赋予每个经济主体免受非法侵害的社会力量。在市场经济条件下，经济主体所受的非法侵害一般来自于两个方面：一是权力进入市场，给交换领域带来不公平和

---

[1] [美]罗·庞德：《通过法律的社会控制 法律的任务》，沈宗灵等译，商务印书馆1984年版，第1页。

[2] 《马克思恩格斯全集》（第1卷），人民出版社1960年版，第82页。

腐败现象。法律是对权力进行限制的有效工具。法律通过对政府权力的规范设置和赋予每个经济主体的法律权利，来保障市场竞争的公平性、提高竞争力。二是经济主体相互间的非法侵害。在市场运行过程中，会出现许多来自市场内部的破坏市场秩序的行为，如假冒伪劣产品，不正当竞争、违反合同等侵权行为。法律可以阻止并惩罚这些非法侵害他人权利的行为，恢复并补救被侵害者的合法权益，保障市场的正常运行。

四、正义

（一）正义的含义

正义（justice）一词由来已久。通常正义又可称为公平、公正、正直、合理等。它是指具有公正性、合理性的事物或行为方式，是人类普遍认为的崇高价值。但公正性、合理性又指什么？人们却有不同的理解。在亚里士多德那里，正义主要是一种分配的正义和矫正的正义。在他看来，正义存在于平等之中，正义就是要求按照均衡平等原则，将这个世界的万物公平地分配给社会的全体成员。这种观念后来在古罗马的法律中得以体现，正义在查士丁尼所编纂的法典里被宣称为"使每一人各得其分"。[1]到了近现代西方思想家那里，正义的概念越来越多地被专门用作评价社会制度的一种道德标准，被看作是社会制度的首要价值。罗尔斯声称：他的正义理论是"进一步概括人们所熟悉的社会契约论，使之上升到一个更高的抽象水平"。[2]作为公平的正义是指"在不伤害他人自由的前提下保证个人自由的原则，以及导向在社会中公正地分配机会的原则"。[3]而这一正义原则在一种初始的原始状态中或者说是在"无知之幕"的背后被一致同意的，所达到的是——公平的契约，所产生的也将是——公平的结果。阿德勒在他的《六大观念》一书中对以前的正义学说作了全面的批判，认为影响我们理解正义的两个严重错误：一是把正当（the right）的事物当成优先于善（the good）的事物，认为正当的事物比善的事物更重要。二是把正义等同于个别人彼此相处中以及社会对待其成员时所采取的行动中的公平。他说，这种观点突出地反映在罗尔斯的《正义论》中，如果这种观点正确的话，也就是说，如果正义仅存在于公平之中，那么，杀害他人、不守信用、恶意欺骗等都会是正义的。因为，这些行为很难说违反了公平原则，而只能说这种行为侵犯

---

〔1〕　[英] 丹尼斯·罗伊德：《法律的理念》，张茂柏译，新星出版社 2005 年版，第 97 页。

〔2〕　[美] 约翰·罗尔斯：《正义论》，何怀宏、何包钢、廖申白译，中国社会科学出版社 1988 年版，第 9 页。

〔3〕　[挪] G. 希尔贝克、N. 伊耶：《西方哲学史——从古希腊到二十世纪》，童世骏、郁振华、刘进译，上海译文出版社 2004 年版，第 420 页。

了他人的权利。所以，他认为正义是利益公平分配和实现的结果，它意味着应有权利的保障。马克思主义认为，正义始终是历史的、阶级的范畴。"希腊人和罗马人的公平观认为奴隶制是公平的；1789 年资产阶级的公平观则要求废除被宣布为不公平的封建制度"[1]可见，不同历史时期以及不同的阶级有着不同的正义观。正义根源于深厚的经济关系之中，正义观总是表现为对现实社会关系的某些肯定或否定的态度。世界上从来不存在什么永恒的、抽象的、超阶级的正义。恩格斯在批判蒲鲁东的"永恒公平"时说："公平却始终只是现存经济关系在其保守方面或在其革命方面的观念化、神圣化的表现。"[2]并告诫人们不能用正义观念去衡量和评判社会经济关系，而应该借助社会经济关系来认识正义观念的根源。在马克思主义者看来，正义只有消灭了剥削和压迫以及阶级的差别，只有到了人的全面发展的自由王国——共产主义社会，社会制度才是正义合理的制度，才能实现人与人之间的真正平等。

（二）法律的正义价值

从人们对正义一词赋予多方面、多层次的规定性来看，正义与法律的联系是极其密切的。因为，正义的概念总是与平等、权利、义务等法律概念相联系。另外，从西方国家法庭手持天秤的"司法女神"以及英语中的法官、法院等法律名词中也可以看出，法律与正义在文化和词源上也有着密切的联系。所以，《牛津法律大辞典》称："正义，指通常被认为是法律应努力达到的目的的道德价值。正义要求人认识到自己的行为受法律约束。正义是法律上的善良和行为标准尺度和准则，可以根据正义对行为进行评论或评价。"[3]

尽管人们经常把"法律的殿堂"常常等同于"正义的殿堂"，但是，正义不仅仅是一个法律概念。通常"各门人文社会科学都可以谈论它，许多不同的事物可以被评价为正义的或不正义的：不仅法律、制度、社会体系如此，许多特殊行为，包括决断、判断、责难也是如此"。[4]因此，可以看出正义的含义"要比法律广泛，只要有规则典章的地方，不论它是否具备法律的性质，都可以适用"。[5]正义可以区分为社会正义、政治正义、经济正义、道德正义、法律正义等若干类型。当然，无论对正义的含义如何理解，也无论对正义与法律的关系有多少种说法，法律能够维护和促进正义则是显而易见的。尽管在理论上有过

〔1〕《马克思恩格斯全集》第 18 卷，人民出版社 1964 年版，第 310 页。

〔2〕《马克思恩格斯全集》第 18 卷，人民出版社 1964 年版，第 310 页。

〔3〕［英］戴维·M. 沃克编：《牛津法律大辞典》，北京社会与科技发展研究所译，光明日报出版社 1988 年版，第 496 页。

〔4〕袁久红：《正义与历史实践：当代西方自由主义理论批判》，南京大学出版社 2002 年版，第 103 页。

〔5〕［英］丹尼斯·罗伊德：《法律的理念》，张茂柏译，新星出版社 2005 年版，第 99 页。

像柏拉图关于理想国的设想，建立一种没有法律和法官的共和国，在这个共和国里是靠"哲学王"的智慧和判断力保证取得正义，但在现实中是难以实现的。法律规则的制订与实施确实在很大程度上减少了非正义。历史的经验表明，在没有法律或不重视法律的地方，非正义肯定多于正义。"法律如果背离了正义，不是一项矛盾就是一种讽刺"，[1]正义已成为法律制度和法律活动所追求的最重要的价值之一。法律的正义价值主要表现为以下几个方面：

第一，法律正义需要有一套事先存在的良好规则加以确立。"正义只有通过良好的法律才能实现。"这句古老的法律格言就表明了正义需要借助法律才能实现。法律正义就是通过立法的方式用人们公认的，以及长期形成的公平观念来分配权利和义务，并以此确立正义。强调在立法中体现正义实际上就是要对正义进行"初始的分配"。因为，通过立法可以将现实的社会关系，尤其是财产关系、分配关系确立为一种公认的、合理的规则，使每一个社会成员都可以得到其应所得。比如，政府设置了一笔基金，全体公民都有权利得到它，都可以对此提出请求。那么谁最有理由获得，就必须制定一些规则，以便依照规则决定某一项请求优于另一项请求。所以，法律对权利和义务的设定状况，是法律正义实现的前提。强调把法律正义建立在公平合理地分配权利和义务的基础上，可以避免把正义等同于纯粹的合法性，从而走出实证主义法学在正义问题上的窘境。

第二，法律正义需要具有普遍性的程序安排来实现。法律是理性的产物，而理性与法律沟通的方式之一就是"仪式"或程序。伯尔曼指出："正义不但要被伸张，而且必须眼见着被伸张。这并不是说，眼不见则不能接受；而是说，没有公开则无所谓正义。——法律要像宗教一样起源于公开仪式，这种仪式一旦终止，法律便丧失其生命力。"[2]法律正义要成为一种现实的正义，不仅在于对权利和义务进行法律上的公平分配，还取决于法律正义得以实现的方式。司法正义正是保障法律正义得以实现的手段、方式和途径。司法正义也可以称之为诉讼正义或程序正义，是指法律公正地解决人们之间的争端和纠纷，并将法律普遍地适用于所有人，不能因人而异。美国法学家戈尔丁就认为，程序是检验司法活动是否公正的标准，它支配着审判的全过程，并对纠纷的审理和解决有着决定性的影响。现代法律中有许多保证程序正义的规定和原则，如司法独立，公平审判、回避制度、律师制度等，都是保证程序正义的重要措施。据此，司法机关如果在某个案件的审理过程中，缺少了法定的某一步骤，即使审理结

第三章

---

〔1〕　〔英〕丹尼斯·罗伊德：《法律的理念》，张茂柏译，新星出版社 2005 年版，第 91 页。
〔2〕　〔美〕伯尔曼：《法律与宗教》，梁治平译，中国政法大学出版社 2003 年版，第 20 页。

果是正确的，这一裁决也将是无效的裁决。因为，这一裁决违反了形式正义，有可能导致非正义的出现。当然，并不能因为一种结果是在遵循一种公平程序中达到的，就说它一定是正义的。否则，就连决斗、赌博都成为应该弘扬的东西了。显然，形式正义还要与实质正义相结合，才能全面地实现法律正义。

第三，法律正义需要通过公正合理地实施来纠正在立法和司法过程中的偏差和失误。对公正合理地实施法律的要求以及对法律规则体系的审慎，不仅取决于法律规则本身的刻板性和不完备性，还受到作出法律判决过程中裁判者的个人因素影响。因为，法律规则的一般性与个案的特殊性之间存在必然的差距，以及法律规则本身的漏洞情况也难以避免。法律的这些不周全和不理想状况，迫使人们努力寻求一种减少不正义发生的机制。在英国，衡平法就是一种应对法律体系缺陷的补充系统，它的问世旨在强调"施行正义应本乎仁心"，按照"它的意思，就是说法律上的正义必须根据衡平的精神，去迁就个别的案例"。[1]还有，现代立法不断扩大司法人员的自由裁量权的倾向，也足以表明人们对形式正义的失望和实质正义追求。正所谓："要由法律文句导出正义，尚需要以合目的性来补充。"[2]

第三节　法律的价值判断与事实判断

一、法律的价值判断与事实判断的含义

同法律的价值紧密相联的一个重要问题，就是如何从认识论的角度看待法律的价值。如果说对法律是什么的揭示主要是从客观性方面来把握法律现象的话，那么对法律应该是什么的认识则就是倾向于从主体性上阐明什么是法律。也只有从这两个方面对法律现象进行分析，才能构成法律认识的完整框架。

在法学领域，价值判断是指关于法律应该是什么的评价及内心确信；事实判断是指关于法律实际上而非想象中是什么的分析模式。对这两种认识逻辑的区分有一个逐步形成和发展的过程。其中，价值判断解决的是一个"善恶"问题，而事实判断则是在解决"真伪"问题。在人类社会的早期，由于人们认识水平还带有直观朴素的性质，还不能具体地分析法律现象内部的各个要素，这时的法律认识还只是局限于对法律现象的总体画面和一般性质的描述。思想家们还没有想到要区分法律现象中的"善"（价值）和"真"（事实）。所以，严格地讲那时是不存在严格意义上的法学家的。尽管先哲们也曾大谈正义、公平

〔1〕　[英] 丹尼斯·罗伊德：《法律的理念》，张茂柏译，新星出版社 2005 年版，第 99 页。
〔2〕　[德] 考夫曼：《法律哲学》，刘幸义等译，法律出版社 2004 年版，第 248 页。

等价值问题，但他们也只是哲学家和伦理学家，而不是法学家。当然，这并不是说那个时代的法律认识可以脱离价值问题或不存在价值体验，恰恰相反，在他们的法律思想中处处都体现着对法律的价值判断，只是那时这些价值判断被淹没在对社会现象的整体认识中，是与其对世界的整体认识合而为一的。这种情况以古希腊人的"正义"观念和中国先秦时的"天人合一"思想就很能加以说明，他们的共同特点就是或将"善"（价值）归结于"真"（事实），或将"真"（事实）归结于"善"（价值），而没能以严格的方法对它们加以规定和区分。

随着文艺复兴和近代实验科学的兴起，法的价值与事实由直观的统一终于被它们的分化所取代。恩格斯指出："把自然界分解为各个部分，把自然界的各种过程和事物分成一定的门类，对有机体的内部按其多种多样的解剖形态进行研究，这是最近四百年来在认识自然界方面获得巨大进展的基本条件。"[1]这也是法学从人文学和哲学母体中分离出来成为独立学科并取得丰富成果的认识论原因。可以说，近代以来西方法学的发展过程，也就是围绕法的价值因素与法的事实因素而展开的一个研究过程，其中要解决的核心问题就是法学研究是否包含有价值判断。这一过程一方面造就了众多法学派别的产生，另一方面也推动了法学研究手段和方法的进一步发展和完善。值得一提的是，在这一过程中最富认识论意义的开拓者应首推康德。他在休谟提出的事实（是）与价值（应当）关系问题的基础上认为，整个世界可以分为自然科学的知识领域和道德科学的价值领域，法学作为一种研究应用道德或实践伦理的学科应被划在价值领域。康德思路的贡献在于从理论上区分了"实然"与"应然"两种认识逻辑，为以后法律实证主义的产生奠定了认识论基础。

二、法的价值判断与事实判断的关系

在法学研究中如何看待法的价值判断与事实判断的关系，成为近代以来众多法学派别争论的焦点之一。尤其是在 19 世纪中叶以后，随着孔德的实证哲学的问世，实证主义法学却将康德关于"实然"与"应然"的划分推向了另一个极端。认为在法学研究中不应该包括价值判断，法学的任务在于分析和解剖实在的法律制度，也就是说"法律问题，作为一个科学问题，是社会技术问题，并不是一个道德问题"。[2]实证主义法学这种反对形而上学的思考方式把法学研究引入了一种新途径，它的贡献在于使法学真正成为科学之林中一门独立的实证科学。当然，实证主义法学这种硬性剔除价值问题和价值判断的分析方法在

---

〔1〕《马克思恩格斯选集》（第 3 卷），人民出版社 1972 年版，第 60 页。

〔2〕［奥］凯尔森：《法与国家的一般理论》，沈宗灵译，中国大百科全书出版社 1996 年版，第 5 页。

给法学研究做出贡献的同时，也存在着许多自身难以解决的理论方法上的缺陷，这也是长期以来它总不能摆脱各种侧重价值的法学理论批评的根本原因。

在早期实证主义法学提出排除价值判断受到挫折以后，社会学大师马克斯·韦伯又提出了处理价值判断与事实判断两者关系的原则——"价值中立性"。按照韦伯的理解，经验科学的原则向社会文化科学提出了客观性的要求，法律认识作为一种社会文化科学研究就需要"将价值判断从经验科学的认识中剔除出去，划清科学认识和价值判断的关系"。[1] 当然，韦伯的观点并不是要否定价值判断的意义，而是说不应该把包括法律在内的主观性东西试图纳入客观性的范围去理解，从而避免纠缠于事实与价值的无休止的争论当中。他一再强调，"对于社会科学家来说，选择什么样的'价值观念'来确定研究的知识，不是一件主观、可随心所欲的事"。[2] 可见，韦伯要求法律认识要排除价值干扰，但并不意味着要剔除认识对象中的价值因素，而是要在研究态度上保持中立性和客观性。这样，他的价值中立实际上就成为一种广义上的价值判断，或者说"价值无涉本身实际上就是一种规范要求"。[3] 进入 20 世纪 50 年代以后，韦伯的这种使研究者价值分离的观点受到了古尔德纳、L. 富勒等人的发难，他们认为科学家无法摆脱个人的是非好恶等伦理观念对研究的影响，在人类有目的的活动中，法和道德是不可分割的。克特威尔也进一步指出："把科学和价值分割开来的做法在任何严格意义上都是不可取的，更不用说把法律变成明显的无动机的行为了。"[4] 从韦伯的"价值中立"所遭受的批评可以看出，韦伯的这一命题仍然没能逾越从康德开启而由法律实证主义划清的"事实"与"价值"的界限，加上他也没有能够回答保持"价值中立性"的实现机制是什么，无疑也是其遭受批评的原因之一。

实际上，法学研究作为一种对法律现象的认识活动有两种存在方式，而且这两种密切联系的认识方式有着完全不同的特点。众所周知，从人类社会出现法律以后，人们就开始了对法律现象的认识、思考和理解。但由于人类时刻都受到自觉追求和现实需要的制约，这种思考和分析一开始就面临着双重任务。一方面要对法律现象作出符合其本来面目的反映和描述，搞清法律"是什么？"。

---

[1] 韩水法："韦伯社会科学方法论概论"，载［德］马克斯·韦伯：《社会研究方法论》，韩水法、莫茜译，中央编译出版社 1999 年出版，第 19 页。

[2] ［德］迪尔克·克勒勒：《马克斯·韦伯的生平、著述及影响》，郭锋译，法律出版社 2000 年版，第 237 页。

[3] 韩水法："韦伯社会科学方法论概论"，载［德］马克斯·韦伯：《社会研究方法论》，韩水法、莫茜译，中央编译出版社 1999 年出版，第 23 页。

[4] ［英］罗杰·克特威尔：《法律社会学导论》，潘大松等译，华夏出版社 1989 年版，第 15 页。

这种认识活动就是我们通常所说的事实判断。另一方面人们又要从自身的需要出发，来衡量法律现象对人类生活的价值或意义，探求法律"应该是什么?"，这种认识活动就叫作价值判断。可以看出，法的事实判断与价值判断是各有其特点和功能的。由于法的价值判断与事实判断是两种根本不同的认识活动，决定了价值判断与事实判断相比有着以下三个方面的特点。

第一，法的价值判断具有非统一性。法律是一定主体活动的结果，它一经公布就会对该社会的全体成员进行约束，与他们发生直接或间接的利害关系。这样就决定了社会成员都会从自身的需要出发，来评判这一法律的优劣，因而价值判断很难存在一种共识。相反，其差别却是显而易见的。因此，就不能用对法律现象进行事实判断所具有的那种一致性或统一性来衡量合理与不合理、正义与非正义等带有价值属性的认识和判断。

第二，法的价值判断是一种规范性判断。规范性判断具有伦理特征和主体意味，是以"应该"为连接词的判断，这一判断的充满着主体的价值偏好，其目的在于求"善"；而事实判断则是一种具有客观性的描述性判断，是以"是"为连接词的判断，这一判断的唯一标准是客观性，其目的在于求"真"。

第三，法的价值判断是一种创造性的认识活动。人对法律现象的认识不是一种孤零零的沉思，人们在寻找符合法律现象本来面目的客观真理过程中，又在不断地对它作出符合主体需要的价值判断。法的价值判断是人们认识法律现象过程中高一层次的认识活动，人对法律现象的认识只有进入这一阶段才能构成一种完整的法律认识，而且也正是这一阶段才使法律认识具有了现实意义。因为，价值判断既是事实判断的终点，又预示着人们对法律现象进行改造的开始。没有法的价值判断，人们对法律现象的认识只能停留在复映阶段。正是价值判断才使人们的法律认识从抽象上升到具体，从知识发展为目标、计划和决策。

总之，从事实判断到价值判断是人们改造、完善法律制度的必由之路，其中价值判断是引起法律实践向理性自觉转化的关键环节，人们对法律所进行的任何创造性活动都离不开价值判断。当然，法的价值判断与事实判断也有着密切的联系，它们之间的关系可以概括为互相影响、互为条件、相互统一的过程。

第一，事实判断作为对法律现象进行认知和内在规定性的揭示活动，是对法进行价值判断的前提和基础。没有事实判断，就不可能产生对人与法之间价值关系的评判，而且对法律本来面目的认识愈深刻，人们对法律与自身价值关系的把握也就愈全面、愈合理。

第二，作为对法律现象进行评价和反思的价值判断，是人们更加全面、深刻揭示法律本来面目的动因。因为，人对法律的事实判断和认知是适应社会实践的需要产生的，而人的这种需要是否科学、合理，势必会影响到人进一步对法律的再认知。如果人的需要不科学、不合理，人对法律与自身关系的把握就会形成一种误判甚至扭曲，这样，人对法律的再认知也就不真实。可见，价值判断已经成为对法律进行事实判断的必要组成部分。

第三，法律的事实判断和法律的价值判断是统一的。人的任何实践活动都不是盲目的，总是受着一定的价值目标的导引，法律实践更是如此。一方面人们正确的把握法律的本质与规律；另一方面人们又必须作出"好"或"坏"的评价与选择，以期实现最优化的法治方案。"只要我们不是以'是盲''事实盲'或'应该盲''价值盲'的眼光看问题，我们就不难发现，以把握事实为目标的科学研究事业，与创造价值为目标的价值实现活动，正呈现出一种统一的趋势。"[1]这样，无论是事实判断还是价值判断，都可以看作是人们法律认识和法律实践的必要环节，它们贯穿于人们的整个法律实践过程，也正是它们之间的统一才使人类法律认识和法律实践不断演进和发展。

【延伸阅读】

1. 李德顺、戚渊："关于法的价值的对话"，载《中国法学》1996 年第 5 期。

2. 卓泽渊："论法的价值"，载《中国法学》2000 年第 6 期。

3. 秦策："法律价值目标的冲突与选择"，载《法律科学》1998 年第 3 期。

4. 李其瑞、何为："法律价值概念探幽"，载《法律科学》1990 年第 1 期。

5. 龙文懋："'自由与秩序的法律价值冲突'辨析"，载《北京大学学报（哲学社会科学版）》2000 年第 4 期。

【思考题】

1. 如何理解法律的价值？

2. 法律的主要价值有哪些？

3. 如何理解法律的正义价值？

4. 如何认识法律的价值判断与事实判断的关系？

---

[1] 孙伟平：《事实与价值——休漠问题及其解决尝试》，中国社会科学出版社 2000 年版，第 186 页。

第 四 章

法律程序

【内容提要】

法律程序是指人们进行法律活动所必须遵循或履行的法定步骤和形式，是实现实体权利和义务的合法方式和必要条件。正当法律程序应当贯彻正当过程的原则、中立性的原则和合理化的原则。法律程序作为法治社会价值理念的体现是权力制衡的重要机制，是依法行政的基本要求，也是司法公正的可靠保障。依法治国需要来自正当法律程序的保障。法律程序主要包括立法程序、司法程序、执法程序和监督程序。

【重点问题】

法律程序与正当法律程序；法律程序的机制；法律程序的作用

第一节　　法律程序的概念与特征

一、法律程序的概念

在自然界或自然科学中，程序往往指自然规律、操作规程或思维过程，其核心是事物自身展开的"过程"，客观性或科学性是其努力的方向。在汉语中，"程序"一词一般是指按时间先后或依次安排的工作步骤。[1]这样，程序就涉及社会生活的许多方面，如"事件的展开过程、节目的先后顺序、计算机的控制编码、诉讼的行为关系都可称为程序"。[2]从法学的角度看，法律程序是指人们进行法律活动所必须遵循或履行的法定步骤和形式，是实现实体权利和义务的合法方式和必要条件。程序在整个法律的成立和实施过程中占有极其重要的位置，可以说没有法律程序，就不可能有正义的立法和公正的司法。

第一，对法律程序的关注是历史的经验所得。在西方社会，从古罗马起，法律程序就占有相当重要的地位。在罗马早期的《十二表法》中，有关诉讼程

---

〔1〕《辞海》（编印本），上海辞书出版社 1980 年版，第 1752 页。

〔2〕 季卫东:《法治秩序的建构》，中国政法大学出版社 1999 年版，第 12 页。

序的规定就曾列于法典之首。查士丁尼皇帝主持编纂的《法学阶梯》更是把诉讼程序分为不同的类别，比如对人的诉讼、请求返还之诉、损害赔偿之诉等，并且首次提出"任何人都不应当成为自己案件的法官"的原则。罗马人认为，"诉讼是提供给公民借以要求国家维护自己遭受漠视的权利的手段"。[1]同时，他们还有了行政与司法分离的实践。正如法国比较法学家勒内·达维德所说："在古代罗马最早的时候，法律也曾经在实质上是程序法，在那里，诉讼程式具有至高无上的重要性。"[2]到了近代，西方各国都极其关注法律程序的重要性，先后制定了独立的刑事、民事和行政诉讼法律，全面确立了"司法独立""行政权、立法权、司法权相分离"的制度和原则，形成了比较完备的法律程序机制。在中国古代，有关法律程序的规定与西方比较要弱得多。这主要表现在两个方面：一是法律中对程序法的规定比较少。如《唐律疏义》十二篇中，只有《斗讼律》和《断狱篇》是关于诉讼程序的规定。二是法院体系很不完备。以中国最强盛的唐代而言，除中央外，地方上就没有专门的审判机构，而由行政机关代行司法审判权。"这一点也给现代中国社会带来了深刻的影响，如直到（20世纪）80年代初，我国在处理社会主义革命和建设问题时，运用的几乎还都是行政手段，很少去考虑法律上的程序问题。"[3]直到20世纪90年代至21世纪初，中国的"三大诉讼法"及"立法法"的完整体系才逐步建立与完善，用程序法导入实体法来完善国家治理体系和提高国家治理能力，正被越来越多的人所认识和接受。

第二，法律程序是人们追求司法公正的结果。法律程序之所以能在法律发展史上占有重要的位置，正如西方的一句法律格言所说的："程序决定着公正。"一般来说，人们都觉得程序只是一个手段而已，它比起要解决的实体问题来显得并不那么重要。比如，两个人因为一件东西的所有权发生纠纷，人们可以用许多方法加以解决，或用调解，或用判决，或投硬币看运气，只要这些方法能够达到公正的解决目的就可以了。但在西方国家，有人却以为作为解决问题方法的程序是非常重要的。他们认为，如果程序设置不当，一个物品的所有权纠纷的解决就不可能公正，而且这程序自身同样有个公正与否的问题。[4]也就是说，程序虽然重要，但它自身也存在一个合理性和正当性的问题。这样，西方

---

〔1〕 [意]彼德罗·彭梵得：《罗马法教科书》，黄风译，中国政法大学出版社1992年版，第85页。

〔2〕 [法]莱尼·达维：《英国法和法国法》，潘华仿等译，中国政法大学法制教研室1984年内部印刷，第55页。

〔3〕 何勤华：《法律文化史论》，法律出版社1998年版，第246~247页。

〔4〕 参见一正：《西窗法雨》，花城出版社1998年版，第147~148页。

的法律制度中就出现了"正当程序"这样一个术语。如在英国 1354 年爱德华三世第二十八号法令第三章中就第一次使用了这个词:"未经法律的正当程序进行答辩,对任何财产和身份的拥有者一律不得剥夺其土地或住所,不得逮捕或监禁,不得剥夺其继承权和生命。"[1]美国宪法 1791 年第 5 条修正案也规定:"未经法律的正当程序,不得剥夺任何人的生命、自由和财产"。对此,丹宁勋爵在他的《法律的正当程序》一书中指出:"我所说的经'法律的正当程序'系指法律为了保持日常司法工作的纯洁性而认可的各种方法:促使审判和调查公正地进行,逮捕和搜查适当地采用,法律救济顺利地取得,以及消除不必要的延误等。"[2]可见,程序问题与公正性、正当性必须结合起来加以考虑,"合理而公正的程序是区别健全的民主制度与偏执的群众专政的分水岭"。[3]所谓"正当程序"的用语就是强调法律程序中的价值取向。正如罗尔斯所认为的那样,"切分蛋糕的这条规则就是完善程序正义的一个例子:执刀者最后拿。——'每个人获得相等的份额'正是公平分配的独立标准;执刀者最后拿规则可以保证实现可靠的结果"。[4]

第三,法律程序本身具有正当性的价值内涵,但也不能夸大其作用范围。对于如何解决法律程序中的正义性、合理性问题,西方许多学者还提出了程序本身所具有的道德性内容的主张。认为程序在作为手段或方法的同时,还具有其实体的意义。"在这个意义上可以说,实体法是通过一环扣一环的程序行为链而逐步充实、发展的。因而,程序法不应该被视为单纯的手段和形式。"[5]如果仅仅以程序作为衡量结果是否公平的标准,那么"赌博的程序是公平的,是在公平的条件下自由地进入的。……显然,我们不能因为一种特殊的结果是在遵循一种公平的程序中达到的就说它是正义的。这个口子开得太大,会导致荒唐的不公平的结果"。[6]彼德·斯坦和约翰·香德也认为,在讨论通过法律来实现公平时,应当首先区别法律程序和法律本身。实体规则可能是好的,也可能是坏的。人们所关心的只是这些规则的实施应当根据公平的原则进行。这些原则

〔1〕 That no man of what estate or condition that he be, shall be put of land or tenement, nor taken, nor imprisoned……without being brought in answer by due process of law. 28 Edw Ⅲ Ch. 3 (1354).

〔2〕 [英]丹宁勋爵:《法律的正当程序》,李克强、杨百揆、刘庸安译,群众出版社 1984 年版,第 1 页。

〔3〕 季卫东:《法治秩序的建构》,中国政法大学出版社 1999 年版,第 51 页。

〔4〕 [美]劳伦斯·索伦:《法理词汇——法学院学生的工具箱》,王凌皞译,中国政法大学出版社 2010 年版,第 129 页。

〔5〕 季卫东:《程序比较论》,载《比较法研究》1993 年第 1 期。

〔6〕 [美]约翰·罗尔斯:《正义论》,何怀宏、何包钢、廖申白译,中国社会科学出版社 1988 年版,第 82 页。

制约着任何人在法庭内外行使司法职权时应当遵循的行为方式。假如违反这些原则，有关的司法审判应被宣布无效。[1]因此，正确把握法律程序的功能与作用，把作为形式正义的法律程序与作为实质正义的法律内容相结合，才是法律正义实现的必由之路。

从法律程序的自身属性可以看出，法律程序是现代法治的必要构成要素，缺乏程序要件的法治是难以协调运行的，如果在没有程序的前提下推行法治，其结果也只能是"法制"存而"法治"亡。因此，重视法律程序并在一定条件下把价值追求转换为程序问题来处理，应当成为中国法治建设乃至社会发展的首要选择。

二、法律程序的特征

法律程序作为防止恣意、维护公正、保持法的正当性与纯洁性的手段，具有其相对独立性和不同于法律实体规则的自身技术方面的特征。

第一，法律程序具有明显的形式性。程序与实体相比是一种形式与内容的关系。法律的实体内容是权利和义务，权利和义务内容决定着法律程序的形式。有什么样的权利和义务内容就有什么样的法律程序形式。如在司法程序中，有关私法内容的民商事法律关系中权利和义务的实现方式，与有关公法内容中的行政关系中的权利和义务就截然不同，由此则区分了民事诉讼程序与行政诉讼程序。法律程序的形式性还表现在没有法律程序，实体的权利和义务就无从实现，法律程序是权利和义务实现的必备形式或必要条件。权利和义务只有在符合法定程序的条件下，才能正当并有效地加以实现。否则，就有可能导致不公正、不合理的结果。

第二，法律程序具有功能上的互补性。虽然作为内容与形式的实体法与程序法融为一体，不可分离。但是，程序法与实体法在功能上的区别也是显而易见的。实体法是规定人们的权利和义务的，而程序法则是规定人们的权利和义务实现的方式的，或者是人们的权利受到侵害后为获得补偿而不得不采取的步骤。也正是在这种意义上，人们把实体法所规定的权利称为"第一权利"，而把程序法所规定的权利称为"第二权利"。当实体法所规定的第一权利受到侵害后，程序法可以恢复、矫正或补偿其权利，因此有时也可以把这一权利成为"矫正的权利"。当然，这也并不是说实体法与程序法的区别就等同于权利与矫正或补救之间的区别，因为，"补救本身就是各种权利，而在程序中也有各种权

---

[1]　[美] 彼德·斯坦、约翰·香德：《西方社会的法律价值》，王献平译，中国人民公安大学出版社1990年版，第92、97页。

利"。[1]程序本身体现了某些值得追求的价值。因此，从功能上看，法律程序中的权利规定与实体法中所规定的权利具有互补性。也正是这种互补性才构成了形式与内容相统一的完美，弥补了各自在功能和倾向上的不足和缺陷。

第三，法律程序具有明确的法定性。法律程序与法律实体规定一样，具有国家意志性、强制性和普遍有效性。人们对程序法的违反与违反实体法一样，都会带来相应的法律后果。程序法作为具有规范性的一种行为模式，是对一国的公民和其他主体反复适用和普遍有效的。而且，法律程序所依据的程序法规范，是由有权的国家机关依法制定和颁布的，因此，一旦是法律明确了的行为程序，任何主体均不得违反。

第二节　法律程序的原则与意义

一、法律程序的原则

法律程序在作为规则的法律影响社会生活的过程中，发挥着不同于规定实体权利和义务的实体法的特殊功能。因此，对法律程序的作用过程的要求也就会不同于实体法。通常这些要求又以原则的形式贯穿于程序法律规范及其实施的活动。具体来说，法律程序的作用原则有以下几个方面：

第一，正当过程的原则。正当过程的原则要求法律程序体现公正性，保持运用法律过程的纯洁性和正当性。这也是法律程序的核心。正因为如此，人们才常说"公正地解决纠纷"并以此区别于"解决纠纷"的概念。对"正当过程"的概括是人类选择法治的结果，也是西方宪政制度的首要成果。"程序的正当过程的最低标准是：公民的权利和义务将因为决定而受到影响时，在决定之前他必须有行使陈述权和知情权的公正的机会。"[2]彼德·斯坦和约翰·香德在谈到公正的程序时也提出了两个原则：一是"任何人都不得在与自己有关的案件中担任法官；二是必须给予诉讼当事人各方充分的机会来陈述本方的理由"。[3]这样，可以让人们树立起一种观念，即公平的法律程序可以在实现实质正义的可能性上起作用。正当过程的原则是人类理性选择的保证，也是现代法治的一个根本性指标。

---

〔1〕［英］戴维·M. 沃克编：《牛津法律大辞典》，北京社会与科技发展研究所译，光明日报出版社 1988 年版，第 521 页。

〔2〕季卫东："程序比较论"，载《比较法研究》1993 年第 1 期。

〔3〕［英］彼德·斯坦、约翰·香德：《西方社会的法律价值》，王献平译，中国人民公安大学出版社 1990 年版，第 97 页。

第二，中立性的原则。中立性的原则是法律程序的基础，它"需要通过一系列的制度来保证。例如，决定者的资格认定、人身保障及回避制度、分权制衡、公开听证等"。[1]中立性的原则核心是要求适用法律者能公正地、不偏不倚地将法律适用于特定的人或事。它实际上是法律程序正当性的一种延伸和体现。但是，在现实社会中纯粹的或者完全的保持中立性并非实际，而且对于中立性的确立标准界限也不十分明确。作为特定社会一员的执法者或多或少地要受到意识形态和其他因素的影响，而使其不能保持中立性。然而，我们也不能否认，"在中立性的判定有些最基本的因素是可以取得共识的。例如，双方在程序中应有同等的发言机会，任何主张和判断都必须以事实为依据、以法律为准绳"，同一条件下不允许出现不同的结果，等。[2]因此，法律程序中的中立性原则尽管有其缺陷和不足之处，但不能因噎废食而将其舍弃。

第三，合理化的原则。合理化的原则是理性和经验的结合，它要求法律程序能排除非理性因素和种种障碍，使程序安排的结构、状态趋向和目标相适应，并以此取得积极的法律效果。合理化要求是法律程序的效率保障，通过它可以使程序的浪费和阻碍最小化、效果和支持最大化。按照韦伯对法律合理化的解释，法律合理化有四种涵义：①由法律或法规所支配的；②体系化特征；③基于逻辑分析的；④由理智控制的。[3]而且，韦伯所指的从罗马法的形式主义原则中发展出来的现代西方的理性法律，其主要特征是司法程序的合理化。用这种理论来分析法律程序，可以说法律程序的合理化应该是一个理智化的过程，理性因素在程序合理化中起着重要的作用。当然，在法律程序的运作中，许多非理性因素也在发挥作用，如情感、兴趣、个性等因素影响着立法、执法和司法的过程。对此，要用客观和现实的态度来加以认识，看到非理性因素在程序合理化中的两重性：一方面非理性因素不利于程序合理化，应该努力减少它对程序合理化的干扰。另一方面，非理性因素在法律程序的运作过程中是不可避免的，应该对其加以引导。坚持程序合理化的原则就是要既认识到制约合理化的因素的存在，又要尽量排除这些制约因素和障碍，使之最大限度地趋向合理化。

二、法律程序的意义

法律程序在运行过程中有其特定的手段和方式，并以此能够达到独立于实体规则的自身价值。也正是法律程序的这种特殊制度设计，才使人们意识到

---

〔1〕 季卫东："程序比较论"，载《比较法研究》1993 年第 1 期。
〔2〕 季卫东："程序比较论"，载《比较法研究》1993 年第 1 期。
〔3〕 苏国勋：《理性化及其限制——韦伯思想引论》，上海人民出版社 1988 年版，第 222 页。

"法律制度的重心只好放在保证价值兑换活动的自由和程序公正方面，而不过分向实体规则强求某种事先标明的测量尺度"[1]概括地说，法律程序的意义有以下几点：

第一，法律程序是"对恣意的限制"，是权力制衡的重要机制。通过程序可以克服和防止法律活动中的随意性或任意性。比如诉讼程序中的审级制度，就是在审判者之上再设立审判者，从而构成一个严密的审判阶梯来完成审判活动的。这样，就可以限制审判者的恣意行为，尽可能地排除审判活动的随意性。再如分权制度，一方面可以使立法者与运用法律者相互分离，另一方面可以使运用法律之间有不同的分工。明确了相互之间的活动范围和权限，并以此来防止专断和运用法律过程中的错误。而且，这种相互独立、各司其职的结构，可以使它们互相之间既配合又牵制，限制或者至少是压缩了随意性的发生。可见，"程序中的功能自治性是限制恣意的基本的制度原理"[2]法治社会的国家权力应当受到法律的严格约束，而法律程序正是对国家权力进行约束的重要机制之一。法治的首要含义就是对公权力的制约，使权力的行使有法律上的依据，做到事事于法有据。而要使权力受到限制和不被滥用，仅用实体法的控制是不够的，它还要借助一套设计严密、合理的法律程序。正当的法律程序能把国家权力的运行纳入一个有效率的架构里，让行使权力者彼此掣肘、设碍立障，形成一个互为看管、互为钳制的权力网络。法律程序以其特有的功能达到了约束权力、制约权力的效果。

第二，法律程序作为合理化的一种运行机制，可以引导人们排除非理性因素的影响和干扰，做到以最小的成本取得最大的法律效果。随着社会的进步，法律程序的设计也越来越精致。而通过带有强制性的程序规范，引导人们避免误入落后和无效果的解纷方式，无疑是减少浪费、增加效益以及获得公正结果的最佳选择。"程序的经济性在一定意义上就是程序的正当性"[3]还有，程序的引导机能给人们预先了解程序过程的作用，使一旦进入法律程序者有充足的准备和选择的机会。同时，法律程序可以使纠纷的解决趋于理性。法律程序是由一系列严密而又程式化的环节构成的，通过程序所设定的时空要素，可以缓解人们之间的矛盾和冲突，为纠纷的解决提供了有条不紊的秩序条件。纠纷者一旦选择或者进入了程式化的法律程序，就使他们与原先纠纷存在的时空相

第
四
章

---

〔1〕　季卫东："法治与普遍信任——关于中国秩序原理重构的法社会学视角"，载《法哲学与法社会学论丛》，北京大学出版社2006年版，第174页。

〔2〕　季卫东：《法治秩序的建构》，中国政法大学出版社1999年版，第16页。

〔3〕　徐亚文：《程序正义论》，山东人民出版社2004年版，第177页。

对隔离，形成一种设置于诉讼两造双方的"隔音装置"。这样，就给他们创造了自由对话和平等抗辩的条件和氛围，消除了纠纷者之间原有的紧张关系，从而使对抗得以缓解或进入商谈状态。而且，由于法律程序所具有的法定性和权威性，能使行为主体被程序所营造的气氛所感染。这种感染尽管有来自法律权威的影响，但主要还是人们心理上的一种敬畏和认同。庄严而又程式化的法律程序能够通过心理提示来影响人的行为，使人们不知不觉地遵循程序为其设定的模式，从而达到对法律程序的服从效应。

第三，法律程序是依法行政的基本要求。依法行政要求国家行政机关在执法活动中的一切行为都必须严格依照法律程序，不得超越法律赋予的权限范围。因此，行政机关要成为执法主体，拥有执法权，就要根据法定的程序合法产生和获得。而且，由于执法的内容涵盖面非常广泛，执法程序也多种多样，这就要执法机关应当按照不同的执法内容确定所适用的程序，不能随意简化、改变、调换和省略程序。现代行政法的一个重要发展就是人们已经普遍认识到开放的自由裁量权会导致权力腐化和失控，"包括美国在内的许多国家都创设了一些制度来保障行政部门的法治化。它们要求用削弱行政官员自由裁量权的各种方法，来限制他们的权力"。[1] 其中非常重要的一项措施就是对行政权力进行司法审查权的确立。例如，1946 年美国行政程序法所规定的行政程序标准比根据"正当法律程序"所要求的标准更加细致、具体。借此人们可以对行政部门未能遵循适当法律程序的活动提出异议并获得司法救济。在我国，随着法治政府建设的推进，要求中央和地方各级政府及其工作部门建立权力清单制度，依法公开权力运行流程，保证法无授权不可为。

第四，法律程序是司法公正的可靠保障。司法公正是实体公正和程序公正的结合。在司法活动中，法官必须作出公正的决定，这是实体公正问题。然而，法官对实体法规定的执行很大程度上取决于程序的组织形式。比如，中世纪的欧洲，不允许妇女作证，或对妇女的证词只给予相当于男子一半的证明力。这充分表明，即便适用同样的实体法，不同的程序也会带来不同的结果。[2] 正是从这种意义上，霍姆斯大法官才说，法律的内容就是规定法庭应如何做、做什么。可见，任何一种法律制度都必须通过法律程序的具体运作才能得以实施，这些法律程序包括适用法律的程序、法律救济的程序以及实施一项惩罚措施的程序等。没有程序的司法活动犹如一台没有操作规程的机器，永远也运转不起

第
四
章

──────────

〔1〕〔美〕劳伦斯·M. 弗里德曼："法治、现代化和司法"，载《北大法律评论》1998 年第 1 期。
〔2〕〔日〕谷口安平："程序公正"，载宋冰编：《程序、正义与现代化——外国法学家在华演讲录》，中国政法大学出版社 1998 年版，第 362 页。

来。程序机制在制度上保障了司法活动不受外界影响并确保法官坚持实体法的规定，从而实现司法公正。

第五，法律程序是法治社会价值理念的体现。传统的理论认为，实体法是主，程序法为仆。程序从属于实体，程序的惟一目的是执行和实现实体法。而在我们今天的社会生活中，越来越难以断定什么是实体上的正确了。例如，对某项公共政策确立与否进行辩论，最后如果没有少数服从多数原则，将会永无休止地进行下去。多数原则之所以解决了这个问题，因为它是通过社会全体成员都同意的程序所通过的。在此，程序具有其独立的存在价值。按照美国法学家萨默斯的理解，"程序价值"是在法律程序的运作过程中实现其价值的，它们体现于法律程序本身的设计之中，其正当性由其自身而得到证明，而无须诉诸程序的好结果效能。[1]萨默斯的观点扩展了人们对法律程序乃至"法治"的理解。的确，在现代社会依赖程序已经成为追求法治的特征和要素，尤其是在普通法系的国家，重视程序法胜于实体法。正如美国联邦最高法院大法官杰克逊所说，"程序的公平性和稳定性是自由不可或缺的要素"。[2]把法律程序视为一种价值标准，可以促使人们更加清醒地意识到程序价值的存在，而不仅仅把其视为实现理想的工具或手段，从而使法律程序更加有效地担当起民主制度的监督者角色。

总之，民主的时代是程序的时代，法治社会的核心是依法治国，它需要正当的法律程序加以保障。

第三节　法律程序的分类

尽管人们在论及法律程序时多以司法程序或诉讼程序为话题，但是，事实上司法程序只是法律程序的一种类型。造成这种情况的原因可能有二：一是传统的法学对"法律程序"往往做狭义上的理解，这表现在把法律程序与司法程序或诉讼程序画等号，如《中国大百科全书·法学》中认为，"凡规定实体法有关诉讼手续的法为程序法，又称诉讼法"。[3]二是由于电影、文学等艺术作品中

---

〔1〕 陈瑞华："通过法律实现程序正义——萨默斯'程序价值'理论评析"，载《北大法律评论》1998年第1期。

〔2〕 ［日］谷口安平："程序公正"，载宋冰编：《程序、正义与现代化——外国法学家在华演讲录》，中国政法大学出版社1998年版，第375页。

〔3〕 把有关规定诉讼手续的法等同于"程序法"是不全面的，或者仅仅是狭义上的法律程序。法律程序应该包含诉讼以外的立法、行政或监察等公权力运行过程中的不同环节与步骤，因而，应该从广义上理解法律程序。

关于司法程序的介绍与宣传最多，这些贴近大众的艺术形式往往使人们把司法程序等同于法律程序。实际上，法律程序是由多种层次和方面而构成的，一般来说主要有立法程序、司法程序、行政程序、监督程序和其他法律程序。

一、立法程序

立法程序是指国家机关制定、修改和废止规范性法律文件的法定步骤和方式。在法律上之所以要对立法程序做出明确的界定，主要是为了加强立法活动的民主化、科学化和法治化，使立法过程能够充分表达民意。立法程序是由"立法法"或"立法标准法"加以规定的，它为正确地制定法律并树立其权威奠定了良好基础。另外，立法程序的主要意义不是确立一种放之四海而皆准的规范，而是使一切法律制定的过程都变成开放的、不断完善的机制。现代法律制度在具有其稳定性的同时，更重要的是其可变性。如果法律在制定出来后就一成不变，立法程序也就失去了它的存在意义。当然，法律的变更并不是任意的或突如其来的，法律的制定和修改必须在一定的授权机关之中按照一定的法定程序或手续进行。

二、司法程序

司法程序是指司法机关或诉讼当事人对具体案件运用法律所应遵循的法定步骤和方式。司法程序有时也称"诉讼程序"或"审判程序"。它主要由民事、行政、刑事诉讼法加以规定的，其目的是按照公正而有效的方式对具体纠纷或案件进行事后的和个别的处理。司法程序的主要特征表现在，首先，诉讼活动只是对已经存在的预定规范的适用。诉讼当事人和司法人员的活动都是围绕如何使法律不致误用或歪曲的问题而展开。其次，为了保证法律思考和对话的合理性，需要设定司法人员与当事人公开进行讨论的条件。最后，判决的对象仅限于特定当事人之间已经发生的具体纠纷的事后性解决，以明确法律上权利和义务的归属。[1]

三、行政程序

行政程序是指行政机关执行法律、行使职权时所应遵循的法定步骤和方式。行政程序的必要性一方面在于行政机关的日常活动本身就是执行法律、运用法律的过程，另一方面依法行政已成为现代行政活动的首要原则。而且，在行政活动中，行政官员的自由裁量权要比司法人员广泛。因此，行政程序的规定就显得尤为重要，正所谓行政机关的"所有权力都必须通过法律赋予，否则行政机关不得享有和行使任何权力，与此同时，任何权力都必须通过法律来制约和

---

〔1〕 参见季卫东："程序比较论"，载《比较法研究》1993 年第 1 期。

第四章

控制"。[1]行政程序通常是由行政处罚、行政复议、听证制度等法律加以规定的。

四、监督程序

监督程序是指执行法律监督或监察职能的机关在从事监督活动过程中所应遵循的法定步骤和方式。这种监督程序是针对狭义上的法律监督所设定的，其主体仅限于执行法律监督或监察职能的国家机关。而通常人们所说的广义的法律监督，由于监督主体的范围很广泛，既包括一切社会组织，还涉及广大人民群众，而且在法律上这种监督是不具有直接或正式法律效力的。因此，广义上的法律监督则无需设定严格的法定程序。监督程序作为对立法、执法和司法活动的合法性所进行的监察和督促的法定程序，其范围涉及以上立法、执法和司法程序。但是，监督程序同其他程序相比有其特定的倾向和侧重点，而且监督程序已成为与上述程序并列的法律实施或实现的一种重要机制。

法律程序除上述主要形式外，还有关于国家机关及其工作人员产生的选举程序、普通社会主体从事诸如登记、公证等法律行为的一般法律行为程序，以及一些准司法活动的仲裁程序和调解程序等其他法律程序。

【延伸阅读】

1. ［日］谷口安平："程序公正"，载宋冰编：《程序、正义与现代化——外国法学家在华演讲录》，中国政法大学出版社1998年版。

2. ［英］丹宁勋爵：《法律的正当程序》，李克强、杨百揆、刘庸安译，群众出版社1984年版。

3. 季卫东："法律程序的形式性与实质性——以对程序理论的批判和批判理论的程序化为线索"，载《北京大学学报（哲学社会科学版）》2006年第1期。

4. 陈瑞华："程序价值理论的四个模式"，载《中外法学》1996年第2期。

5. 雷磊："法律程序为什么重要？反思现代社会中程序与法治的关系"，载《中外法学》2014年第2期。

【思考题】

1. 什么是正当法律程序？

2. 如何理解法律程序的意义？

---

[1]　［美］汉密尔顿、杰伊、麦迪逊：《联邦党人文集》，程逢如、在汉、舒逊译，商务印书馆1980年版，第264页。

第五章
法律与其他社会现象

第
五
章

【内容提要】

　　法律作为社会系统之一个子系统与社会中诸系统有着各种各样的关系。法律和政治都是建立在一定经济基础之上的上层建筑，二者相互作用、相互影响。法律受政治的制约，并为政治服务，政治起主导作用；政治从一定程度上讲也受法律的制约，法律确认和调整政治关系，直接影响政治并促进政治的发展。国家和法律有着密切的联系，一方面，国家是法律产生的前提，没有国家就没有法律，国家是法律实施和实现的有力保障，国家的性质决定法律的性质，国家的形式影响法律的形式。另一方面，法律确立国家的合法性，法律是实现国家职能的基本手段，法律是国家机构有效运行的制度保障。法律和经济有着密切的联系，经济基础决定法律的内容、性质、变更与发展。法律积极、能动地反作用于经济基础。科学技术的发展大大地扩大了法律的调整范围，对传统法律部门的内容和原理也产生重要的影响，改变了法律的存在和传播方式，为法律的实施提供新的手段和方法。法律对于科学技术的发展、科学技术的负面的、非道德的应用起着规范、限制和禁止的作用。市场经济是市场在资源配置中起基础作用的经济方式，市场经济的建设离不开法律的规范和引导，法律也离不开市场经济的基础作用。法律文化、法律传统对法律从制定到实现诸环节起着十分重要的作用。

【重点问题】

　　法律与政治的关系；法律与国家的关系；法律和政党政治的关系；法律与经济基础的关系；法律与科学技术的关系；法律与市场经济的关系；法律文化与法律传统

第一节　法律与政治

一、法律与政治的一般关系

（一）政治的含义

政治是一个极为宽泛的概念，不同区域和处于不同发展阶段的人类对政治本身的理解并不完全一致。英语中的"政治"(politics)来源于希腊文化。这个词最初出现在荷马史诗中,最初的含义是指城堡或卫城,即"阿克罗波里",简称为"波里",与"村社"相对应。该词后来逐渐演化为具有政治意义的"城邦"。主要指城邦公民参与下所进行的统治和管理活动。古罗马人所建立的共和制政体本质上也是一种城邦政体。罗马时代的政治就是共和国的活动。现代政治是一种以近现代国家为中心的政治,是围绕着权力而展开的各种活动的总称。

在中国古代的历史典籍中很早便有"政治"一词,《尚书·毕命》中记载:"道洽政治,泽润生民",《周礼·地官·遂人》中有"掌其政治禁令"之说。但更多的情况是"政"与"治"分开使用。概括起来说"政"在中国古代有四种含义:一是指一定朝代的制度与秩序,如"夏有乱政,而作禹刑","大宋乱国之政"等;二是指施政的手段之一,如"礼乐刑政,其极一也";三是指统治者的修养和教化,如"政者正也,子帅以政,孰敢不正"之"政";四是指君主和大臣们的政治管理活动,如《宋史·欧阳修传》记载:"其在政府,与韩琦同心辅政",这里的"政"就是指朝廷和官员们的政务活动。"治"在中国古代主要有两种含义:一是指一种与动荡相对的安定和谐的状态,如"天下交相爱则治,交相恶则乱";二是指统治、治理和管理的活动,如"正心、诚意、修身、齐家、治国、平天下"之治。英文中的 politics 一词经日本的转述而传入中国之时,在汉语中并没有完全与之对应的词,于是孙中山先生译为"政治",并解释说:"政就是众人之事,治就是管理,管理众人之事,便是政治。"[1]孙中山先生的这一定义在近代中国是颇有影响的,它一方面继承了中国古代将政治看作是管理活动的传统,另一方面也接受了现代西方国家把政治的功能视为实现大众利益的观点。

马克思主义的经典作家没有明确给政治下定义,但是在他们的学说中曾经广泛涉及政治问题的讨论。马克思主义认为,政治属于历史的范畴。政治为上层建筑的重要组成部分,是经济的集中表现,与阶级斗争有着密切关系。政治的核心是国家权力。同时,政治也是有着广泛内容的社会范畴,它在不同的时空条件下有着不同的具体内容。政治包括处理阶级之间、阶级内部、民族之间、国家之间等各种社会关系的活动。

(二)法律和政治的一般关系

法律和政治都是建立在一定经济基础之上的上层建筑,二者相互作用、相互影响,不存在谁决定谁的问题。但是由于政治是经济的集中表现,它对经济基础有着更为直接和有力的反作用,所以政治在上层建筑系统中具有主导作用。

第五章

---

[1]《孙中山选集(下)》,人民出版社1981年版,第661页。

但同为上层建筑的法律对上层建筑中的其他因素（包括政治）也具有影响作用。政治是一个系统，政治系统的各组成部分与法律都有着这样、那样的关系，甚至政治系统中的某些因素就是法律，比如政治规范中国家制定的规范。就法律与政治的关系从整体上来讲，一方面法律受政治的制约，并为政治服务，政治起主导作用；另一方面，政治从一定程度上讲也受法律的制约，法律确认和调整政治关系，直接影响政治并促进政治的发展。

1. 政治对法律的主导作用。法律反映政治，并以统治阶级的政治要求为内容，体现的是统治阶级的意志。一般来说，经济上占统治地位的阶级必然在政治上占统治地位，就必然掌握国家政权。掌握国家政权的阶级就必然会从本阶级的利益出发来分配权利、义务和安排各阶级、阶层在国家政治、经济、社会生活中的地位。它会利用法律的手段来巩固其在激烈的阶级斗争中来之不易的胜利成果，并用法律的手段使本阶级的统治获得合法性的支持。因此，历史上任何类型的法律都不是超政治的，法律对政治来说是一种形式。正如川岛武宜所言："在社会的结构之中，法律命题是为政治权力所支配的。因此，在法律命题之中，必须或多或少地体现着政治理想。在斗争中获得胜利的社会力量，会通过创造法律命题的方式来强制保护自己利益的规范实现。因此，法律的命题通常总是带有政治色彩的。"[1]

法律的变化从某种程度上来讲往往受制于政治的发展变化，这个道理是显而易见的。其一，政治关系的发展变化是影响法律发展变化的重要因素，特别是作为国家基本法的宪法和其他基本法律往往是国内各种政治力量对比关系变化的结果。"国家的一切基本法律和关于选举代表机关的选举权以及代表机关的权限等的法律，都表现了阶级斗争中各种力量的实际对比关系。"[2]当新的统治阶级取代了旧的统治阶级的统治后，法律必然要发生变化就是这个道理。其二，政治体制的改革也制约着法律的内容及其发展变化。政治体制的改革从法的角度看就必然包括法的制定、修改、补充和废止，实际上就是"变法"。其三，政治活动的内容也制约着法律的内容及其发展变化。在阶级社会中，阶级、民族、社会组织进行政治活动的范围以及影响程度不同，也不可避免地影响有关法律的内容及其发展变化。

2. 法律对政治的制约作用。规范政治行为。从一定意义上说，法律是政治斗争的产物，又是政治斗争的手段。暴力政治斗争往往导致法律类型的改变，成为法律历史类型更替的直接导火线。而非暴力政治斗争一般指在法律范围内

〔1〕　［日］川岛武宜：《现代化与法》，王志安等译，中国政法大学出版社 1994 年版，第 232 页。
〔2〕　《列宁全集》（第 17 卷），人民出版社 1959 年版，第 320 页。

的政治斗争，特别是和平建设时期，世界上大多数民主国家都要对于非暴力斗争的性质和活动方式加以明确的法律规定。这方面的法律制定与实施往往成为衡量一国政治的民主程度与法治程度的重要标尺。进行政治统治，离不开法律的运用，尤其在一个民主社会，政治统治就是法律统治，即形成一种法治秩序。如果说政治统治是国家政权的前提，那么政治管理就是国家政权的基础。政治管理有多种方法，如行政强制方法和思想教化方法等，但以市场经济为经济基础的现代政治管理则以法律手段为根本。法律使政治权力规范化，把政治领导、政治决策、政治组织、政治协调、政治监督等政治管理方式纳入法律轨道，保证政治法治化的形成和维持。这无疑有利于正确处理国家同社会的合理关系，防止政治腐败的泛滥。此外，法律还为公民进行政治参与提供必要的途径，使普通公民通过合法活动实现对政府相应的控制。[1]

　　促进政治发展。在现代社会，政治发展主要指根据各国的具体情况，以不断发展着的现代民主为标准，而进行的政治关系的变革。政治发展的途径主要有二：政治革命与政治改革。[2]一般地说，政治革命都要冲破体现旧的统治阶级国家意志的法律，而不可能在旧社会的"法制基础"上进行。政治改革是通过一系列政治措施进行的。法律使政治措施既具有合理性，又具有现实性。现代政治发展的手段不只是精英设计，而主要是体现民众利益愿望的法律。同政治革命不同，政治改革是政治关系的量变过程，是对政治关系的调整和完善。政治改革离不开政治稳定或政治秩序的环境，需要避免政治动荡。因此，作为一种有计划有步骤的政治变革，往往都伴随着法的运作。法律能够为政治改革指明方向，为政治改革创造良好的环境，保障政治改革的顺利进行并且巩固政治改革的成果，从而防止和清除政治弊端，推动政治不断进步。

　　解决政治问题。政治问题有很多，有的政治问题要靠暴力甚至战争来解决，但同时也有许多政治问题可以也能够用法律手段去解决。正如托克维尔在《论美国的民主》一书中所言："在美国，几乎所有政治问题迟早都要变成司法问题。因此，所有的党派在它们的日常论战中，都要借用司法的概念和语言。"[3]对于其他现代国家也一样。

　　划分政治权力。政治权力的划分和行使必须有法律依据。为了防止政治权力的异化，避免权力滥用和权力腐败，必须加强对权力的法律制约，正如孟德

第五章

---

〔1〕　付子堂：《法律功能论》，中国政法大学出版社 1999 年版，第 160 页。
〔2〕　吕世伦："法学的时代性课题：《法律与发展研究导论》读后随笔"，载《南京大学法律评论》，1999 年第 1 期。
〔3〕　〔法〕托克维尔：《论美国的民主》（上卷），董果良译，商务印书馆 1988 年版，第 310 页。

斯鸠所言："一切有权力的人都容易滥用权力，这是万古不易的一条经验。有权力的人们使用权力一直到遇有界限的地方才休止。"[1]强调权力取得和权力运行的合法性，依法划分权力，依法行使权力。

二、法律与国家

（一）国家的一般含义

国家是一个复杂的社会现象，在人类的政治法律思想史上，有关国家的定义和解释可谓见仁见智，不一而足。形成这种局面的因素是多方面的，但主要问题还是理论基础与认识方法。如果以唯心史观为指导，形而上学地去观察问题，势必会出现诸如"暴力论""神意论""契约论"等不符合客观实际的观点与结论。

对于国家的认识，既要从形式上去把握，更要从本质上去分析；既要从政体上去观察，更要从国体上去理解。国家本质即国体，指的是国家的阶级性质，是一个阶级对另一个阶级的专政。奴隶制国家、封建制国家、资本主义国家就是从国体上说的。国家形式是国家本质的外在表现形态。它一般包括国家政权组织形式和国家结构形式。在多数情况下，国家形式与国家政权组织形式即政体的涵义是相同的。君主制、共和制就是从政体上说的，单一制、联邦制就是从国家结构形式上讲的。现代国际法意义上的国家是由主权、领土、人口等要素构成的一个政治实体。主权是国家的核心要素，主权意味着对内的最高权、对外的独立权。

（二）法律与国家的一般关系

国家和法是两种不同的社会现象，它们各有自己特殊的质的规定性，两者存在着明显的区别。然而，无论是在历史上，还是在逻辑上，国家与法之间的联系都要比其他社会现象与法的联系更为密不可分，更为直接而具体。

1. 国家对法律的作用。国家是法律产生的前提，没有国家就没有法律。从逻辑与理论上讲，马克思主义把法律定义上升为国家意志的统治阶级意志，法律是和国家联系在一起的。从历史看，在原始社会末期，随着生产力发展和社会分工的出现，财产的私人占有逐渐成为一种普遍的现象，它直接导致了原始共产制的崩溃和阶级对立，从而也使过去那种社会全体成员之间的共同利益分裂成一个个互相冲突的特殊利益。各阶级之间的矛盾的斗争就是利益冲突最集中的表现，为了把冲突控制在社会所能承受的限度之内，仅仅凭借氏族组织和传统的习俗已经远远不够了，于是，国家和法就成为社会控制的新手段。从现实讲，法律是由国家制定或认可，没有国家，就无所谓法律。

---

[1]　[法]孟德斯鸠：《论法的精神》（上册），张雁深译，商务印书馆1961年版，第154页。

国家是法律实施和实现的有力保障。"徒法不足以自行"，法律的实施是一个过程，必须以国家的强制力为后盾。当然，一般情况下，人们对法律的遵守可能是出于一种习惯而自觉自愿遵守或者是基于自己利益的一种理性选择，但无可否认，如果不以国家的强制力作为法律实施后盾的话，那么个别违法犯罪者得不到应有的惩罚，从而使这种行为很快演变为一种社会的普遍行为，法律便也就坍塌了或者实际坍塌了。[1]

国家的性质决定法律的性质。从国家和法的阶级本质上看，它们都是统治阶级借以实现统治的工具。法作为一种行为规范体系，是统治阶级意志的客观化、定型化；国家作为一种权威性的政治组织体系，则是统治阶级用以推行其意志的工具。因此，一个社会由哪一个阶级统治着，它就会有哪一个阶级的国家和法。国家的阶级属性与法的历史类型之间的关系是一一对应的。

国家的形式影响法律的形式。一般来讲，国家形式即国家政权组织形式和国家结构形式影响法律的表现形式，然而这不是一个必然的现象。在共和制政体下，法律主要表现为国家机关的产物，体现公共的意志，而在专制政体下，法律多体现个人或少数人的意志，甚至，皇帝或国王的敕令也是法律的主要表现形式。在联邦制国家里，除联邦法外，各成员还有自己的法律，甚至宪法，而在单一制国家里，只有一部宪法和单一的法律体系。

2. 法律对国家的作用。法律确立国家的合法性。国家应该具有合法性，否则国家便没有权威，在现代国家尤为如此。合法性获得的途径可能有：国家和政府长时间的存在，存在时间很长的国家和政府往往会得到公民的尊重；国家和政府良好的政绩，保证经济增长和充分就业，提供安全保障以抵御外部入侵和内部骚乱，公平对待所有人，也有助于提高国家和政府的合法性。现代国家尤其需要借助于法律，特别是借助于宪法来确定其于内的合法性。于外，则需通过主权国家和国际组织的承认来确定其合法性。

法律是实现国家职能的基本手段。国家职能是指国家在社会中担负的任务和所起的作用，它不是指某一个国家机构的作用，而是指整个国家机器对社会的作用。国家职能主要有政治职能和社会职能。政治职能主要包括压迫敌对阶级和敌对分子以及保卫国家不受外来侵犯；社会职能主要指国家机关对社会的经济、文化和各种公共事务的管理活动。在现代国家，无论是政治职能还是社会职能的实现都需要借助于法律的形式，就政治职能而言，只要敌对阶级的反抗没有发展为大规模的革命，国家和政府就只能在法律的限度内以法律的手段行使和实现其政治的统治职能。就社会职能而言，现代国家是法治国家，国家

[1]　参见慈继伟：《正义的两面》，生活·读书·新知三联书店2001年版，引言。

机关的一切活动都应该在法律的范围内进行。

法律是国家机构有效运行的制度保障。国家就像一部复杂的机器,其运行必须有章可循,这个章程就是法律。马克思主义经典作家曾多次指出,国家是统治阶级用来实现自己统治的机器。把国家说成是机器,这是很形象的比喻。一提到机器这个概念,人们就会想到它是由齿轮、杠杆和纽带等部件组成的。然而,机器之所以是机器而不是部件的简单堆积,就是因为它除了物质部件之外还有着严格的程序系统,只有把这些物质部件按照一定规则组合起来并按照规则来操作,它才能有条不紊地运转从而发挥其特定的功能。国家这部庞大的机器,主要由官吏和武装力量两种成分组成,统治阶级把这两种成分按照一定的规则组织在各种国家机构里面,就构成了国家机器的各个部件。然后,再把这些部件组织成为一个有机的整体,就构成了完整的国家机器。把国家机器的各个部件联结起来,使之能够协调运转的程序系统,就是法的规范体系。组织法、诉讼法就是从各个方面规定了国家机器的内部关系和操作程序。如果只有国家机构而没有法,那么,国家机构的活动就必然带有极大的主观随意性和盲目性。

三、法律与政党政治

(一) 政党的一般含义

政党一词源于拉丁语"pars",意思为一部分,引申意义为一种社会政治组织。马克思主义经典作家指出:"在通常情况下,在多数场合,至少在现代的文明国家内,阶级是由政党来领导的;政党通常是由最有威信、最有影响、最有经验、被选出担任最重要职务而称为领袖的人们所组成的比较稳定的集团来主持的。这都是最起码的常识。"[1]现代国家一般都有政党,尤其是第二次世界大战后,政党几乎成为各国普遍的政治现象。偶尔,个别军事独裁者,如西班牙的佛朗哥、智利的皮诺切特都竭力排除政党的存在,指责政党对国家的政治弊病负有责任,但这种情形却并不能持续多久,因为独裁者发现他们也需要政党。到20世纪80年代末,世界各国政党总数已约有四千多个。政党作为代表一定阶级、阶层或集团利益的政治组织,在各国政治生活中都起重要作用。

(二) 法律与政党政治的关系

现代政治是政党政治。一般来讲,政党政治的主要内容涉及:①政党争取成为执政党,然后通过领导和掌握国家政权来贯彻实现党的纲领和政策,使自己所代表的阶级、阶层和社会集团的意志变为国家意志。这是政党政治的核心。②政党以各种方式参与国内外政治活动,就重大政治问题发表意见,对国家政

---

[1] 《列宁全集》(第31卷),人民出版社1960年版,第23页。

治生活施加影响。③政党处理和协调与国家以及与其他政党、社会团体和群众之间的关系。在法治国家，政党必须在宪法和法律的范围内活动。当然，政党政治走向法治化有一个历史过程。西方国家早期政党能够形成与合法活动的根据是从文艺复兴到启蒙运动中倡导的民主、自由、平等，尤其是"结社自由"的思想理论和舆论氛围以及其在宪法或宪法性文件中的表达。但在早期，这种规定是笼统的、抽象的，因之，早期的政党从成立、活动到解散等一系列环节均无肯定、明确的法律规定。我国以及其他广大的亚非拉国家，在政党产生的时候，资本主义生产方式还未建立起来，社会还处于封建专制制度下，民主、自由、平等的思想还没有形成为一种社会思潮，当时的法律也没有"结社自由"的规定，因此，政党从产生到争得民主之前，一般都是在体制之外，不可能有明确的法律根据和活动规范。这种情况说明，一方面，政党与政治密不可分，通过政治活动产生政党，通过政党活动使政治朝民主、现代的方向发展，另一方面，在西方国家，政党政治与法律是一种正向关系，并由弱化向强化逐步发展，最终使政党政治成为规范化的法治政治；而在中国以及其他广大发展中国家，政党是在体制外产生的。因此，政党与旧体制、旧法律是不相容的，在政党成为执政党之后，政党才与新体制、新法律呈正向关系并逐步发展，走向法治政治。

一般说来，政治都是大事，它事关人民的身份地位、生活状况、前途命运等，而政治进步的轨迹就是不断排除个人、少数人控制这样的大事，转向由多数人以致全体公民直接或间接地控制这样的大事。民主的一般含义就是"多数人的统治"，"社会主义民主的实质就是人民当家作主"，多数人如何统治？人民如何当家作主？这就需要依法进行。因为法律具有普遍性、稳定性、权威性和公共意志性。依法治国可以更好地体现人民当家作主，与现代民主政治的理念也是吻合的。在我国，党在宪法和法律的范围内活动，是我们历史经验教训的总结，是发展社会主义市场经济的需要，是社会文明进步的重要标志，是国家长治久安的重要保障。

（三）执政党的政策与法律

1. 政党政策的含义和层次。所谓政党政策，就是指一定的政党在一定的历史时期，为调整特定的社会关系和实现特定的任务而规定的路线、方针、规范和措施等行动准则的总称。[1]按政策内容结构可分为总政策、基本政策、具体政策。大体而言，总政策是指规定总任务、总的行动准则的政策；基本政策是指对某一领域、某一方面作出的重大决策，规定人们的行为的基本准则；具体

─────────────

〔1〕 张文显主编：《法理学》，高等教育出版社，北京大学出版社 2011 年版，第 296 页。

政策是指规定具体任务的政策。总政策与基本政策往往都有较高的稳定性和连续性，具体政策则需要随形势的发展变化适时调整。

2. 法律与执政党政策的一般关系。新中国成立后发生过两次大的关于"法与政策"关系的讨论。第一次发生在 20 世纪 50 年代，这次讨论形成了所谓的"政策至上论"。第二次发生在党的十一届三中全会后，它批判了"政策至上论"，认为法律和政策虽然在其赖以存在的经济基础、体现的阶级本质、指导思想、基本精神等方面是一致的，但法律和政策也有着很大的区别。这些区别主要有：①意志属性与制定程序不同。法律是由国家机关依照法定职权和法定程序加以制定的，它是国家意志和公共意志的体现。党的政策是党的领导机关依党章规定的程序制定的，是全党意志的集中，不具有国家意志的属性。②规范形式不同。法律具有高度的明确性，法律文件必须以规则为主，而不能仅限于原则性的规定。而政策一般比较原则和概括，往往只表现为一种号召与期盼，是为了明确提倡什么、反对什么。③实施方式不同。法律具有鲜明的强制性和普遍的适用性，它依靠国家强制力实施。政策不一定都以强制力为后盾，它更多的是通过对受众思想的统一与整合来达到其目标的。政党的政策主要靠宣传动员、说服教育，靠人民对政策的信任、支持而使广大干部群众掌握和自觉贯彻执行，也靠党员的模范带头作用以及党的纪律保证来实现。④稳定性程度不同。法律一般是对试行和检验为正确的政策的定型化，具有较强的稳定性。政策则要适应社会发展的需要，及时解决新出现的社会矛盾和社会问题，相对法律而言，政策要适合形势的变化，因而较为灵活多变，稳定性不强。⑤调整范围与社会功能不同。法律一般调整有重大影响的社会关系，提供辨别人们行为是否违法犯罪的标准；政策调整的范围更广泛，它渗透到国家和社会生活的各个领域、环节，是区分是与非、正确与错误的标准。这些区别表明，二者是不同的规范，各有其特殊性和特殊作用。我们不能以党的政策代替法律，否定法律的作用。但也不能借口法律否定当的政策，取消政策的指导作用。

3. 执政党的政策对法律的作用。执政党的政策对法律的作用主要体现在两个方面：①立法环节。执政党的政策，特别是党的总政策、基本政策是法律制定的依据。比如，建设社会主义市场经济是党的十四大确立的一个基本政策，那么，基于这个基本政策制定了一系列涉及市场经济建设的法律、法规。有些法律的内容是基于党的政策，特别是在一些具体政策实践基础上制定的。改革开放以来，我们在很多领域的改革和实践都是先基于政策进行的，经验积累到一定程度，时机成熟了，才制定为法律。②法律的实施环节。在法律的实施过程中，必须以党的基本政策为指导来理解和解释法律所包含的思想内容，尤其在法律规定不十分明确和具体的情况下，坚持党的政策的指导就显得更加重要。

只有如此，才能保证法律在不被曲解的情况下被贯彻实施下去。

4. 法律对执政党政策的作用。法律对执政党政策的作用体现在两个方面：一方面，法律把执政党的政策定型化、法律化后，党的政策就变成了法律，这对于政策的稳定和进一步推行是一种有力的促进和保障。另一方面，党的领导是政治领导，是组织领导。社会主义法制的基本要求是依法治国，任何组织和个人都要遵守宪法和法律，都必须在宪法和法律允许的范围内活动，法律面前人人平等这一法治基本原则对任何组织和个人都普遍适用。这就意味着，党的领导机关制定和贯彻各项政策的活动也要受法律的约束，各级党组织和领导者都必须依法办事，党的政策不能与宪法和法律的规定相冲突，政策对法的指导作用也必须按法定程序来实现。

第二节　法律与经济

一、法律与经济的一般关系

（一）经济的含义

"经济"一词有多种含义，在古希腊，"经济"一词就至少有五种意思：①家庭治理；②修建、建设；③管理、筹建；④斤斤计较；⑤节约。在中国古代，"经济"的主要意思是"经邦治国""经世济民"的意思，如《晋书·纪瞻传》中记述晋元帝褒奖纪瞻的诏书中说："（纪）瞻忠亮雅正，识局经济。"李白有诗："令弟经济士，谪居我何伤。"杜甫诗中有："本来经济才，何事独罕有。"现代汉语"经济"一词来源于古代汉语和日语，而日语又来源于英语。在现代汉语中，"经济"一词至少有两层含义：一种是指节省、有效率，以较少的人力、物力、时间等耗费获得较大的成果；另一种含义则用来统称人类社会生产、消费、交换等活动，以及组织这些活动的制度、系统等。而且这两层含义是有内在联系的，因为任何经济活动，从个人消费、企业生产到整个国民经济，都必须考虑如何以最少的耗费来达到最大的收益。法律和各种意义上的"经济"都有着广泛和密切的联系，下分述之。

（二）法律与经济基础

马克思主义认为，任何一种社会形态都是由特定的经济基础和上层建筑构成的统一体。经济基础所指的就是一定社会的生产关系的各个方面的总和，而生产关系是人们在生产过程中结成的相互联系以及把这种联系规范化和制度化的体制，从静态方面，它包括：生产资料的所有制形式，人们在生产过程中所处的地位和相互关系，产品分配的形式；从动态方面看，它包括生产、交换、分配和消费四个环节。上层建筑是指建立在经济基础之上的政治、法律制度和社会意识形态。所谓政治、法律制度主要是指国家机器和法律，而社会意识形态则包括文学、艺术、政治、法律、哲学、道德、宗教的观点。在社会的经济基础和上层建筑这一矛盾统一体中，经济基础起着主要的决定作用，有什么样的经济基础就有什么样的上层建筑。正如恩格斯所说："每一时代的社会经济结构形成现实基础，每一历史时期由法律设施和政治设施以及政治的、哲学的和其他的观点所构成的全部上层建筑，归根到底都是应由这个基础来说明的。"[1]

作为一定社会上层建筑的法律，其内容、性质、变更与发展都取决于该社会的经济基础。首先，一定法的内容是由一定的经济基础决定的。法律不是单纯主观意志的产物，而是一定的客观经济规律的反映，离开一定经济基础的法律是不存在的。我们不能设想在奴隶社会会有成熟的、发达的知识产权保护法律制度，也不能设想在现代社会会有保护奴隶主对奴隶人身占有的法律制度。其次，一定法的性质是由一定的经济基础的性质决定的。这就是说有什么样性质的经济基础就有什么样性质的法律制度。迄今为止，文明社会有四种性质的经济基础，因此也有四种性质的法律制度。这是因为在经济上占统治地位的阶级必然会利用其掌握的国家政权的力量以法律的手段确认、保护其经济、政治、意识形态的统治地位，从而使该社会形态的法律制度呈现出与该社会经济基础同样的性质。最后，经济基础的发展、变更决定法律的发展变更。马克思指出："社会的物质生产力发展到一定阶段，便同它们一直在其中活动的现存生产关系或财产关系（这只是生产关系的法律用语）发生矛盾。于是这些关系便由生产力发展的形式变成生产力的桎梏。那时社会革命的时代就到来了。随着经济基础的变更，全部庞大的上层建筑也或快或慢地发生变革。"[2]当然，我们说经济基础决定法，法对于经济基础来说是第二性，经济基础则是第一性的，这是划分历史唯物主义与历史唯心主义的根本点。但是，并不能因此而否认经济基础以外的其他因素对法律的影响作用，因为，"如果有人在这里加以歪曲，说经济因素是唯一决定的因素，那么他就把这个命题变成毫无内容的、抽象的、荒诞无稽的空话。经济状况是基础，但是对历史斗争的进程发生影响并且在许多情况下主要是决定着这一斗争形式的，还有上层建筑的各种因素"。[3]

马克思主义的历史唯物主义既是唯物的，也是辩证的。它在强调经济基础对法的决定作用的同时，也十分重视法对经济基础的巨大的能动作用。因为"政治、法律、哲学、宗教、文学、艺术等的发展是以经济为基础的。但是它们

第五章

〔1〕《马克思恩格斯选集》（第3卷），人民出版社1972年版，第66页。
〔2〕《马克思恩格斯选集》（第2卷），人民出版社1972年版，第82页。
〔3〕《马克思恩格斯选集》（第4卷），人民出版社1972年版，第477页。

又是相互影响并对经济基础发生影响，并不是只有经济状况才是原因，才是积极的，而其余一切都不过是消极的结果"。[1]法对经济基础的能动作用或反作用主要表现为：法对统治阶级赖以存在和壮大的经济基础起确认、引导、促进和保障作用，而对不利于、有损统治阶级存在和发展的经济基础实施限制、削弱或摧毁。至于反作用的形式和效果，恩格斯晚年曾经把国家权力对于经济基础的反作用概括为三种形式，这种概括对法也是适用的。他说："它可以沿着同一方向起作用，在这种情况下就会发展得比较快，它也可以沿着相反的方向起作用，在这种情况下它现在在每个大民族中经过一定的时期就要遭到崩溃；或者是它可以阻碍经济发展沿着某些方向走，而推动它沿着另一种方向走；这第三种情况归根到底还是归结为前两种情况中的一种。"[2]

（三）法律与生产力

生产力作为人类征服自然、改造自然和保护自然的客观物质力量，是由生产者、劳动资料、劳动对象以及参与社会生产和再生产的其他一切物质技术要素构成的一个复杂系统。在任何社会中，生产力始终是最活跃、最革命的因素。社会物质文明和精神文明的高低，都同社会生产力有直接联系，生产力标准是衡量一切社会现象的基本标准。法与经济基础的关系其实最终要从法与生产力的关系来说明。这是因为经济基础对法的决定作用是生产力决定作为生产关系总和的经济基础并通过经济基础决定上层建筑这一客观规律的表现。列宁指出："只有把社会关系归结为生产关系，把生产关系归结于生产力的高度，才能有可靠的根据把社会形态的发展看作自然历史过程。不言而喻，没有这种观点，也就不会有社会科学。"[3]法与生产力的关系，可以从两个方面来理解，一方面，社会生产力的发展水平从根本上决定法的性质、内容以及法的变化和发展，上述经济基础对法的能动作用只是生产力对上层建筑作用的中介。另一方面，法对社会生产力有着巨大的反作用，它可能保证或推动社会生产力，也可能束缚或破坏生产力，这取决于它所保护的生产关系是否适应生产力发展的水平。

（四）法律与市场经济

市场经济与计划经济是社会资源配置的方式。所不同的是市场经济是以市场作为资源配置的基础方式，而计划经济则是以计划的手段作为资源配置的基础方式。市场经济是人类社会迄今为止发现的最有效率的资源配置方式。市场经济与法律有着密切的关系，法律与市场经济的关系可以集中体现为一句话

第五章

---

〔1〕《马克思恩格斯选集》（第4卷），人民出版社1972年版，第506页。
〔2〕《马克思恩格斯选集》（第4卷），人民出版社1972年版，第483页。
〔3〕《列宁选集》（第1卷），人民出版社1960年版，第108页。

"市场经济是法治经济"。市场经济的建设离不开法律的规范和引导，当然法律也离不开市场经济的基础作用。为什么说市场经济是法治经济呢？这主要是因为：

第一，市场经济是交换经济。在现代市场经济条件下，交换成为市场主体最经常进行的行为，而且大量的交换是在陌生人之间进行的。因此，这种交换不能为传统的缺乏国家权威的交易惯例所调整，而必须由具有统一性和国家权威性的法律来调整。

第二，市场经济是权利经济。一切现实的权利总是和法律联系在一起的。法律确认市场主体的权利，保障其权利的实现。法律规定权利主体的资格和权利客体的范围，规定人们行使权利的方法、原则和保障权利的程序。市场主体通过市场谋取的合法利益，即为法律上的权利。讲权利，就必须讲法律。离开了法律，所有的权利和利益都难以成为必然的现实。

第三，市场经济是契约经济。市场主体在市场经济条件下是以契约作为联系纽带的。在现代市场经济条件下，一切经济活动几乎都是通过契约来实现的。而契约的签订、形式、内容和履行都受法律规范。契约本身也具有法律约束力，违反契约，要承担相应的法律责任。离开了契约这种法律形式，市场经济就无从谈起。

第四，市场经济是平等经济。在市场经济中，市场主体的法律地位是平等的、独立的，不存在超经济的权力存在，也不存在一方服从另一方的问题。一切都应平等协商，而平等协商应在既定的法律规范下进行，不允许使用超经济的权力，否则，要承担相应的法律责任。

第五，市场经济是自由经济。在市场经济条件下，市场主体有意志自由，他可以自由地决定交易时间、地点、方式、对象。一切使用欺诈、胁迫等违背市场主体的真实意思手段达成的交易原则上都属无效，至少是可撤销。市场主体有权拒绝一切来自经济规律外的强制。当然，市场主体的这种自由是法律下的自由，它既受法律保护，也受法律限制。

第六，市场经济是竞争经济。市场经济的本质和优点就在于其竞争性。而一切竞争都需要规则。市场经济也需要竞争规则，以规范市场主体的行为，规范市场秩序，否则，市场机制就会失灵或扭曲，经济生活必然陷入混乱。市场经济的好处没有享受到，而计划经济被破坏的坏处却先尝到。市场经济需要的规则是必须具有统一性、普遍性和国家强制性的法律规则。

第七，市场经济是多元经济。在市场经济条件下，利益主体是多元的。个人、集体、部门、地方、国家利益并存。利益的多样化，必然引起利益的交叉、重叠和冲突。为了准确地判定利益的归属，就需要以法律的形式予以界定和明确，兼顾效率与公平，令人信服地解决利益冲突纠纷。

第八，市场经济是开放经济。现代市场经济的内在的动力机制使得它呈现扩展的状态，这种扩展使世界各国的经济联系日趋密切，也使得经济交往更加复杂，就更需要有相应的为世界各国所通用的规则来调整国际经济交往，增进效率，降低成本。市场经济的本质和优点在于其自由性和竞争性，自由的界限是法律，竞争的规则是法律。市场经济是法律规范下的经济，市场经济是法治经济。

二、法律与宏观经济活动

现代市场经济已不同于亚当·斯密时代的自由放任的市场经济。自由资本主义时期经济领域是纯粹的私人领域，国家和法律仿佛只是扮演私有财产"守夜人"的角色。与此相适应的是法律领域盛行权利本位的法律观。那时的经济学也着重的是经济的微观领域，即着重研究单个产品的价格、数量和市场。法学关注的是法律背后的政治和道德基础。至于经济的宏观领域，斯密认为市场自身会规范经济生活，每一个人都是理性的人，即用有效率的手段追逐一贯的目的。有效率的生产者会变得繁荣，无效率的生产者会被自然淘汰，消费者能以最低的价格得到最好的产品和服务。供给和需求决定着价格，这比任何法律和政府的强制行为都要有效。在自由市场中，一只"看不见的手"约束和自我修正经济生活。这只"看不见的手"实际上就是追求自身利益的无数个体的理性计算。斯密有句名言："我们的晚餐并非来自屠宰商、酿酒师和面包师的恩惠，而是来自他们对自身利益的关切。"[1]恰当地说明了个体的理性行为。

但无数个体理性的相加却并不等于整个社会的理性，相反整个社会经济却呈现着极度的非理性。众所周知的是在 20 世纪 30 年代，几乎所有工业国的生产、就业和价格体系崩溃或接近崩溃。国家和法律不能再单纯扮演私有财产"守夜人"了。凯恩斯在他的名著《就业、利息和货币通论》中指出一国短期的均衡收入和就业水平是由有效需求决定的，而"消费倾向""对资本未来收益的预期"和对货币的"流动性偏好"造成有效需求的不足。资本主义经济不存在自动趋向充分就业均衡的机制，政府必须干预经济，刺激有效需求，以实现充分就业。凯恩斯主义风靡一时。与此相适应的是经济学也开始关注经济的宏观领域，即将整个经济运行作为一个整体来进行研究，考察整个国家的产出、就业和价格。国家负有稳定宏观经济的责任。即高的且不断增长的国民产出水平（即实际 GDP），高就业，低失业，稳定或温和上升的价格水平。随着国家对经济、社会干预的加强，法律领域出现了"法律社会化"的现象。

---

[1]　〔英〕亚当·斯密：《国富论》，唐日松等译，华夏出版社 2005 年版，第 90 页。

法律在达成宏观经济活动的目标即"高的且不断增长的国民产出水平（即实际 GDP），高就业，低失业，稳定或温和上升的价格水平"方面有着多方面的工具性作用。现在一个国家拥有多种法律和政策的工具来实现宏观经济的目标，这其中主要包括：①由政府支出和税收所组成的财政法律政策。政府支出会影响与私人消费相对的集体消费的规模。税收是对收入的扣除，它会降低私人支出并影响私人储蓄；它也影响投资和潜在的产出。总体上来说，财政法律和政策会通过影响国民储蓄以及对工作和储蓄的激励，从而影响长期的经济增长。②货币法律政策。它主要影响货币的供给。货币供给的变动使利率上升或下降，并进而影响商业投资、房地产以及进出口等部门的支出水平。对实际 GDP 和潜在 GDP 也有重要影响。另外随着经济一体化的加深，也必然带来法律的一体化，而法律一体化也会促进经济的一体化。当然，法律的一体化和多元化还是一个有待进一步观察的问题。

三、法律与微观经济活动

对于法律与微观经济的关系是 20 世纪中叶兴起的法律经济分析学说的专门领域，不过，经济分析法学实际上就是用经济学的观点，特别是微观经济学的观点来分析所有的法律活动和法律制度。几乎不涉及法律对微观经济活动的作用。[1]在这一点上，似乎制度经济学[2]倒有所涉及。在这里谈两个问题：其一，什么叫制度？其二，法律制度对微观经济活动的作用。

老制度主义经济学[3]的代表人物康芒斯认为，人类社会中的交换关系可以

第五章

---

[1] 经济分析法学的主要观点和贡献，波斯纳有精辟的概括：法律程序的参加者都是"有理性的使自我利益极大化者"。他们和普通消费者一样也是以成本和效益的关系来确定是否参与或实施法律关系或法律行为。法律制度本身——法律规则、程序和制度受到促进经济利益这种关心的强烈制约。指定财产权和确定责任的规则，解决法律纠纷的程序，对执法者的限制等都可以看作是促进有效分配资源的努力。对法律进行经济分析有助于设计法律制度的改革方案。只要法律制度还有重要的领域不是根据效益的要求组织的，经济学家就能够帮助设计法律制度效益的改革方案。参见 R. A. Posner, *Economic Analysis of Law*, 2nd edition, Little, Brown and Company, 1977, pp. 1~4. 对法律制度进行定量研究是富有成效的，大大加深和丰富了人们对法律制度的认识，推动法律制度的改进和理性化

[2] 制度经济学是以交易费用或交易成本为核心范畴，分析和论证制度的性质、制度的必要性、合理制度的标志，以及制度因素和结构因素在社会经济发展中的作用。制度经济学与以往理论的不同之处在于它研究和考察的重点不是经济运行过程本身，而是经济运行背后的产权关系，即经济运行的制度基础。通过考察和分析产权关系，来合理地界定、变更和调整产权结构，以降低或消除经济运行中的交易费用，提高经济运行效率，改善资源配置。

[3] 在经济学说史上，对制度进行专门研究并将其贯穿于经济思想史始终的，是制度主义经济学派。按照其分析的层次和分析的环境及时间的顺序，制度经济学派大致可以分为老制度主义（The old institutionallism）和新制度主义（The new institutionalism）两大门派。

归纳为三种交易类型，即买卖的交易、管理的交易和限额的交易。这三种交易合在一起称为"运行中的机构"，这种"运行中的机构"中有业务规则使得它们运转不停；这种组织，从家庭、公司、工会、同业协会、直到国家本身，我们称为"制度"。因此，在康芒斯看来组织以及组织的运行规则就是制度，制度的实质就是"集体行动控制个体行动"。[1]从康芒斯的制度定义看，法律以及法律组织无疑是制度的主要部分之一。麦考密克就认为法律是一种"制度性事实"（institutional fact），制度概念是用规则或通过规则表述的，规则的任何出现、发展或进化的过程都可以是制度的出现、发展或进化的过程。[2]而规则又可以细分为"创制规则""结果规则""终止规则"，这种三合一的规则结构提供了法律制度的结构。

制度对人类社会有着十分重要的作用，它规范着人们的行为方式、社会秩序，并进而对社会的走向产生影响，甚至可以说没有制度，无以为社会。制度中所包含的内容也十分广泛，组织、法律、习俗、政策、惯例以及其他组织的内部规则，都可以视为制度。作为制度的法律对微观经济活动的作用或者影响是多方面的。

第一，合理产权安排。合理的产权结构对于宏观、微观的经济活动都有着十分重要的作用，所有经济主体的交互行为从其源上来说都是围绕产权而展开的。产权是所有社会活动的基础和目的。产权规定了经济主体在社会中的地位与权利结构，并在一定程度上会影响到法律的结构，进而对社会的制度结构产生影响，反过来法律是合理产权安排的重要工具。明确的产权安排一旦通过法律程序被确定下来以后，它就会对社会资源及由其衍生的利益的分配格局产生几乎是决定性的影响，社会的各个成员都会从此产权格局中得到令他们满意或不满意的收益，满意或不满意的程度在多维度的社会中促使各经济主体决定他们应该表现的态度和进一步采取的行动。但什么样的产权安排是合理的呢？总的说来产权安排应该促进效率，促进社会整体福利的增加。至于社会的公平问题则由社会的其他制度安排来加以解决。

第二，降低交易成本。任何的社会交互活动都需要成本的支出，而成本的增加会降低收益的份额。在市场经济的运行过程中，使用市场的成本就是交易成本。降低交易成本是所有经济主体的理性选择。在市场经济中交易成本可以分解为：准备合同的成本、达成合同的成本和监督与实施合同的成本。降低交

---

〔1〕　［美］康芒斯：《制度经济学》（上册），于树生译，商务印书馆1962年版，第87页。

〔2〕　［英］麦考密克、［奥］魏因贝格尔：《制度法论》，周叶谦译，中国政法大学出版社1994年版，第19页。

易成本的方法也许很多，但在现代市场经济条件下，合理的法律制度安排是最为重要的一种。通过统一、普遍、明确、规范、权威的法律制度安排可以大大地降低交易成本。事实上，近代资本主义的法律统一运动主要的经济动因就是降低交易成本的需求。在特定的法律制度与组织体系内，经济主体追求利润的本性会决定他们寻找并利用组织与法律制度的缺陷来实现其利益的最大化。因此，有漏洞的法律制度和组织使单个经济主体降低交易成本成为可能，其中，有些行为是对社会和他人利益构成侵害的，则未来的法律制度安排应通过禁止性的法律规定以增加其交易成本从而杜绝此类行为的发生；但也有些行为并不会对他人和社会造成伤害，这就说明该种法律制度安排中有一部分交易成本是多支付的，对有限的社会资源造成浪费，是不经济的，也是不理性的，要通过法律制度的调整加以消除。对这部分交易成本的清理过程也意味着法律制度的变迁向着提高效率的方向在演进。

第三，科学和规范交易规则。任何交易活动都应该遵循一定的规则，没有规矩，无以成方圆。在传统的自然经济或者简单商品经济条件下，习俗和惯例可能是最主要的交易规则。但在现代的市场经济条件下，交易的最主要的规则应该是法律。而其他的规则可能会增大交易成本，是非理性和不经济的。在交易规则中，激励与约束的安排是非常重要的。因为社会是由不同组织构成的一个无限的链条，任何团体和个人都不可能包揽所有事务。因此，委托代理关系是广泛存在的，有效的激励规则可以达到代理人与委托人双赢的结果，有效的约束规则可以减少交易成本，对整个社会福利的增加是有益的。总之，好的科学的交易规则会激发社会的活力，增加社会财富，而坏的交易规则则会造成社会生产力的极大浪费和社会的停滞不前。而且使所有的经济主体陷入"囚徒困境"，极大地败坏了社会风气，影响人们幸福感的增加。

四、法律与科学技术

科学技术指人类认识和利用自然物的知识和技巧。它是生产力的一种，虽然它不是直接的生产力，只是一种潜在的生产力，但它是生产力中最重要的因素，所以被称为"第一生产力"。科学技术是人类社会发展最关键的要素，科学技术的每一重大发明都会推动人类社会进入一个新的形态。从而引起人们的思想观念、生产方式、生活方式的变迁。法律也会由此而发生相应的变化。当然法对科学技术的发展也会起反作用。二者的关系具体说来有以下两个方面：

1. 科学技术对法律的作用。从立法方面讲，首先，科学技术的发展大大地拓展了人的活动领域，也就极大地扩大了法律的调整范围，引起了法律体系的重大变化。传统社会的法律主要是刑事、民事以及与此相关的一些程序方面的法律。而在现代社会，科学进步带来了许多新的部门法的产生，如环境保护法、知识产权法、科技法、航空法、器官移植法、核能开发与利用法、海上救助法、网络管理法等。其次，科学技术的发展对传统法律部门的内容和原理也产生了重要的影响。比如传统民法的过错责任的原则为过错责任、无过错责任、公平责任原则所取代就与科学技术的发展有关。最后，科学技术的发展改变了法律的存在和传播方式。法律的发展经历了一个从习惯法到成文法的发展过程，其存在和传播形式也经历了一个从口耳相传到以文字记载的过程。就文字的物质载体而言，传统社会主要依靠纸张等有形的物质，而在现代社会，大多数信息的储存与传递已不在纸上，而在电子计算机的储存器中，其传播的速度和广度也绝非传统社会依赖于石刻、铜刻、印刷术可比拟的。

从法的实施方面讲，科学技术进步不断为法律的实施提供新的手段和方法。例如，在司法鉴定方面广泛采用了法医鉴定、司法精神病鉴定、亲子鉴定、痕迹鉴定、文书鉴定、毛发鉴定、司法统计和会计鉴定。在这中间，利用高科技来分析微量物证，鉴别指纹、笔迹、弹孔、痕迹；利用生物基因技术，通过DNA确定亲族亲子关系；利用生物和医学手段测量骨龄来判断人的生理年龄，以确定责任人是否应当承担刑事责任；运用计算机进行信息搜集、整理与管理，可以大大加速办案过程，提高办案效率。科学技术进步对过去难以取证或不易证明的违法犯罪行为可以进行检测和证明，从而出现新的举证方式——技术证明。

2. 法律对科学技术的反作用。科学技术的发展从过去纯粹是私人或基本是私人的活动到现在愈来愈成为一种社会化的活动，科学技术的创新、推广和应用就需要用法律来调整。首先，现代社会的科学技术活动是一项巨大的社会系统工程，科学技术的进步、创新依赖于法律对其组织、人员、资金等方面的规范和调整。其次，在科技成果的使用与推广方面，法律也具有不可替代的作用。科学技术在现代社会最主要的影响力只有在其成果转化为生产力时表现得最为明显。科学技术进步要求必须建立起系统完善的科技成果转化为生产力的机制，使科学技术能够及时地得到推广和使用，以使其潜在的能量发挥出来。法律可以通过确定科技成果的鉴定与管理制度、知识产权制度以及技术合作与技术市场的管理制度从而为科学技术成果迅速地转化为生产力创造条件。最后，科学技术进步在加速生产力的发展、创造大量物质财富的同时也有其负面作用。科学技术是"一把双刃剑"，它的发展也带来了一系列严重的诸如环境污染、生态失衡、资源枯竭、核战争的危险等社会问题。因此，为了防止对科学技术成果的误用、滥用、非道德使用所造成的社会危害，必须有相应的法律加以防治，并对受害者加以救济。至于那些研究开发的科技成果有可能危害人类社会，造成不可逆转后果的，则必须用法律加以限制、甚至是禁止。

第五章

第三节 法律与文化

一、法律文化

文化的含义极其模糊和宽泛，学者们对文化的定义有数百种之多，甚至有位日本学者认为文化的定义有 260 种。[1] 在这些定义中，有几个经典的定义。当代英国文化人类学家泰勒指出："所谓文化或文明乃是包括知识、信仰、艺术、道德、法律、习惯以及其他人类作为社会成员而获得的种种能力、习性在内的一种复合整体"。[2] 该定义对后世影响深远。当代美国文化人类学家克鲁克洪曾在《文化概念：一个重要概念的回顾》中认为：文化存在于思想、情感和起反应的各种业已模式化了的方式当中，通过各种符号可以获得并传播它，另外，文化构成了人类群体各有特色的成就，这些成就包括他们制造物的各种具体形式；文化基本核心由二部分组成：一是传统（即从历史上得到并选择）的思想，二是与他们有关的价值。英国人类学家马林诺夫斯基是一位文化功能学派的创始人。他从"满足人类的需要"的角度来阐释文化概念。他认为文化乃是包括一套工具及一套风俗——人体的或心灵的特性，它们都是直接的或间接地满足人类的需要。民国时期，我国的很多学者都对文化的概念有所提及。梁漱溟认为文化乃是人类生活的样法。蔡元培提出"文化是人生发展的状况"，并列举衣食住行、医疗卫生、政治、经济、道德、教育、科学等事。梁启超的《中国文化史目录》中，文化包括朝代、种族、政治、法律、教育、交通、国际关系、饮食、服饰、宅居、考工、农事等，足见他心目中的文化是一个极为广泛的概念。胡适则认为文化是文明社会形成的生活的方式。

我国学者在对文化概念的使用上，大致有广、中、狭三义。广义文化观认为文化是人类社会历史实践过程中所创造的物质财富和精神财富的总和。中义文化观认为文化是指人类在长期的历史实践过程中所创造的精神财富的总和。具体讲，就是"指社会的意识形态，以及与之相适应的制度和组织机构。"狭义文化观则认为文化就是指社会的意识形态或社会的观念形态。三种文化观的主要区别在于是否应该将物质文明与制度组织纳入文化的范畴之内。

由于文化概念的多样性使得法律文化的概念也具有多样性。一般来讲，把物质文明纳入文化的范畴，使得文化概念的无所不包反而使文化概念没有了意

---

〔1〕 [日] 名和太郎：《经济与文化》，高增杰等译，中国经济出版社 1987 年版，第 41 页。

〔2〕 [英] 泰勒："文化之定义"，顾晓鸣译，载庄锡昌等编：《多维视野中的文化理论》，浙江人民出版社 1987 年版，第 98 页。

义。因此，法学界鲜有在这个意义上使用文化概念的。国内法学界基本上把文件看成是一个包含制度组织、精神文明的范畴，这样，法律就属于一种文化现象，为法学研究提供了一种新的方法和视角。"在这里，我们采用一种通行的文化定义，即指人类在长期历史实践过程中所创造的精神现象和制度现象的总和。"[1]与此对应，在法律文化的概念上认为：法律文化就是"在一定的社会物质生活条件决定作用的基础上，国家政权所创制的法律规范、法律制度，以及人们关于法律现象的态度、价值、信念、心理、感情、习惯及理论学说的复合有机体"[2]。这个意义上的法律文化包括两个层次的内容：①制度层面的法律文化。主要指法律制度、政治制度以及人们在社会交往中约定俗成的规则等。如诉讼制度、审判制度、交易规则等。具体的规范构建离不开价值体系的指导，法律制度的出现，是人类法律精神以及文化传统的体现。②精神层面的法律文化。这是法律文化结构层次中较深的一个层次，主要包括法律价值观念、法律思维、法律意识。[3]

美国学者大都是在精神层面使用法律文化概念的。如劳伦斯·弗里德曼认为法律文化是指"那些为某些公众或公众的某一部分所持有的针对法律和法律制度的观念、价值、期待和态度"[4]。这种"价值与态度"涉及的问题是：律师和法官的训练方式如何？民众对法律有何想法？团体或个人是否愿意求诸法院？人们为何求助于法律职业者、其他官员或仲裁者？人们是否尊重法律、政府以及传统？阶级结构与法律制度的运用与否之间存在着怎样的关系？正规社会管理手段之外还有哪些非正规方式？哪些人喜欢哪些管理方式，为什么？法律文化可以划分为外部法律文化和内部法律文化："外部法律文化是一般人的法律文化，内部法律文化是从事专门法律任务的社会成员的法律文化。每个社会都有法律文化，但只有有法律专家的社会有内部法律文化。启动法律过程的是对制度的要求，利益必须转变成要求。本是外部法律文化一部分的态度和要求必须加工使之符合内部法律文化的必然条件"[5]。亨利·埃尔曼认为"法律文化与政治文化的概念之间存在密切的关系，研究政治文化的学者从文化的许多含义中

〔1〕　张文显主编：《法理学》，高等教育出版社、北京大学出版社 2011 年版，第 314 页。

〔2〕　张文显主编：《法理学》，高等教育出版社、北京大学出版社 2011 年版，第 325 页。

〔3〕　刘作翔：《法律文化论》，陕西人民出版社 1992 年版，第 63 页以下。

〔4〕　〔美〕劳伦斯·M. 弗里德曼："法律文化的概念：一个答复"，载〔意〕D. 奈尔肯编：《比较法律文化论》，高鸿均等译，清华大学出版社 2003 年版，第 53 页。

〔5〕　〔美〕劳伦斯·M. 弗里德曼：《法律制度——从社会科学角度观察》，李琼英、林欣译，中国政法大学出版社 1994 年版，第 223 页。

第五章

选择了个人或集团的心理倾向作为对象"。[1] L．S．温伯格、J．W．温伯格认为，"法律文化这个概念包括人们对法律、法律机构和法律判决的制作者，诸如律师、法官和警察等人的知识、价值观念、态度和信仰"。[2] 以上几位都将法律文化定位在法律观念形态，即人们对法律及法律现象的一系列认识、信仰、态度和价值观念等。这个意义上的法律文化观接近或者等同于我们平常讲的法律意识的概念。但两者仍然存有一些差异。首先，法律意识可以指特定人群的法律心理，也可以指社会成员个体的法律心理，而法律文化是个集合概念，通常是指群体的法律价值和观念，个体的法律意识并不能构成一种"文化"。其次，法律意识通常处于隐蔽的状态，不易发现，但法律文化却往往具有自己的形态和符号，例如当人们看到西方教堂中的庄重婚礼、穆斯林妇女脸上的神秘面纱以及印度寡妇在熊熊烈火中的勇敢殉葬，直接想到的是法律文化而不是法律意识。[3]

二、法律传统

传统的含义与文化的含义一样模糊而宽泛。一般来说，对传统这一概念有大致两种不同的看法和理解。一种是把传统理解为是一个表征时间属性的概念。这种意义上的传统与"现代"相对应，表示"现代"之前的那种历史状态或属性。在使用时，这一概念往往被当作定语与一个中心词组合使用，如传统文化、传统社会、传统观念、传统农业，与现代文化、现代社会、现代观念、现代农业相对应。根据这种理解，传统是一种不同于现代、并已为现代所取代的状态或属性。[4] 另一种把传统理解为从过去延续至今的事物。《布莱克维尔政治学百科全书》解释说："传统（tradition）从字面上来看，凡是我们文化中从过去流传或遗留下来的内容都可以称之为传统。这就是说，文化中那些明显是新的或是短暂的内容不能是传统。然而，在日常使用中，传统特指风俗、礼仪、信仰、习惯等，这些内容不仅仅是古老的，而且我们还赋予它们以现代的价值。"[5] 美国社会学家希尔斯指出："就其最明显、最基本的意义来看，它的涵义仅只是世代相传的东西，即任何从过去延传至今或相传至今的东西。""传统——世代相传的事物——包括物质实体，包括人们对各种事物的信仰，关于人和事件的形象，也包括惯例和制度。"[6] 我国台湾地区社会学家叶启政也指出，所谓传统就

---

〔1〕　[美] H. W. 埃尔曼：《比较法律文化》，贺卫方、高鸿均译，清华大学出版社 2002 年版，第 13 页。

〔2〕　[美] 李·S. 温伯格："论美国的法律文化"，载《法学译丛》1985 年第 1 期。

〔3〕　高鸿钧："法律文化的语义、语境及其中国问题"，载《中国法学》2007 年第 4 期。

〔4〕　参见黄文艺："论法律传统"，载《长春市委党校学报》2001 年第 2 期。

〔5〕　[英] 戴维·米勒、韦农·波格丹诺编：《布莱克维尔政治学百科全书》，中国政法大学出版社 1992 年版，第 774 页。

〔6〕　[美] E. 希尔斯：《论传统》，傅铿、吕乐译，上海人民出版社 1991 年版，第 16 页。

第五章

是指一个特定社会之中经过长期延续而形成的一套特定的文化和行为模式。我国当代著名哲学家高清海认为，传统就是人类生活中前后相继、主导人类文明的文化灵魂和精神整体，是在历史进程中延伸着的思想纲领和生活主题。这种意义上的传统概念往往被作为中心词与一个界定其类别的定语组合使用，如经济传统、政治传统、法律传统。与这种意义上的传统相对应的是历史上存在过但对今天已没有任何影响的事物以及当代所创造或产生的新事物。按照这种理解，传统非但不是为现代所取代所废弃的东西，反而是现代所必不可少的组成部分。传统的事物与新创造的事物一起构成了现代的内容。

法学界关于法律传统概念的使用大体上是在传统的第二种意义上使用的。"法律传统从实质上讲是一种法制度、法观念长时期的沿传过程。在这一过程中，能够被流传下来并且具有相对稳定性、持久性的成分，往往被人们称为法律传统。"[1] "法律传统是一个社会从传统的社会生活和法律实践中长期累积而成的，经由世代传承、演化，至今仍发生持久影响的有关法律的观念、知识和习惯做法。"[2]美国法学家伯尔曼认为，"西方的法律制度、价值和概念被有意识地世代相传数个世纪，由此而形成一种'传统'"[3]要了解法律传统应注意两个主要事实：一是它持续的年代非常久远，且每一代都在前一代基础上有意识地进行建设；二是这种持续发展不仅是一个变化的过程，而且还是一个有机发展的过程。[4]比较法学家梅里曼也指出：法律传统是"关于法律的性质、关于法律在社会与政治体中的地位、关于法律制度的专有组织和运行，以及关于法律实际或应该被如何制定、适用、研究、完善及教授的一整套根植深远、并为历史条件所制约的观念"。[5]仔细梳理国内外关于法律传统的概念可以发现，不同法律传统概念的主要区别在于法律传统仅仅是一种关于法律的观念，还是也包括制度层面的内容。前者可以称为狭义的法律传统观，后者可以称为广义的法律传统观。

法律传统与法律文化具有非常密切的联系，但法律传统并不等同于法律文化。传统与文化本来就是不同的概念。传统是源于过去、现在仍然有效的概念，

---

〔1〕 李其瑞："法律传统简论"，载《宁夏社会科学》1998 年第 3 期。

〔2〕 严存生、宋海彬："法律传统的理论解析"，载《法学论坛》2000 年第 2 期。

〔3〕 ［美］哈罗德·J. 伯尔曼：《法律与革命——西方法律传统的形成》，贺卫方等译，中国大百科全书出版社 1993 年版，第 1 页。

〔4〕 ［美］哈罗德·J. 伯尔曼：《法律与革命——西方法律传统的形成》，贺卫方等译，中国大百科全书出版社 1993 年版，第 6 页。

〔5〕 转引自［美］H. W. 埃尔曼：《比较法律文化》，贺卫方、高鸿钧译，清华大学出版社 2002 年版，第 12 页。

第五章

文化则可能是过去的，也可能是现在的，文化包含传统。作为法学理论范畴的"法律传统"实际上就是"文化传统"中有关法律的部分内容，而若从静态的线性时间属性论，那么也大体上可以说"法律传统"在内容上就是一定的"文化传统"中有关法律的部分内容即"法律文化传统"。实际上，"法律文化"在内涵与外延上都远比仅仅表征"文化传统"中有关法律的内容的"法律传统"的内涵与外延要广泛得多。换一句话说就是，尽管并不十分准确但我们还是可以这样来认识，即"法律传统"属于"法律文化"，但"法律文化"不一定就是"法律传统"。[1]伯尔曼在《法律与革命》中，把"西方法律传统"的主要特征概括为十条：①在法律制度与其他类型制度之间有比较明显的区分。法律具有某种程度的相对自治。②法律的施行被委托给一群特别的人们，他们或多或少在专职的职业基础上从事法律活动。③法律职业者都在一种具有高级学问的独立的机构中接受专门的培训。④法律不仅包括法律制度、法律命令和法律判决等，而且还包括法律学者对法律制度、法律命令和法律判决等所作的阐述。法律本身包含着一种科学，一种超然法——通过它能够对法律进行分析和评价。⑤法律被设想为一个连贯的整体，一个融为一体的系统，这个实体被设想为在时间上是经过数个世纪或者数代的发展。⑥法律实体或体系的概念，其活力取决于对法律发展特征即它世代发展能力的信念，法律体系只因为它包含有一种有机变化的内在机制才能生存下来。⑦法律的发展被认为具有一种内在的机制：变化不仅是旧对新的适应，而且也是变化形式的一部分。⑧法律的历史性与法律具有高于政治权威的至高性这一概念相联系。⑨同一社会内部各种司法管辖权和各种法律体系的共存和竞争。⑩法律传统在思想与现实、能动性与稳定性、超越性与内在性之间存在着紧张关系。[2]伯尔曼关于西方法律传统特征的概括显然反映了西方法律文化在社会变迁的长期进程中的传承关系，对于现在的西方法律文化依然是适合的，依然可以构成现代西方法律文化的特征，是谓传统。在我国，有学者把法律文化区分为传统法律文化和现代法律文化，并概括了传统法律文化的四个特点：①义务本位。这并非意味着传统社会没有权利观念，而是说权利观念的地位低于义务的观念。②非理性因素。这主要是指传统法律文化中包括某些宗教和巫术之类的超自然成分和情绪化的人情因素。③男权主义，男尊女卑观念是所有传统法律文化的一个突出特色。④团体主义。在所有

---

〔1〕　参见姚建宗："法律传统论纲"，载《吉林大学社会科学学报》2008年第5期。
〔2〕　［美］哈罗德·J.伯尔曼：《法律与革命——西方法律传统的形成》，贺卫方等译，中国大百科全书出版社1993年版，第9~13页。

前现代社会，团体主义都是法律文化的重要价值取向。[1]显而易见，这些特点确实也就是传统社会法律文化的特点，不能构成法律传统的特点。

三、法律意识

（一）法律意识的概念

法律意识与法律文化、法律传统的概念有联系，但这种联系的具体内容和程度取决于我们在什么意义上使用法律文化、法律传统的概念。法律意识与精神层面的法律文化的概念在内容上比较接近，但毕竟是两个不同的概念，概念提出的出发点和目的是不同的。法律意识与狭义的法律传统观在所包含内容的性质上是一样的，都是指观念形态的东西，但在具体内容上，前者比后者宽泛的多。

存在和意识是马克思主义哲学的一对基本范畴，从逻辑上讲，存在在先，而意识在后。意识是客观存在的主观映象。社会意识和社会存在是相对应的一对哲学范畴，社会意识是对社会存在的反映。社会意识总括了人的一切意识要素和观念形态以及人类社会的全部精神现象及其过程。包括政治、法律、道德、宗教、艺术和哲学等等的思想和观点。社会意识由社会存在决定，但社会意识有相对的独立性和积极的能动性。

法律意识是社会意识的一种，是法律存在于人们头脑中的映象。法律意识是一种特殊的法律现象，它与其他法律现象包括法律规范、法律制度、法律行为等处于有机的联系之中。既然法律意识是主观的心理反映，那么无疑法律意识属于思想上层建筑领域，其与社会意识的其他领域如经济意识、政治意识、文化意识、宗教意识及伦理意识一样，是上层建筑领域不可或缺的重要组成部分。

（二）法律意识的结构

结构是指构成整体的事物内部各有机组成部分。法律意识的结构是作为整体性概念的法律意识的有序层次和组成。学界在法律意识的结构上有一些不同观点。"法律意识是社会意识的一个特殊形式，是人们关于法律现象的思想、观点和心理的总和，是法律现实的特殊组成部分"。[2]按照这一理解，法律意识的结构便分为法律心理和法律思想体系，这是国内常见的关于法律结构的看法。"法律意识是社会意识的特殊形式，是人们关于法律现象的思想观点、知识和心

---

〔1〕　高鸿钧："法律文化的语义、语境及其中国问题"，载《中国法学》2007 年第 4 期。

〔2〕　孙国华主编：《法学基础理论》，中国人民大学出版社 1987 年版，第 294 页。

第五章

理的总称。"〔1〕按照这一理解，法律意识便包括法律心理、法律知识和法律思想三个层次。也有学者讲得更为复杂一点："从法律意识内部的横向结构来看，法律意识由法律知识、法律理想、法律感情、法律意志、法律评价、法律信仰等要素所构成；从法律意识的纵深结构来看，法律意识由法律心理、法律观念、法律意识形态三个层次所构成。"〔2〕马克思主义的经典作家对社会意识的结构并没有系统地论述。在马克思主义哲学发展史上，普列汉诺夫是第一个研究和解释社会意识结构的人。他在《马克思主义的基本问题》一书中说马克思主义的基本问题包括："①生产力的状况；②被生产力所制约的经济关系；③在一定的经济基础上生长起来的社会政治制度；④一部分由经济直接制约所决定的社会中的人的心理；⑤反映这种心理特性的各种思想体系。"〔3〕普列汉诺夫对社会意识的两个层次内容及其关系作了明确的表述，社会意识由人的心理和思想体系两个层次构成；而思想体系反映人的心理，人的心理是低层次的社会意识，思想体系是高层次的社会意识。普列汉诺夫指出"要了解某一国家的科学思想史或艺术史，只知道它的经济是不够的。必须知道如何从经济进而研究社会心理；对于社会心理若没有精细地研究与了解，思想体系的历史唯物主义解释根本就不可能"〔4〕20世纪80年代以来，我国哲学界也有人提出社会意识结构的三层次说：社会心理——社会思潮——意识形式，指出社会思潮是社会心理和意识形式的中介。

　　法律意识的结构包括法律心理和法律思想体系两个层次。法律心理是法律意识的初级阶段，是社会主体在一定的社会条件和文化传统氛围下，根据自己的社会法律生活的实践和感受而形成的对法律的直观的、表面的、片面的、零散的认识、感情、情绪、体验、观念等主观心理活动和反映。法律思想体系是法律意识的高级阶段，它以理性化、理论化和体系化为特征。是人们对法律现象进行理性认识的产物，也是人们对法律现象的自觉的反映形式。法律思想体系一般以法学理论、法学说的形式表现出来，它一般是法学家、法律思想家理性思维的结果。法律思想体系不像法律心理那样，只是针对某个或某一方面法律问题的观点和认识，而是对有关法和法律现象的一系列问题的整体化、理论化、理性化和系统化的思考所得。这种系统化的思想体系是思想家们在长期的

〔1〕　沈宗灵主编：《法理学》，高等教育出版社1994年版，第234页。

〔2〕　刘旺洪："法律意识之结构分析"，载《江苏社会科学》2001年第6期。

〔3〕　〔俄〕普列汉诺夫：《普列汉诺夫哲学著作选集》（第2卷），生活·读书·新知三联书店1962年版，第195页。

〔4〕　〔俄〕普列汉诺夫：《普列汉诺夫哲学著作选集》（第2卷），生活·读书·新知三联书店1962年版，第272页。

社会实践和法学研究中总结出来的法律智慧。

（三）法律意识的分类

法律意识根据不同的标准可以作不同的分类。从主体的角度出发，可以分为个人法律意识、群体法律意识、社会法律意识；从法律意识的社会政治属性出发，可以把法律意识划分为占统治地位的法律意识和不占统治地位的法律意识；从法律意识的专业化程度出发，可以分为职业法律意识和一般法律意识；根据法律意识所反映法律现象的性质可以分为传统法律意识和现代法律意识。其中，所谓传统法律意识是对传统法律存在的一种反映，由于法律意识的历史继承性和相对独立性，尽管传统法律存在已不复存在，但传统的法律意识还顽强地存在于人们的头脑和意识之中。在我国传统法律意识有学者概括为：泛神主义的等差意识、"亲亲"的宗法意识、"尊尊"的权力意识、静止的私有权意识、轻法贱讼意识、混合法意识等。[1]现代法律意识主要是指近代以来形成的对现代法律存在的一种反映，有学者概括为六点：权利本位、自由选择、机会平等、民主参与、多元互动、趋向宽容。[2]现代社会希冀和追求的是现代法律意识。而现代法律意识的形成应从两个方面着力：一方面要坚定地努力使我们的法律存在适应现代性的要求，逐步培养现代法律意识。另一方面，有意识地逐步摈弃或改造传统法律意识中不适应现代性法律存在要求的部分。

（四）法律意识的作用

法律意识固然为法律存在决定，是对法律存在的一种反映。但法律意识也积极地反作用于法律存在。法律意识对法的作用有正作用和负作用之分。现代社会的法律意识有各种不同类型的法律意识，有前面讲的传统法律意识、现代法律意识，不同群体也有不同的法律意识，有专业的法律意识，也有一般人的法律意识，有本土法律意识，也有域外法律意识。它们综合地反作用于法律存在。恩格斯的论述有助于我们理解这种反作用。"历史是这样创造的：最终的结果总是从许多单个的意志的相互冲突中产生出来的，而其中每一个意志，又是由于许多特殊的生活条件，才成为它所成为的那样。这样就有无数互相交错的力量，有无数个力的平行四边形，由此就产生出一个合力，即历史结果，而这个结果又可以看做成一个作为整体的、不自觉地和不自主地起着作用的力量的产物。因为任何一个人的愿望都会受到任何另一个人的妨碍，而最后出现的结果就是谁都没有希望过的事物。所以到目前为止的历史总是像一种自然过程一

〔1〕　武树臣："中国传统法律意识探索"，载《自修大学》1987 年第 5 期。

〔2〕　高鸿钧："法律文化的语义、语境及其中国问题"，载《中国法学》2007 年第 4 期。

样地进行，而且实质上也是服从于同一运动规律的"。[1]

　　笼统地讲，法律意识对于法治建设的各个环节都有着重要的作用。法律意识在法的制定中的作用，有学者概括为以下四个方面："一是对客观需要的认知。法作为社会关系的调整器，它是否科学与合理，首先取决于法律能否如实地反映现实社会的状况、规律与需求。法律意识在这方面的作用就是要对此作出正确的分析判断，并以此作为制定法的规范、原则与概念的客观依据。二是对法律价值的判断。法的基础是利益。法是调整社会各种利益关系的手段，它确认、保护各种利益，调节、解决各种利益的矛盾和冲突，预防与制裁侵犯各种利益的行为。法的基本价值是秩序、自由、正义、效率、人权。在立法中，立法者要通过法律意识对法所调整的各种利益进行综合平衡，对法价值的有无、大小、好坏进行评价与取舍。三是对行为界限的选择。法是一种行为规范。立法者要根据客观实际的需求以及利益的合理分配与价值的正确取舍来具体地仔细地确定各种合法与违法的界限，此行为与彼行为的界限，确定权利与义务的配置。四是法制模式的确定。这主要是指在各种程序法的制定过程中，要对组织形式、程序范式与诉讼原则与方法作出选择。在这四个基本环节上，立法者的法律意识水平与状况意义重大，法律意识对立法的指导作用十分突出。"[2]在法的实施的各个环节，各相关主体具有什么样的法律意识对于法律能否被正确实施以及法能否实现无疑具有重要的作用和意义。

【延伸阅读】

　　1. ［德］恩格斯：《家庭、私有制和国家的起源》，中共中央马克思恩格斯列宁斯大林著作编译局译，人民出版社 1999 年版。

　　2. ［法］托克维尔：《论美国的民主》，董果良译，商务印书馆 1988 年版。

　　3. ［美］康芒斯：《制度经济学》，于树生译，商务印书馆 1962 年版。

　　4. ［英］麦考密克、［奥］魏因贝格尔：《制度法论》，周叶谦译，中国政法大学出版社 1994 年版。

　　5. ［美］H. W. 埃尔曼：《比较法律文化》，贺卫方、高鸿钧译，清华大学出版社 2002 年版。

　　6. ［美］哈罗德·J. 伯尔曼：《法律与革命——西方法律传统的形成》，贺卫方等译，中国大百科全书出版社 1993 年版。

　　7. ［美］劳伦斯·M. 弗里德曼：《法律制度——从社会科学角度观察》，李

―――――――――――

〔1〕《马克思恩格斯选集》（第4卷），人民出版社 1972 年版，第605页。
〔2〕李步云、刘士平："论法与法律意识"，载《法学研究》2003 年第4期。

琼英、林欣译，中国政法大学出版社 1994 年版。

【思考题】

1. 在历史唯物主义的立场上谈谈法律与政治的一般关系。
2. 试述法律与国家的一般关系。
3. 试述我们国家执政党政策与法律关系的演变过程。
4. 如何正确理解法律与经济基础、生产力之间的关系？
5. 如何正确理解法律和科学技术的关系？
6. 为什么说市场经济是法治经济？
7. 法律在国家宏观经济、微观经济活动中有什么作用？
8. 简要回答法律文化、法律传统、法律意识之间的关系。

第五章

第六章
法律与其他社会规范

【内容提要】

　　法律、道德、宗教、习惯是人类社会生活中最主要的社会规范。法律与道德的关系问题是法哲学或法理学的一个重大而复杂的问题。法学史上法律和道德关系所涉及的三个重要理论问题，即法律的道德依据、法律的道德性、道德的法律强制问题。宗教是一种重要的社会规范，从法律的起源看，宗教是法律的重要渊源之一，西方法律传统与基督教信仰有着重要的关系。习惯是人类社会生活中的一种重要规范，习惯对法律的重要影响是法律的重要渊源之一，法律中包含大量的习惯，习惯对法律的实施有着重要影响。

【重点问题】

　　法律和道德的联系与区别；法律的道德性与道德的法律强制；法律与宗教的一般关系；法律和习惯的一般关系

第一节　法律与道德

　　法律与道德的关系问题是法哲学或法理学中的一个重大而复杂的问题。德国著名法学家耶林把法律和道德的关系问题比喻为法哲学领域的"好望角"，既不能回避又十分复杂、不好把握。但法律与道德的关系问题又是法理学或法哲学必须研究和面对的一个问题。许多法理学问题都与法律与道德的关系问题密切相关。

一、法律与道德的一般关系

（一）道德的含义

　　在中国传统伦理思想发展进程中，"道"与"德"原本是两个含义不同的名词。"道"原义为"道路"，泛指人所行走的道路，如"道听而途说"（《论语·阳货》）。后引申为事物存在与发展的法则和规律，通常与"器"（具体事物）相对，其含义广泛。"德"字最早见于商代卜辞之中，作"值"讲，与"直"相通，原义为"得"，是人在遵循"道"的过程中内心之所得，"德者得也，内得于己，谓身心所自得也；外得于人，谓惠泽使人得之也"（《说文解字》）。后来主要指人的内在情感与信念，指人们坚持一定行为准则和社会规范（道）所形成的品德或境界。现代意义上的道德仍然包含两层含义：一层含义是"道"，泛指一定社会的道德观念、道德规范及行为准则；另一层含义是"德"，指个体所具备的德性与德行，包含个体道德人格、道德品质及道德境界。

在西方，"道德"一词英语为 moral、morality，德语为 Moral，法语为 morale，均源于拉丁文 mos，指个人的品格，其复数形式为 mores，其原义为风俗、习惯、品性。"道德"一词常与"伦理"一词通用（当然，也有人持不同观点，比如黑格尔）。"伦理"一词英语为 ethics，德语为 Ethik，均源于希腊文 ethike，其原义也为习惯。西方语言中之道德概念，有狭义与广义之区分。狭义者，指道德规范，一种制度形态上的道德。广义者，包含两个层次，即作为内心观念的道德与作为外在规范制度的道德。作为内心观念的道德指人内心对是非、善恶、美丑、正义与邪恶、光荣与耻辱的意识。作为外在规范制度的道德指的是在个人道德观念抽象、提炼的基础上所形成的带有普遍性的道德观念并外化为如道德格言、风俗礼节、乡规民约之类的为公众遵循的道德性规范。讨论"法律与道德关系"之道德的主要是规范意义上的道德。

（二）法律与道德的关系

马克思主义认为道德不是抽象的、超历史的、超阶级的永恒不变的现象，"一切以往的道德归根到底都是当时的社会经济状况的产物"。[1]它是一种上层建筑，一种意识形态，是由一定的经济基础决定并为一定经济基础服务的。在任何社会中，不同阶级、阶层、民族等主体的道德观念有一定的差异，但也有很大的共同性，正是这种共同性决定了每一个社会都有一种占主导地位的道德观念、标准和规则。

法律与道德有着十分密切的联系。首先，一个社会的法律与这个社会占主导地位的道德都是由该社会的物质经济生活条件决定的上层建筑的重要组成部分，都为该社会的经济基础服务，它们有着共同的阶级本质和使命。同时它们又都受该社会上层建筑中其他因素比如政治、意识形态的影响，并为实现一定阶级的政治统治而服务。其次，法律和道德互相渗透。法律既体现某些道德精神，又直接赋予某些道德规范以法律效力，使其既是道德规范，也是法律规范。一般而言，凡是法律所禁止的行为，也往往是道德所谴责的行为，违反了法律，也就触犯了道德。法律所要求的行为往往也是道德所鼓励的行为。最后，法律和道德相互作用，相互影响，相辅相成，法律、道德以及其他社会规范共同作

---

〔1〕《马克思恩格斯选集》（第3卷），人民出版社1972年版，第435页。

用维系一个社会的存在和运转。一方面，法律离不开道德。就立法而言，国家立法活动渗透着道德的内容和精神，立法应当与当时的道德水准相适应。就法律的实施活动而言，道德对人们内心觉悟的启发是国家强制力所不能代替的，加强道德建设有助于法律的实现。另外，道德对于法律漏洞补充有着积极的作用。另一方面，道德也离不开法律。通过立法活动赋予某些道德观念、原则以法律的强制力，对于道德的实现无疑起着积极的作用。通过法律的实施活动，可以进一步宣传和推行道德。

尽管法律与道德有着十分紧密的联系，但法律和道德毕竟是不同的社会现象，从马克思主义的基本原理出发，我们把法律和道德的区别概括如下：

1. 法律和道德形成的条件和时间不同。道德作为一种社会规范，早在原始社会就独立或与风俗、习惯、原始的宗教观念等相混合而存在。而法律，特别是作为国家制定法的法律是在生产力发展，剩余产品出现，私有制出现，社会分裂为阶级，国家出现后产生的。

2. 法律和道德的调整范围不尽相同。一般而言，道德的调整范围要大于法律的调整范围。法律是最低的道德要求。法律调整人们的行为，但并不是所有的行为都受法律调整。而道德不仅调整人们的行为，还涉及人们的思想和品格。几乎所有的行为都会涉及道德评价。

3. 法律和道德的内容特点不尽相同。在现代社会，法律的主要内容是规定权利、义务，法律本身就是借助于权利义务机制来调整社会关系的。而道德往往只涉及义务的内容。以道德规范来主张权利本身就是不道德的。

4. 法律和道德的表现形式不同。国家制定法意义上的法律是由国家制定或认可，以法典、法规等规范性法律文件存在的，其制定、修改和废止有严格的程序。而道德通常是约定俗称的，是一个民族在其长期的发展过程中逐渐形成的。它往往是不成文的，存在于人们的观念之中。即使以一定的文字形式表达，也往往是原则的、抽象的。

5. 法律和道德实现的方式和手段不同。法律的实现从其本质上讲是依赖于国家强制力的，尽管法律的实现不能仅仅依赖于国家强制力，甚至国家强制力不是法律实现的主要因素。而道德的实现主要依赖社会舆论和传统习惯的力量以及人们的自觉维护。

前述关于法律与道德的区别基本上是从现象层面进行的形式上的概括。其实，法律与道德最主要的区别或者说其本质性的区别在于道德的本质是人类精神的"自律"，而法的本质是国家意志的"他律"。通俗地讲，道德主要指示人的内心信念，而法律主要指示人的外部行为。道德首先要求人的内心信念良好，在内心信念自治的基础上做出了良好的外部行为，才可以被称为是道德的。一个人之所以被认为是善的，不能根据他是否做出了善的行为，而是根据他是否有发自内心的善念。如果内心信念本善，即便因为外在障碍未能做出相应的行为，也可以免除道德上的责难。如果内心动机不善，即便做出了善的行为，也没有资格被称为善。从这个角度上讲，道德对人的要求比法律高。道德要求一个人无论处于何种情形之下都能坚持内心的善。正如拉德布鲁赫所讲："一种行为表面上与道德相适应，并不意味着它已经就是道德的了，只有当它也内在地与道德相适应，当它出于对道德法则的尊重，即由于良知的缘故而出于义务感，它才是道德的。'道德性'以行为人自愿使其行为服从法律为前提。"[1]法律则首先要求具体的外部行为（作为与不作为），在这个基础之上才区分支配行为的内心动机。如果没有做出法律要求的行为，动机就在所不问。

二、法律与道德关系的主要理论问题

（一）法律与道德是否有必然联系——法律的道德依据

这里首先涉及的问题是如何理解"必然联系"之意。如果必然联系意味着肯定有联系，那么，法律和道德肯定有联系，应该没有人否认这一点。如果必然联系意味着道德价值或者说是否符合道德要求是法律之所以为法律的首要条件，那么，这一点在学理上，自古以来就是有分歧的。关于这个问题，在中国古代的思想中主要有两种意见：儒家认为法律必须建立在道德的基础之上。孔子说："礼乐不兴，则刑罚不中，刑罚不中，则民无所措手足。"荀子则进一步认为："不得道以持之，则大危也，大累也，有之不如无之。"法家则认为法律不必建立在道德的基础之上。韩非说："明主之治国也，使民以法禁，而不以廉止。"慎子则说得更加明确："法虽不善，犹愈于无法。"

在西方，对法律与道德是否有必然联系的回答决定了法理学上最基本的两种立场分野：自然法学和法律实证主义。自然法学认为法律与道德有必然联系。古典自然法学家们把自然法与道德，特别是其中作为最高价值目标的正义视为一体，因而把自然法与制定法的关系视为整体与部分、目的与手段、普遍与特殊的关系。也就是说制定法只是自然法、道德的一种特殊的表现形式，或是实现自然法、道德的一种特殊的手段。他们之间的差别只是形式的，而不是本质的。正如霍布斯论述的："自然法就是公道、正义、感恩以及根据它们所产生的其他道德……自然法与民约法是互相包容且范围相同的……自然法与民约法并不是不同种类的法律，而是法律的不同部分，其中以文字载明的部分称为民约法，没有载明的部分称为自然法。"[2]可见，制定法如果背离了自然法或道德就

---

[1] [德] 拉德布鲁赫：《法学导论》，米健、朱林译，中国大百科全书出版社1997年版，第5页。

[2] [英] 霍布斯：《利维坦》，黎思复、黎廷弼译，商务印书馆1985年版，第207～208页。

失去了权威性和合法性，即"恶法非法"。二战以后，新自然法学派的著名代表人物富勒认为，人类社会要建立秩序，特别是良好的秩序离不开规则，而任何规则都离不开道德，都包含着道德，法律规则就是义务道德的派生物，[1]法律的内容往往是义务的道德对人的要求的具体化，义务的道德所谴责的往往也是法律所禁止的。区别只在于法律规定得更具体更明确，而且规定了对不同程度的违犯者的处理程序和办法。

法律实证主义传统上认为法律与道德之间没有内在的必然的联系，它们是不同性质的事物，不符合道德的法律也是法律，这就导致可能出现"恶法亦法"的状况。社会生活中的确存在着恶法，比如法西斯法，但你不能说它不是法，因为法律符合道德与否与法律本身没有关系。"法的存在是一个问题，法的优劣则是另外一个问题。法是否存在是一个需要研究的问题，法是否符合一个假定的标准则是另外一个需要研究的问题。一个法，只要是实际存在的，就是一个法，即使我们恰恰并不喜欢它，或者即使它有悖于我们的价值标准。"[2]纯粹法学的代表人物凯尔森甚至企图把道德因素完全从法律中排除出去，把法律说成是一种纯粹中性的、与价值无涉的一种社会垄断武力的技术。道德，特别是其中的正义，是一种纯主观的价值判断，和法律没有任何联系。法律无所谓正义不正义，要说有，也只是个法律适用问题，这只意味着，一种法律被严格地、一视同仁地适用于所有的人。"这一意义上的'正义'就是指合法性；将一个一般规则实际适用于按其内容应该适用的一切场合，那便是'正义的'。把它适用于这一场合而不适用于另一场合，那便是'非正义的'。这里所谓的'非正义'与一般规则本身价值是无关的，这里仅讲一般规则的适用。"[3]但后来的新分析法学在这个问题上就相对比较温和，哈特在坚持法律与道德没有必然联系的基础之上，认为法律和道德之间还是有联系的，法律活动中渗入了大量的道德因素。"不容认真争辩的是，法律在任何时候任何地方的发展，事实上既受特定社会集团的传统道德、理想的深刻影响，也受到一些个别人所提出的开明道德批评的影响，这些个别人的道德水平超过流行的道德。"[4]这些影响或者通过立法

---

[1]　在《法律的道德性》一书中，富勒区分了愿望的道德与义务的道德。愿望的道德（morality of aspiration）是与人的幸福生活和人的力量得到最充分实现时人的道德，它从人成功的顶点开始，是在成功之后从道德方面给人提出的更高要求。义务的道德（morality of duty）则指的是一个有秩序的社会里作为一个人所必须具有的最起码的品德。愿望的道德以人类成就的顶峰为起点，义务的道德则始于其底部，它规定着有秩序的社会赖以生存的基本原则。

[2]　[英] 约翰·奥斯丁：《法理学的范围》，刘星译，中国法制出版社2002年版，第208页。

[3]　[奥] 凯尔森：《法与国家的一般理论》，沈宗灵译，中国大百科全书出版社1996年版，第14页。

[4]　[英] 哈特：《法律的概念》，张文显等译，中国大百科全书出版社1996年版，第181页。

突然地和公开地进入法律，或者通过司法程序悄悄地进入法律。

（二）法律中应当体现或包含什么样的道德——"法律的道德性"问题

尽管法律与道德在概念上是分离的，但法律仍然要体现某些特定的道德价值，或者说法律的实际内容是与道德有联系的，法律中应当体现什么样的道德，这就是所谓法律的道德性问题。准确地说，这是自然法学或有自然法学倾向理论的一个问题。关于这个问题，中国古代思想家一般都把制约着法律的道德视为人类的普遍道德，如"仁、义、礼、智、信"等，关于法律所反映的道德的性质，一般认为法律是最低限度的道德要求。

绝大多数的自然法学者都认为法律所反映的是人类的普遍道德，如自由、平等、正义、安全等。二战以后，富勒在与哈特的论战中，鲜明地提出了法律离不开道德的观点。富勒认为，法律的道德性表现在两个方面：首先，法律必须以最高的道德——正义作为其追求的实体目标。他把这称为法律的外在道德（external morality）或实体自然法。法律的外在道德作为法律制度争取的实体目标不是单一的，而是多元的。除了正义外，还有效率、反种族歧视、人本身及自由、经济资源的分配、政治和经济制度的设计等。其次，法律的道德性表现在法律自身的制定和实施，以及其内容和形式必须符合道德的要求，它涉及的是法律的解释和执行方式问题，即一种特殊的、扩大意义上的程序问题。他把此称为法律的内在道德（Inner morality）或程序自然法，并具体提出了程序自然法的八个原则：①法律的适用的普遍性（它包括人的行为有章可循和同样情况同样处理）；②法律的公开性，即法律必须公布，因为只有这样才能使大家知晓法律和批评、监督法律；③法律的非溯及力，即法律只面向未来，不面向过去；④法律的明确性；⑤法律的一致性，即法律自身应避免互相矛盾；⑥法律的可行性，即法律不应要求人们做无法实现的事情；⑦法律的稳定性，即法律不能朝令夕改；⑧官方行为与法律的一致性。如果说外在道德追求的是实质正义的话，那么内在道德所追求的则是形式正义。德沃金指出，法是由规则、原则、政策等要素组成的。法的原则如"不得不公正地损人利己""不得从其错误行为中获利"，这本身就是道德原则。从原则的角度看，法律与道德是不可分割的。法律原则建立在道德的基础之上。法律原则体现了我们的道德情感，使法律获得了道德特征，获得了道德权威。而正因如此，才使得法律具有一种持续受人尊重和尊敬的权威，使法律获得一种持久的有效性。

法律实证主义在传统上否认法律的道德基础，但以哈特为代表的新分析法学派也承认法律包含着某种最低限度的自然法。法律与道德之所以有必要存在并有可能发挥其作用，是因为法律和道德共享着最低限度的自然法，它们是以人类的自然目的和自然事实为基础并获得普遍认可的行为原则。自然目的是指人的生存，这是一个具有重要意义的永久事实。五个自然事实是：人的脆弱性、大体上的平等、有限的利他主义、有限的资源、有限的理解力和意志力。因此，人类社会需要某种强制制度，这个制度的框架将会更有利于保障人与人之间的自愿合作。具体地讲，最低限度的自然法内容包括禁止用暴力杀人或施加肉体伤害的规则、要求相互克制和妥协的规则、保护财产权利（包括占有、转让、交换或处分财产的权利）的规则等。它们既是人类社会必须遵循的道德原则，也是需要由国家强力保证实施的法律原则。但这并不意味着法律与道德间存在着必然联系。法律有良善与邪恶之分，但不能因为法律是邪恶的就否认它是法律。"法律的存在是一回事，法律的优缺点是另一回事"。"最低限度自然法"只是解决法律外在道德的一条路径而已，对它的内容还可以做各种合理的补充。但是在任何法律制度中，确实都存在这样一个正义的底线，一些基本的道德原则必须体现在法律之中。

（三）道德可以用法律强制推行吗——道德的法律强制问题

道德的法律强制，即运用法律的手段强制推行和实施道德，这也是一个古老的法哲学或法理学问题。亚里士多德的著作中就有类似的观点："凡定有良法而有志于实行善政的城邦，就得操心全邦人民生活中的一切善德和恶行。……法的实际意义却应该是促进全邦人民都能进于正义和善德的永久制度"。[1]毫无疑问，对于一些基本的道德准则肯定需要用法律强制推行。该问题的关键是：①一个社会的道德有着复杂的结构，按照哈特的概括，有"实证道德"（positive morality）和"批评道德"（critical morality）之别。前者是指一个社会集团所接受和遵守的道德；后者是指在批评包括实证道德在内的现实社会制度时的一般道德原则。也有基本道德和非基本道德的区分。前者是指那些对任何社会的存在都是不可缺少的限制和禁令，也就是霍布斯和休谟所概括的社会生活所必需的最低限度的道德，如信守承诺、限制使用武力、禁止盗窃、诈骗等；后者则不必为一切社会所必需，也很难说为某一社会所必需，如通奸、同性恋、卖淫、非婚同居等。那么，什么样的道德或道德具有哪种意义的重要性时才应该被强制实施？或者说，依据什么标准来确定哪些道德应该被强制实施？②即使依据某种标准区分出了应该被法律强制的道德，我们在理论上仍然需要回答为什么要实施这种强制，或者说实施这种强制的目的是什么。

对于第一个问题，依据什么标准来确定哪些道德应该被强制实施？前面所提及的哈特提出的"最低限度自然法"理论是对这个问题的一个著名解释。这种理论的实质是把公共安全确定为法律强制实施道德的标准。在与公共安全无

---

〔1〕〔古希腊〕亚里士多德：《政治学》，吴寿彭译，商务印书馆 1965 年版，第 138 页。

涉的私人道德领域，法律是不应当介入的，因为私人道德是无法被强制改造的。但曾任英国上诉法院高级法官的德富林并不这样看。他认为道德判断是一种善恶判断。这类判断只有在社会受到影响时才出现，因此，道德判断是一种社会的或公共的判断。当社会的或公共的道德判断对某种行为持否定态度时，就有理由实施国家和法律的干预。其实，根本就无所谓私人道德这个概念或领域，谈论私人道德，划定私人道德的范围，因而试图限制法律对不道德行为的干预是错误的。但是，道德的确是一个存在着公共利益和个人利益的领域，二者还常常发生冲突。法院经常要做的事情就是平衡这种冲突。德富林提出了实现道德领域公共利益和个人利益的四个原则，也就是法律强制实施道德时应当遵循的原则：①容忍与社会完整统一相协调的最大限度的个人自由；②容忍偏离道德标准的程度一代一代地发生变化；③尽可能充分地尊重个人隐私；④法涉及最低限度而不是最高限度的行为标准。

对于第二个问题，必须首先明确的是对道德进行法律强制是基于道德本身的原因还是道德以外的原因。或者说，进行这种强制的目的是纯粹实施道德还是为了其他的什么。持前一种立场的理论在学理上一般被称为"法律道德主义"。这种理论认为：法律之所以要强制实施道德，是因为个体的道德观念偏离了社会的公共道德。公共道德同公共安全一样是同等重要、必不可少的，一旦公共的道德被瓦解，社会就会崩溃。道德的法律强制的目的就是使个体忠诚于社会的基本伦理秩序，使其成为道德的人。依据这种理论，一种行为仅仅因为其本身不道德，就足以成为对其实施法律制裁的依据。持后一种立场的学者则认为：社会的道德体系并不是一张无缝的网，对于信奉不同意识形态的个体来说，固然存在范围大小不一的共享道德，但却无法证明存在为社会一致认同的公共道德。即便公共道德真的存在，它也会随着时代的变迁而不断变化。更重要的是，公共道德并不是社会生存所必需的，它的崩溃并不会危及社会的继续存在。因此，社会强制实施道德的原因并不是个人道德与公共道德的偏离，而是因为有些道德规范是社会生活所必需的最低限度的要求，强制实施这些道德的目的也不在于获得个体对社会伦理秩序的忠诚，而在于公共安全这个道德以外的因素。

三、法律与道德关系的实践问题

（一）如何处理合法的但在道德上却不能证成的行为

合法的但在道德上却不能证成的行为，即我们平常所说的"合法不合理"的行为。在二战后德国惩治战争期间违反人道主义罪行的司法审判中，许多曾经在纳粹统治期间充当过种族灭绝的刽子手、帮凶以及告密者的被告都用这样的理由来为自己辩护：他们这样做是依据当时有效的法律，他们不过是在履行守法公民应尽的义务。对于这个极具实践意义的法理学难题，自然法学家和坚持法律实证主义的法学家提出了各自不同的解决方案。新自然法学的代表人物富勒坚持"恶法非法"的立场，认为德国法院可以宣布纳粹的法律过于邪恶因而是无效的，从而对战争罪犯予以惩治。实证主义法学的代表哈特则认为纳粹的法律是有效的法律，不能宣布其无效，而应发布溯及既往的惩治战争期间反人道罪行的法律来惩治战争罪犯。当然发布溯及既往的法律本身也违反了罪刑法定这一文明社会的法律的基本原则，但这是一个"两害相权取其轻"的问题。但联邦德国的法院审理后认为，被告所依据的法令，由于违反了基本道德原则，因而是无效的。另外，被告并不是心怀义务而为之，而纯粹是为了个人的卑鄙目的，被告的行为违反了一切正直的人的良知和正义感。因此，这些被告是有罪的，并被判处了相应的刑罚。显然，在这些案件中，自然法学的观点占了上风。当然，我们不能说自然法学就战胜了实证主义法学，不能从一个极端走向另外一个极端。正如拉德布鲁赫所言："实在的、通过命令和权力来保障的法也因此获得优先地位，即使其在内容上是不正义的、不合目的性的；除非实在法与正义之矛盾达到如此不能容忍的程度，以至于作为'不法'的法律必须向正义屈服。"[1]

（二）如何处理违法的但在道德上却是可以证成的行为

根据实在法是非法的，但在道德上却是可以证成的行为，即我们通常所说的"合理不合法"的行为。这方面有一个著名的案例埃希曼案件。埃希曼是德国纳粹分子，参与了对犹太人的屠杀。在被屠杀的 600 万犹太人中，有 200 万犹太人的死跟他有极其紧密的关系。二战后埃希曼避居在阿根廷。以色列支持追踪埃希曼多年的受害人将他诱拐到以色列并准备对他进行审判。阿根廷指责以色列在阿领土上非法行使权力，侵犯了阿主权，要求把埃希曼送还阿根廷，并由以色列惩处执行诱拐任务的人。以色列则提出那些人的动机具有特殊性质予以辩护。由于以色列拒绝阿根廷的要求，阿根廷将争端提交联合国安理会处理。在安理会上，阿根廷的代表认为：法律不总是站在大众情感的一边，它往往是不得人心的。但是它本身的脆弱性就要求予以防卫，加以保护，甚至不能用例外的说法来论证对它的破坏，单独一次的破坏将导致法律秩序全部结构的垮台。以色列的代表答辩的要点是：必须一方面根据埃希曼罪行的不平凡和绝无仅有的性质，另一方面根据拘捕埃希曼的那些人的善良动机，来考虑单独一次的破坏阿根廷法律的行为。以色列不否认领土主权这一实在法原则的一般效力，但无论这一原则怎样神圣，当事实状态引起最不平凡和非常强烈的道德冲击时，

---

[1] ［德］吉斯塔夫·拉德布鲁赫：《法律智慧警句集》，舒国滢译，中国法制出版社 2001 年版，第 27 页。

我们有理由使这一抽象原则对有关人的要求作出让步。安理会面对着这样一个法律与道德的难题：或者承认国家法的绝对效力，或者认可在最例外的情况下，国家法对"道德"或"自然法"的最低限度要求让步。安理会最终作出了基本支持阿根廷的裁决：安理会对以色列予以申诫，以色列向阿根廷道歉。埃希曼最终在以色列伏法受刑。

这个案子曾经引起理论界广泛的讨论，波多黎各大学教授海伦·锡尔温撰文指出：法律的基本方法应该是实证主义，目的在于维护法治原则；但是，例外的情况下，当实证主义由于迁就文字而牺牲正义的精神时，法律应当兼顾到"实在法"和"自然法"的相对性，并拿出政治勇气来放弃"实在法"的统治，以免造成粗暴的非正义事件。

在司法实践中，法官们经常为这种非法的但在道德上却能够证成的行为而苦恼。从法律上来说，法律有明确的规定，依法裁判就可以，但法官们却总过不了良心、同情心这道槛。依道德裁判或者在司法过程中考虑道德因素，与现代司法的基本理念和原则相悖，会将法律标准演变和转化为道德标准，最后将取消法律标准。因为法官所考虑的道德因素，恰恰是那些同法律、同依法办案发生冲突的道德因素，过多地考虑这种道德因素会对法治奉行的法律标准构成威胁。

（三）立法的道德限制

法律无疑要体现一定的道德要求，推行和实施某种道德观念和准则。但立法推进道德的限度在哪里？这方面有一个著名的例子。1954年，英国国会组成了沃尔芬登委员会，调查及研究现行的有关性犯罪的法律，以对国会提出有关这方面立法的建议。1957年，委员会提出了"沃尔芬登报告"（Wolfenden Report），建议法律不应该禁止成年人之间在私下自愿进行的同性恋行为，不应继续把同性恋和卖淫作为犯罪予以惩罚，但应通过一项立法禁止公开卖淫。英国议会先后于1959年、1967年通过了沃尔芬登委员会的有关立法建议。该报告认为刑法的功能是保持公共秩序和社会良俗（decency），保护公民免收侵犯或损害，并且为公民提供免受他人剥削和败坏的足够的保障，尤其是为那些特别脆弱的公民，因为他们年轻、身心脆弱、没有经验，或者在生理上、身份处境上以及经济上处于一种特别的状态需要依赖他人。必须留有法律不介入的私人道德和不道德的领域，应当给予个人就私人道德问题作出选择和行动的自由。干预公民私人生活或试图强制特殊的行为模式，对于实现法律的目的来说并无必要。"社会和法律应该给予个人在与私人道德有关的领域以选择行动的自由，……这样说并不等于宽恕或鼓励私人的不道德。"[1]

沃尔芬登委员会的报告引起了广泛的讨论。德富林和哈特为此问题展开过激烈的论战。沃尔芬登委员会的报告获得英国上议院的支持表明哈特的理论一定程度上获得了英国官方的认可。那么，立法推进道德的限度在哪里呢？各国学者提出了不同的标准：①自由主义标准：人类之所以有权个别地或集体地对其中任何分子的行为自由地进行干涉，唯一的目的就是自我防卫——任何人的行为，只有涉及他的那部分才需对社会负责。[2]②坏结果标准：一个不道德的行为只有产生了坏的结果才能用法律手段禁止。③保护公众标准：只禁止公开的非道德行为，私下的不道德行为不禁止。

立法的道德限制还涉及另外一个问题，就是不作为的不道德行为是否应进入法律？是否可以追究不作为者的法律责任？西方一些国家如法国、德国、葡萄牙、奥地利等对于见危不救规定了相应的法律责任。如《法国刑法典》（1994）第 223 - 6 规定："任何人对于危险中的他人，能够采取个人行动，或者能唤起求助行动，且对其本人或第三人均无危险，而故意放弃给予救助的，处 5 年监禁并科 50 万法郎罚金。"《德国刑法典》（1976）第 330C 条规定："意外事故或公共危险或急难时，有救助之必要，依当时情况又有可能，尤其对自己并无显著危难且不违反其他重要义务而不救助者，处 1 年以下自由刑或并科罚金。"中国古代法律也多有类似的规定，如《唐律疏议》卷 28 规定："诸邻里被强盗及杀人，告而不救助者，杖一百；闻而不救助者，减一等；力势不能赴救者，速告随近官司，若不告者，亦以不救助论。"卷 27 规定："见火起，烧公私廨宇、舍宅、财物者，并须告见在邻近之人共救。若不告不救，减失火罪二等，合徒一年。"

（四）守法的道德义务

公元前 399 年，古希腊哲学家苏格拉底被他的同胞以亵渎神和蛊惑青年的罪名判处死刑，苏格拉底认为这是不公正的审判。他有机会选择较轻的罪名，但他没有选择，他有机会逃走，但他没有逃走，而是从容地选择了死亡。在法律和正义之间，他选择了法律，因为他认为遵守法律是每一个公民应负的道德责任。那么，遵守法律是不是每一个公民应尽的道德义务呢？这种义务有没有限制？

一般来说，公民均有守法的道德义务，因为法律一般还是公正的，而且这也是维系社会存在和正常运转所必须的，遵守法律自然理应成为公民内心的道

〔1〕 转引自 Lord Patrick Devlin, "Morals and the Criminal Law", *Oxford Readings in Philosophy*, p. 67.
〔2〕 ［英］约翰·密尔：《论自由》，程崇华译，商务印书馆 1959 年版，第 10 页。

德要求。在一般情况下，即使个别立法不公正，公民也要遵守，因为对个别法律的不遵守，会损害整个法律的权威性，会对整个社会秩序造成冲击。但是，当法律的不公正超出了某种限度，公民是否还要继续遵守呢？关于这个问题，罗尔斯和德沃金都作过专门的论述。他们认为如果法律的不正义超出了某种限度，那么有强烈社会责任感和道德心的人就不能盲目地服从它，而应抵制和设法改变。方法有两个：一是从内心予以抵制，即所谓良心拒绝。二是非暴力反抗，即组织起来以游行示威等和平方式向当局表达自己对某种法律的强烈抗议，以纠正之。不过，罗尔斯认为，非暴力反抗不能破坏对法律和宪法的尊重。

第二节　法律与宗教

一、宗教的含义

"宗教"一词，西文"Religion"。在中国最早是由"宗""教"两字而来。"宗"和"教"有着有联系但不同的含义。"宗教"作为一个词被广泛使用是在印度佛学传入中国后，中国的佛学大师们系统性地把"宗教"这一词消化，并重新用来诠释佛经典籍。隋唐以来，佛学东传日本，大量中国的佛学经典传入日本，当时日语中的"宗教"指的就是佛教。明治时期，日本人把英语中的"religion"翻译为"宗教"，后传入中国。

关于宗教的基本含义，学者们有不同的看法。宗教心理学家柳巴（James H. Leuba）在《宗教心理学研究》（1912）的"附录"里，汇总了当时较有影响的宗教定义，其数目多达五十多个。[1] 宗教学的开创者及宗教心理学、宗教社会学、宗教人类学等各个学科、学派的很多代表人物都对宗教的含义做过界定或描述。相对来说，美国资深的宗教哲学家阿尔斯顿（WilliamAlston）对"宗教构成特征"概括得比较全面：①信念，即相信"超自然的存在物"（诸神）；②神圣与世俗，即把神圣的对象与世俗的对象区分开来；③仪式，即围绕神圣的对象所进行的仪式活动；④道德律令，相信这些律令是神所规定的；⑤宗教情感，像敬畏感、神秘感、负罪感、崇拜感等，这些特有的情感往往是由神圣对象的显现、宗教仪式等所唤起的；⑥人神交往，即祈祷和其他与神交往的形式；⑦世界观，或关于整个世界、个人命运等的通盘描绘；⑧人生观，即根据

第六章

---

[1] 参见张志刚："宗教是什么？——关于'宗教概念'的方法论反思"，载《北京大学学报（哲学社会科学版）》2006年第4期。

上述世界观来安排整个人生；⑨社群，即由上述诸方面所维系的宗教社团。[1]

马克思主义关于宗教的本质集中体现在恩格斯的论述中："一切宗教都不过是支配着人们日常生活的外部力量在人们头脑中的幻想的反映，在这种反映中，人间的力量采取了超人间的力量的形式。"[2]这就是说，宗教是人们头脑中对超人间力量（神灵）的幻想的反映，宗教的本质是对神灵的幻想、笃信和崇拜。马克思主义者对宗教的功能、作用，一般都持两重性的观点，认为宗教既有积极的一面，也有消极的一面。马克思、恩格斯和列宁根据当时的历史背景，认为宗教在历史上主要发挥了统治阶级的意识形态的作用。马克思、恩格斯和列宁都高度重视对宗教消极方面的批判，但同时也不主张人为地消灭宗教，认为宗教所赖以存在的物质基础将是长期存在的。

中国共产党人在马克思主义基本原理的基础上，系统地提出了自己的宗教观：①宗教是一种社会历史现象；②宗教是人民内部的思想信仰，宗教是文化；③宗教产生和存在的最深层根源，在于人们有不能解释和不能解决的思想问题；④宗教的存在是长期的；⑤要把思想信仰与政治立场分开；⑥信教群众与不信教群众在信仰上的差异是比较次要的差异，思想信仰上要互相尊重；⑦在正视宗教中存在消极因素的同时，重视挖掘、运用和发挥宗教中的积极因素的观点；⑧信教与不信教以及信仰不同宗教的群众，在政治上和经济上的根本利益是一致的，信教群众同样是社会主义建设的积极力量；⑨强调执行宗教信仰自由政策，处理宗教问题的根本出发点和落脚点是使全体信教的和不信教的群众联合起来，集中建设现代化的社会主义强国这个共同目标；⑩积极引导宗教人士爱国爱教，与社会主义社会相适应。[3]

二、法律与宗教的一般关系

（一）法律与宗教的联系

法律与宗教是人类社会关系非常密切的两种社会现象。从总体上讲，二者都是一定社会形态的上层建筑的组成部分，相互影响并共同受经济基础的制约，相对于经济基础来说，都具有相对的独立性；它们都不仅有观念内容，而且还有各自的规范和组织机构，都有保证其实施的设施和强制力量；它们对于社会关系都有调整作用，对人们的行为有规范和约束功能；它们都是在人类历史发展特定阶段的历史现象；等等。

---

[1] 参见张志刚："宗教是什么？——关于'宗教概念'的方法论反思"，载《北京大学学报（哲学社会科学版）》2006年第4期。

[2]《马克思恩格斯选集》（第3卷），人民出版社1972年版，第354页。

[3] 参见方立天："论中国化马克思主义宗教观"，载《中国社会科学》2005年第4期。

（二）法律与宗教的区别

法律与宗教虽然都属于上层建筑，都是用来实现社会控制的规范体系，二者之间具有上述密切的联系，但二者也存在着明显的区别，并且宗教的复杂性使得法律和宗教的区别不好简单地表述。

1. 一般来讲，法律和宗教产生的社会历史条件不同。如果我们在国家法的层面使用法律的概念，显然法律的产生从时间上要晚于宗教。宗教规范产生于人类认识能力低下、生产力落后的原始社会，是人们面对强大的自然力量感到自身无能为力和渺小的时候对非人间力量的崇拜和信仰。而法律是随着社会生产力的提高、私有制的出现、阶级的形成和分化，在原始社会向奴隶社会过渡的时期伴随着国家的产生而产生的。

2. 创制的主体不同。法律是上升为国家意志的统治阶级意志的体现，国家制定、认可是法律产生的两种方式。宗教规范是在漫长的历史演变过程中自发形成的，创制主体不太明确，有时是由宗教组织或者宗教领袖假借神的名义制定的。

3. 调整的范围不同。宗教规范是由宗教团体制定的，只对其成员具有约束力，主要调整的对象是宗教组织和与宗教活动的有关的社会关系，只在极个别情况下，才适用于全体人。但是，法律是由国家制定或者认可的，对于主权国家的境内的所有人都具有效力。所有人就意味着其中既包括教徒，也包括非教徒。再者，法律对社会事物的调整范围也比宗教要广泛得多。法律调整的领域包括政治、经济、文化、科教等各个方面。当然，在政教合一的国家里，宗教涉的世俗领域的社会关系要比在政教分离的国家多，但其涉及面还是没有法律广泛。

4. 具体规定的内容不同。法律通过规定明确的权利和义务来调整人们的行为，其内容既有权利性规定，也有义务性规定。而宗教规范在内容上大多是义务性规定。一般的宗教教义大都是以义务性规范的形式——不准、不可和应当等语词来表述的。

5. 实施的方式不同。法律规范的实施要靠人们的自愿遵守，但当有人不能这样按法律去做时，法律背后强大的国家强制力就会显示出巨大的威力，迫使人们遵守法律。毕竟，法律的主要特征之一就是它以国家强制力为后盾，如果不能得到实现，这个强制力就是最后的保障，而宗教规范的落实通常靠宗教徒的自愿遵行或者自我强制。同时，宗教机构也可以在某种情况下进行强制，但这与国家强制明显不同。只有在宗教规范上升为法律规范之后，国家权力才会介入其中，保障其被人们所遵守。

6. 制裁的程序不同。法律规范很大程度上是借助于仲裁机构或者司法机构

第
六
章

等中立的第三方机构的保障来实现的。司法裁决具有终极的效力，也只有借助于司法活动，人们之间的权利与义务才能有一个明确的界限。并且，如果人们对于司法裁决的结果不服，还可以通过上诉、申诉或者抗诉而救济。但是宗教规范的实现往往没有这样的第三方机构，并且如果对宗教机构的裁决不服，也没有救济的路径。教徒在违反宗教规范以后，是通过忏悔、施舍、苦修等方式来赎罪，宗教机构只对那些特别严重地违反教规的行为进行处理。

三、宗教对法律的作用

（一）从法律的起源看，宗教是法律产生的重要渊源之一

人类学的研究业已表明，在原始社会或初民社会，原始的宗教、习惯、道德是维系人类社会存在的主要社会规范。国家法层面的法律从形式或表面上表现为一种理性的建构，但毫无疑问，法律在内容上与包括原始的宗教在内的各种原始社会的社会规范有着密切的联系。博登海默指出："在古希腊的早期阶段，法律与宗教在很大程度上是合一的。在法律与立法问题中，人们经常援引的是特耳非（Delphi）的圣理名言——他的名言被认为是阐明神意的一种权威性意见。宗教仪式渗透在立法和司法的形式之中，祭司在司法中也起着至为重要的作用。国王作为最高法官，其职责和权力也被认为是宙斯亲自赐予的。"[1]梅因也指出："英雄时代的文学告诉我们法律的萌芽，一种是'地美士第'，还有一种在稍为发展的'达克'概念中。"[2]"地美士（Themis）"是希腊后期万神庙中的司法女神。尽管梅因没有明确表达过"法律起源于宗教"的观点，但他认为"在原始社会里宗教与法律交织难解"，绝大多数刑法是渊源于宗教的。事实上，许多早期的成文法都是借助一个神或诸神启示的宗教形式表达出来的。如载有汉穆拉比法典的石柱上的浮雕图案表明，汉穆拉比是接受了正义之神沙马什的神圣使命而制定法律的。霍贝尔不认为法律起源于宗教，但他也指出原始人的法律在内容上不能有悖于宗教观念。每一个法律的规定至少在名义上要与宗教信仰保持一致。法律的执行者或机构往往要凭借宗教的权威，因而，执法者又往往是神的代理人，一身二任。许多法律上的难题往往要借助宗教的手段来解决。[3]

（二）从法律的内容上看，法律，特别是早期的法律包含有大量的宗教规范和戒律

在中国古代社会，佛教的教义、规范曾影响过中国的法律，如著名的

第六章

---

〔1〕［美］E. 博登海默：《法理学——法律哲学与法律方法》，邓正来译，中国政法大学出版社 1999 年版，第 4 页。

〔2〕［英］梅因：《古代法》，沈景一译，商务印书馆 1959 年版，第 6 页。

〔3〕严存生：《西方法哲学问题史研究》，中国法制出版社 2013 年版，第 284 页。

《唐律疏议》中就规定，在佛教的"十斋日"不准实施死刑。公元 629 年，松赞干布以佛教教义为依据制定《法律二十条》，开了吐蕃成文立法之先河，其中很多条文就是佛教戒律的体现。成吉思汗颁布的《大扎撒令》中就有大量蒙古萨满教的内容。古印度教法是印度教教义的法律化，法律的主要渊源是宗教的经典，主要有吠陀（印度最早的传世文献、婆罗门教最古老的经典、最古老最神圣的法律渊源）、法经（解释并补充吠陀的经典）、法典（婆罗门祭司根据吠陀经典、累世传承的古来习俗编成的教法典籍，其中最著名的是《摩奴法典》）、佛教经典（佛教一度是印度的国教，早期的佛教经典也是古代印度法的重要渊源之一）和国王的诏令。国王的诏令（如阿育王的"岩石法"）也主要为弘扬佛法而颁布，自身带有佛教教义和戒规的特点。伊斯兰教的经典《古兰经》在伊斯兰国家具有最高的法源地位。《古兰经》是教规与法律的结合，它的规范又可以分为两类：一类是调整穆斯林与真主关系的规范，主要是关于穆斯林教徒的"五大功课"的规定，包括念功、拜功、斋功、课功、朝功等方面的规定。另一类主要是关于处理人与人关系的规范，主要体现在婚姻家庭、遗产继承、宗教刑法等方面。《古兰经》的内容要么直接具有法律的效力，要么体现在法律之中。

在欧洲中世纪，基督教渗透到社会生活的方方面面，与国家的世俗法并立的教会法不仅规定教会本身的组织、制度和教徒生活守则，同时对教会与世俗政权的关系，以及土地、婚姻家庭与继承、刑法、诉讼程序也多有规定。因此，它的适用范围不限于教会，也适用于许多世俗的事务。对此，伯尔曼有更为精确、系统的表述："从教会宪法体系中，又逐渐发展出各种属于法律其他领域相对连贯的实体法律规则体系：从教会对圣事的管辖权中逐渐地发展出一种关于婚姻的法律体系；从教会对于遗嘱的管辖权中逐渐发展出一种关于继承的法律体系；从教会对于教会有薪圣职的管辖权中逐渐发展出一种关于财产的法律体系；从教会对誓言的管辖权中逐渐发展出一种关于契约的法律体系；从教会对于罪孽的管辖权中逐渐发展出一种关于犯罪和侵权行为的法律体系。同时，与这五种管辖权相关联，又发展出司法程序方面的规则体系。"[1]总之，教会法的法学体系为中世纪的封建制度和神权政治提供了一整套法律支持。

现代西方法律的很多制度、原则与中世纪的教会法有着密切的联系。中世纪的教会法包含很多现代性的内容。"最先让西方人懂得现代法律制度是怎么回事的，正是教会。教会率先告诉人们，相互矛盾的习惯、法令、判例和学说可

第六章

---

〔1〕［美］哈罗德·J. 伯尔曼：《法律与革命》，贺卫方等译，中国大百科全书出版社 2002 年版，第 252 页。

以通过分析与综合来调和。……借助于这种方法，教会在重开对陈旧的罗马法研究的时候，通过把罗马法中繁杂的范畴和分类变为抽象的法律概念，改造了罗马法。"〔1〕如在契约法方面强调平等、等价交换。在家庭婚姻与继承制度方面：强调一夫一妻制；婚姻以双方合意为成立要件；缺乏有效的同意、生理有缺陷、患精神病、重婚的婚姻无效；族外婚姻制，1215 年前规定，凡七等以内的旁系血亲和旁系姻亲禁止结婚，后改为四等。在财产继承方面，采用遗嘱继承和非遗嘱继承，鼓励并盛行遗嘱继承。在刑法方面，强调犯罪的主观原因。在刑罚方面，主张多采用囚禁的办法，强调教育和灵魂感化。在诉讼制度方面，强调书面证据，采用纠问式的诉讼。在国际关系方面，强调和平，所有争端应协商解决，战争的目的在于和平，对武器的使用有所限制等。

（三）基督教的内在特质是西方法治传统形成的一个重要因素

马克斯·韦伯认为现代西方的法律是形式合理性的法律，这种形式合理性表现在三个方面：法律规则的逻辑一致性、法律规则在实际上的有效性和正当性。这种形式合理性占统治地位的社会就是我们今天所熟悉的"法治社会"。而基督教的内在特性有助于实现这三个方面的理性化。就第一点，他分析指出，虽然中世纪的教会法应归属于实质合理性的法律，但与其他各大宗教的法律规范相比，教会法具有更多的形式理性的因素。教会法的理性化是以下各因素共同作用的结果：①斯多噶主义哲学中的自然法思想；②中世纪早期，教会在其"忏悔手册"中创造出的第一套系统化的法律；③罗马法中的职业性法律技术和亚里士多德的逻辑分析方法；④中世纪大学教育的机构和专业设置；⑤教会的自治性科层组织结构等。〔2〕就第二点，韦伯分析指出，基督教与其他宗教相比，较早地实现了教权与政权的分离，这使世俗法可以吸收教会法中的理性化技术因素，却又不必受宗教审判方式的直接影响。这样，司法活动就可以遵循预先确定的一般性规则，并且以内在于规则体系的标准来审理案件，而不是根据个别案件的具体情况来就事论事。就第三点，基督教要求人们过一种理性的、节制的生活，而这种生活方式也符合法律的要求。同时，西方的世俗法律（特别是近代早期）也常常借助"上帝的名义"和神学自然法中的正义、理性等原则来作为支持自身"正当性"的资源。基督教通过其信仰体系为法律的正当性提供了支持。

在相当长的一个历史时期内，西方社会的思想家们普遍主张法律离不开宗教

〔1〕［美］伯尔曼：《法律与宗教》，梁治平译，生活·读书·新知三联书店 1991 年版，第 75～76 页。

〔2〕参见郑戈："韦伯论西方法律的独特性"，载李猛编：《韦伯：法律与价值》，上海人民出版社 2001 年版，第 103 页。

的支撑，在各种法律背后一直存在着一种基督神学的有关超然正义的诉求，这种诉求有时是以直接的神法的形式出现的，有时则是以自然法的形式出现的，有时则是两者混合在一起。法律的根基不在法律自身，而在神的手中。尽管在现代社会，传统意义的神法、教会法已经退出了历史的舞台，统治社会各个领域的看起来是各种各样的实在法，即人制定的法律，但是，这些法律对于它们的权威和正当性无法给出卓有成效的说明，也无法保证它们不被掌权者所利用。一个社会的法律是需要价值特别是超验价值支撑的，如果一种法律失去了宗教的维度，就难以保障人的权利不受强权政治的侵犯，所以，在西方的法学界，我们总能听到回归宗教传统的呼声。[1]总体上来讲，离开了基督教传统是无法理解西方法律传统的。"西方法律传统的这些基本特质最终是建立在基督教信仰——先是取罗马天主教的形式，后来采路德教和加尔文教的形式——的基础之上的。自然神论，法国启蒙时代的宗教信仰，用对上帝所赋予的理性的信仰替换了基督教对于神法的信仰。尽管如此，在1914年，至少在美国，人们依然普遍相信，实证法最终的渊源乃是神法（特别是'十诫'）和透过诸如《大宪章》和关于正当程序的宪法要求显示出来的自然法。"[2]美国法社会学家庞德也指出："宗教观念在美国法律的形成时期常常起着决定性作用，如果不考虑清教，我们就难以得到美国法制史的完整图画，也就无法了解上个世纪的美国法律。"[3]

（四）法律信仰——法律的宗教之维

美国法学家伯尔曼在《法律与宗教》一书中借助法律人类学的视角，从法律与宗教所共享了的仪式、传统、权威和普遍性的四个要素上呈现法律与宗教信仰的内在关系。这四种要素标志着人类寻求超越自身的真理的努力。它们赋予了法律价值以神圣性，并因此强化了民众的法律情感：权利义务的观念、公正审判的要求、对法律适用前后矛盾的反感、受平等对待的愿望、忠实于法律的情感、对于非法行为的憎恨等。这类构成法律秩序的必要情感无法纯粹从功利主义中得到滋养，必然依赖于对终极正义性的信仰。[4]针对西方社会的情况，伯尔曼指出："法律与宗教是两个不同然而彼此相关的方面，是社会经验的两个向度——在所有社会，尤其是在西方社会，更特别在今天的美国社会，都是如此。尽管这两方面之间存在紧张，但任何一方的繁盛发达都离不开另外的一方。没有（我所谓）宗教的法律，会退化成一种机械的法条主义。没有（我所谓）

〔1〕　高全喜："法律的宗教分析"，载戴少刚、屠凯主编：《清华法律评论》，清华大学出版社2006年版。
〔2〕　［美］伯尔曼：《法律与宗教》，梁治平译，生活·读书·新知三联书店1991年版，第167页。
〔3〕　［美］罗斯科·庞德：《法律史解释》，曹玉堂、杨知译，华夏出版社1989年版，第23页。
〔4〕　［美］伯尔曼：《法律与宗教》，梁治平译，生活·读书·新知三联书店1991年版，第40页。

法律的宗教，则会丧失其社会有效性。"〔1〕"法律必须被信仰，否则它将形同虚设。"这句被伯尔曼视为箴言的警句，对于思考和研究法律信仰和构建法治社会有着重要的启发意义。

在中国，法学界很多学者为中国法治建设的许多不尽如人意之处找到了一个理由：中国人缺乏法律信仰。法律信仰问题一度是法理学界探讨、研究的一个热门问题。在中国当下谈论法律信仰的学者，大体可以分为两个阵营或两种观点：肯定论和否定论。前者对法律信仰问题持肯定态度并努力积极建构我们的法律信仰意识。后者又可细分为两种观点：其一，承认法律信仰是个真命题，但却否认在中国树立法律信仰主体精神维度的可能性。其二，直言法律信仰是一个伪命题，是"善意的杜撰"，根本否认法律信仰命题的成立。〔2〕我们认为，法律信仰既不能完全从西方的宗教意义上去理解，也不能脱离宗教的本质去排斥或加以否定。实际上，"任何宗教的核心都有一种哲学"，那种认为中国不存在树立法律信仰主体精神维度或条件的观点，没有从哲学角度去理解宗教和信仰的关系。尽管中国没有严格意义的宗教，但不能说中国社会不存在哲学意义上的信仰。

四、宗教信仰自由的法律保护

宗教信仰自由的法律保护经过了漫长的历史演变过程。在古希腊、罗马，整体上讲法律对宗教是宽容的，允许多元宗教的存在。即使在《米兰敕令》后，罗马神庙里的诸神也是平等的。"信奉各种宗教都享有同样的自由，不受歧视。"基督教成为罗马的国教后，开始日趋保守。中世纪，随着罗马教廷成为"国上之国"以后，法律成为镇压异教、异端的工具，其典型的表现就是宗教裁判所的设立。文艺复兴引发的理性思潮和宗教迫害的种种恶行引发学者们开始思考宗教信仰自由的理论正当性。斯宾诺莎就认为只有超越信仰自由，在一个对各种宗教信仰保持中立的世界里，经济才能获得充分发展。这种中立主义预示了世俗社会的到来。洛克在《论宽容》第一篇里指出：世俗政府的职务与宗教机构的职务不同，政府是保持并促进人民的世俗利益如生命、自由、健康、财产所有权等事务的机关，不过问精神信仰方面的事务。宗教是内心的信仰，是不能通过政治权力强迫信仰的。国家不应制定法律来强行保护或推行某种宗教。即使法律的刑罚可以改变人们的信仰，但灵魂并不因此而被救度。君主的意志可以使得某一宗教成为国教，但不能使人的灵魂获得救度。伏尔泰通过为受迫害的新教教徒辩护，以实际行动反对法国的宗教迫害。应当指出，那个时代的

〔1〕　[美] 伯尔曼：《法律与宗教》，梁治平译，生活·读书·新知三联书店1991年版，第39页。

〔2〕　参见郑智："中国法律信仰的认知困境及其超越"，载《法学》2016年第5期。

宽容均是有限的宽容。洛克虽然把宽容扩展至异教徒，但其不宽容无神论者。卢梭主张只有服从国教天主教的人才能担任官职。在这些理论、行为的启蒙和感召下，欧洲国家曾产生了零星的宗教宽容的法规。1689 年 5 月，英格兰国会通过了给予不从国教者以信仰自由的《宽容法》，这一法律虽然不适用于天主教徒和上帝一位论派信徒，但允许非圣公会信徒有自己的礼拜堂和教士。1781 年10 月，神圣罗马帝国皇帝约瑟夫二世颁布了《宽容敕令》，给予不信奉天主教的基督教徒一定的信仰自由，并撤销了在奥地利人统治时期不准他们做官的规定。宗教宽容政治化和法律化的尝试开始于美国的独立运动和制宪过程中。1787 年通过的美国宪法中出现了政教分离的最初条款，即第 6 条规定："宗教信仰永远不得作为担任合众国的任何官职或公职的一个必要条件。"美国宪法第 1条修正案规定："国会不得制定关于确立宗教或禁止自由从事宗教活动的法律……"

宗教信仰自由在法律上的确立在西方主要国家有所不同。二战以后，宗教信仰自由被确认为一项基本人权。1948 年联合国大会通过的《世界人权宣言》第 18 条规定："人人有思想、良心和宗教自由的权利；此项权利包括他的宗教或信仰的自由，以及单独或集体、公开或秘密地以教义、实践、礼拜和戒律表示他的宗教或信仰的自由。"1966 年联合国通过的《公民权利和政治权利国际公约》第 18 条也有类似的规定。1981 年联合国大会还专门通过了《消除基于宗教或信仰原因的一切形式的不容忍和歧视宣言》，其中规定凡在公民经济、政治、社会和文化等生活领域里对人权和基本自由的承认、行使和享有等方面出现基于宗教或信仰原因的歧视行为，所有国家均应采取有效措施予以制止及消除；所有国家在必要时均应致力于制定或废除法律以禁止任何此类歧视行为；同时，还应采取一切适当的措施反对基于宗教或其他信仰原因的不容忍现象。现代社会各主权国家绝大部分都在其宪法里规定有宗教信仰自由的内容。关于"宗教信仰自由"，各国宪法中有不同的表述。其中大多数国家宪法都将"宗教自由"和"信仰自由"作为两个并列的公民自由权利来表述。据荷兰两位宪法学家亨利·范·马尔赛文和格尔·范·德·唐著的《成文宪法的比较研究》一书所统计的资料分析（该资料截止于 1977 年），在 142 个国家的宪法中，有 61个国家涉及了宗教自由，有 64 个国家既涉及了宗教自由又涉及了信仰自由，有 2 个国家只涉及了信仰自由，还有 15 个国家两者均未涉及。由此可见，宗教信仰自由不仅是公民应享有的一项基本人权，实际上也成为公民所享有的一项基本的法律权利。

我国是一个多种宗教并存的国家，尊重和保护宗教信仰自由是国家一项长期的国策，也是我国法律制度的重要内容。从中华人民共和国成立之日起，国家就非常重视对公民宗教信仰自由的尊重和保护。宪法、法律、行政法规、部门规章、地方性法规及民族自治地方的自治法规均有涉及。1982年《宪法》明确、完整地确认了宗教信仰自由政策。现行《宪法》第36条规定："中华人民共和国公民有宗教信仰自由。任何国家机关、社会团体和个人不得强制公民信仰宗教或者不信仰宗教，不得歧视信仰宗教的公民和不信仰宗教的公民，国家保护正常的宗教活动……"2004年，国务院颁布了《宗教事务条例》。综合这些法律、法规，我国的宗教信仰自由包含以下内容：①信仰宗教自由。公民有信仰宗教的自由，也有不信仰宗教的自由。有信仰这种宗教的自由，也有信仰那种宗教的自由。在同一个宗教里，有信仰这个教派的自由，也有信仰那个教派的自由。有过去不信教而现在信教的自由，也有过去信教而现在不信教的自由。在强调保障公民的宗教信仰自由的同时，也强调保障有公民不信仰宗教的自由。②法律保护正常的宗教活动。包括保护宗教团体的活动场所、财产不受非法干扰和侵害，宗教团体和个人合法的宗教活动不受干扰和侵害。③宗教事务自由。这些自由包括对外交往、宗教书籍的出版、宗教教育机构的设立、接受捐献捐赠、宗教财产处分等方面的自由。④国家依法对宗教事务进行管理。在法治的语境下，各宗教团体处理宗教事务时必须依法进行。国家有关机关负有监督宗教活动合法进行的责任。当然，国家有关机关的监督活动也必须依法进行。宗教信仰自由和法律规定的其他自由一样，也是有边界的，这些边界包括：①宗教活动不得损害国家和社会的利益，不得制造民族分裂，危害祖国统一；②宗教团体和宗教事务不受外国势力的支配；③宗教活动不得破坏国家现行政治制度；④宗教活动不得破坏社会秩序；⑤宗教活动不得干预国家教育；⑥宗教活动不得侵犯公民的合法权益，不得损害公民的身体健康；⑦宗教团体必须依法进行登记才能进行宗教活动；⑧宗教活动需要在法定的宗教活动场所内进行。

第六章

第三节　法律与习惯

一、习惯的含义

"习惯"是法学、法律中经常使用的一个概念，然而其含义却不易把握。从个人的角度看，习惯是个人在具体的自然、社会环境下形成的一种倾向于重复思维、行为的一种定势以及由此呈现出来的一种行为状态和行动的结果，一般指个人在自己的活动与社会交往中的重复性活动。这个意义上的习惯，中文一般可以用"本性""天性"的概念表达，英文可用habit表示。从人际的角度看，习惯就是从两个或两个以上人之间的互动行为或多重博弈行为中产生出来的常规性行为。解决人们之间交往的协调问题，可以运用博弈论的理论来解释它的产生、形成与发展。这种意义上的习惯，在中文中一般称为习俗，即"习惯和风俗"，在英文中一般用 custom 来表示。从社会的角度看，习惯是人在社会生活中所必须遵循的一种规范体系。当一定范围的人们的习惯性行为的一致性在社会中累积到一定程度时，习惯就成了惯例，即"一向的做法或常规"，英文则表达为 convention。〔1〕我们基本上是在这个意义上使用习惯概念的。习惯乃是为不同阶级或各种群体所普遍遵守的行为习惯或行为模式。〔2〕马克斯·韦伯认为使人类集体生活得以有序进行的社会规范有三种：习惯、惯例和法律。在日常生活中，我们很难区分"习惯"和"惯例"这两个词。梁慧星指出："习惯是一种事实上的惯例。"〔3〕所以，在这里，我们对"习惯"和"惯例"这两个词不做区别使用，统一称为习惯。

　　与习惯相联系的"习惯法"概念的使用也颇为混乱。国内学者在使用习惯法的定义时基本可以分为两类：一类是法学视角的定义，另一类是人类学或社会学视角的定义。法学视角的定义中最有代表性的是《中华法学大辞典·法理学》中的定义："由国家认可而具有法律效力的习惯或惯例。习惯法属于不成文法——法的形式渊源之一的重要内容。在表述方式上，习惯法起初都是非文字的，通过口耳相传的方式传播下来，之后逐渐出现了文字记载的形式。在法的起源上，习惯法最早形成于奴隶社会，起着前承原始社会的习惯，后启完全意义上的国家成文法的作用。"〔4〕《中国大百科全书·法学卷》也持类似的观点：习惯要具有法律效力，成为习惯法须具备四个条件：①相当长时期以来确有人们惯于遵行的事实；②其内容有比较明确的规范性；③现行法没有关于该项行为的规定，且与现行法基本原则没有抵触；④需经国家认可并由国家强制力保证其实施。〔5〕这个意义上的习惯法与习惯的主要区别在于，从本质上讲，习惯法其实就是法律，体现国家意志，以国家强制力为后盾；而习惯只代表民间意志，无国家强制力作为后盾。习惯尽管也是一种规范，但与法律没有关系，与法律发生关系的习惯是事实；而习惯法为法律，是裁判案件的依据，可以直接被司法机关用来裁判案件。

第六章

---

〔1〕　关于本性、习俗、惯例之间的关系及习惯的构成、精神等问题可参阅张洪涛："法律必须认真对待习惯——论习惯的精神及其法律意义"，载《现代法学》2011 年第 2 期。

〔2〕　[美] E. 博登海默：《法理学——法律哲学与法律方法》，邓正来译，中国政法大学出版社 1999 年版，第 379 页。

〔3〕　梁慧星：《民法总论》，法律出版社 2011 年版，第 25 页。

〔4〕　孙国华主编：《中华法学大辞典·法理学卷》，中国检察出版社 1997 年版，第 452 页。

〔5〕　《中国大百科全书·法学卷》，中国大百科全书出版社 1984 年版，第 87 页。

人类学视角的定义中最具代表性的是《当代西方文化研究新词典》中的定义："所谓习惯法，一般是指民间自愿设定的习俗惯例。法学家们更乐于把习惯法看成是一种知识传统，认为它是由民间习惯以及乡民长期生活、劳作、交往和利益冲突中显现的，因而具有自发性和丰富的地方色彩。这套受'实用理性'所支配的知识明显地不同于国家法。习惯法之所以以'习惯'名之，是因为其来自于民间的自愿同意，历时积久便相沿而成了习惯法。"[1]有学者这样阐述习惯法："习惯法是人类社会形成的第一种法律形式，也是基本的法律形式，其他法律形式都是在此基础上产生出来的。现代社会也存在着大量的习惯法，但是，作为调节一个社会惟一基本和有效的法律形式，它主要存在于氏族社会之中，持续了大约上百万年之久。虽然尚缺乏直接的证据，但似乎可以得出一个基本的判断，习惯法是与人类社会一起产生的。"[2]梁治平关于习惯法的概念基本也可归结为这种类型："习惯法乃是由乡民在长期生活与劳作过程中逐渐形成的一套地方性规范，它被用来分配乡民间的权利、义务，调整和解决他们之间的利益冲突，习惯法并未形诸文字，但并不因此而缺乏效力和确定性，它在一套关系网络中被实施，其效力来源于乡民对于此种'地方性知识'的熟悉和信赖，并且主要靠一套与'特殊主义的关系结构'有关的舆论机制来维护。"[3]我们认为，法学界最好不要在人类学意义上使用习惯法的概念，否则，一则会导致习惯和习惯法难以真正区分，二则其与我们国家法意义上的法律概念也是不相容的，会给理论界和实务界带来极大的混乱。习惯简单地可以分为两类：习惯、法律认可的习惯（习惯法）。

二、法律与习惯的一般关系

法律与习惯是有密切联系的两种规范系统。从总体上讲，二者都是一定社会形态的上层建筑的组成部分，均渊源于人类的生产生活实践；相对于经济基础来说，都具有相对的独立性；它们对于社会关系都有调整作用，对人们的行为均有规范和约束功能；都有一定程度的强制性；法律和习惯相互影响、相互作用、互为补充：一方面习惯经由某种途径进入法律；另一方面，法律对习惯也起着塑造作用等。

法律与习惯的主要区别在于：①二者的来源不同。习惯是自然形成的。"所谓习惯法出于自然，这种说法包含两重含义：其一，习惯法并非出于立法者（不拘于是国家的还是家族或其他组织）的意志与理性，而是由民间日常生活中

〔1〕 李鹏程主编：《当代西方文化研究新词典》，吉林人民出版社 2003 年版，第 327 页。
〔2〕 尹伊君：《社会变迁的法律解释》，商务印书馆 2003 年版，第 233 页。
〔3〕 梁治平：《清代习惯法：社会与国家》，中国政法大学出版社 1996 年版，第 166 页。

自动显现。其二，习惯法由'自然'塑造而成，此所谓自然，既指实际的生活秩序，也包括山川风物、民俗人情。"[1]而法律则与国家相伴而生，表现为一种理性的建构。②二者的适用范围不同。法律一般适用于主权所及的所有地域，一般遵循"属地主义"的原则。而习惯一般遵循的是属人主义的原则，文化的色彩更浓一些，是"一种地方性的知识"。一般来说，似乎法律的适用范围更大一些，但也不尽然，二者的适用范围应该是一种交叉的状态。③二者调整的内容也有所不同。法律调整的范围是有选择的，侧重于对一些基本的、重要的社会关系的调整，调整领域比习惯调整的范围窄一些。④表现形式不同。法律表现为规范化文件，是明确的、具体的；风俗习惯则存在于人们的流行观念、舆论之中，一般表现为观念形态。⑤实施手段不同。法律是以国家强制力保证其实施的；风俗习惯则是以舆论、传统观念来维系的。法律与习惯虽然都对违反者有拘束力，但两者的性质是不同的。法律的拘束力是通过国家这一特殊暴力机构来行使的，有确定的、强制性制裁力，其效力是普通的、绝对的，方式是他治的。风俗习惯则除了舆论之外没有任何手段，因而对违反风俗习惯的成员的制裁不可能靠什么特殊的暴力机关，方式是自治的。"当这类习惯被违反时，社会往往会通过表示不满或不快的方式来作出反应，如果某人重复不断地违反社交规范，那么他很快就会发现自己已被排斥在这个社交圈以外了。"[2]

法律与习惯除了现象层面和形式上的区别外，其本质区别在于其中的理性和经验的区别。法律是一种理性建构的法则，而习惯是经验的产物。马克斯·韦伯就认为习惯对人而言是一种自发的、直接的、不清晰的甚至没有被意识到的规范。而法律则相反，法律是后天产生的，因此是间接的，是理性参与制定并参与执行的规范。二者的主要区别就在于规范的存在是否被理性所意识到。在西方，凡是推崇、信仰理性的思想家们，基本都主张法律应该是制定法，甚至是法典法。而对理性持怀疑态度或持有限理性观点的，基本都推崇习惯或习惯法。黑格尔是理性主义哲学之集大成者，是理性主义哲学发展的顶峰。在法律和习惯的关系上，黑格尔主张立法，而不是仅以习惯进行治理。他指出："习惯法一旦被汇编而集合起来——在稍开化的民族中必然会发生的——这一汇编就是法典。正因为它仅仅是一种汇编，所以它显然是畸形的、模糊的和残缺的。它同一部真正的所谓法典的区别主要在于，真正的法典是从思维上来把握并表

---

[1]　当然，此处的"习惯法"即我们所谓的"习惯"。参见梁治平：《清代习惯法：社会与国家》，中国政法大学出版社1996年版，第53页。

[2]　[美] E. 博登海默：《法理学——法律哲学与法律方法》，邓正来译，中国政法大学出版社年1999版，第379页。

达法的各种原则的普遍性的。"[1]因此，他对萨维尼反对在当时德国进行法典编纂的观点表达过强烈的不满："否认一个文明民族和它的法学界具有编纂法典的能力，这是对这一民族和它的法学界莫大的侮辱。"大卫·休谟是英国经验主义哲学的代表人物。他认为人的理性是不可靠的，而习惯对人是直接的、现成的东西，必须加以接受，作为个人乃至整个种族的指导原则。"控制自然途径的那些力量虽是我们所完全不能知晓的，可是我们看到，我们的思想和构想正和自然的前一种作品在同样程序中进行着。这种互相符合之成立，正是凭借于所谓习惯的原则；习惯在人生各种情节下、各种事件中，对于维系种族、指导人生，原是这样必要的。"[2]

三、习惯对法律的作用

（一）习惯是法律的重要渊源之一

史料表明各个民族最早的成文法基本上都是习惯法的成文化。最古老的法律汇编基本上都是纯粹由习惯规则构成的。如古代的摩奴法典、萨克利法典、十二铜表法、汉谟拉比法典、希伯来法等几乎都是直接从习惯转化而来的。就是近代的成文法从内容上来讲也多与习惯、习惯法有着直接的继承关系。激进的《拿破仑法典》实际上也是流行于法国南部成文法和流行于北部习惯法妥协的产物。理论化、学术化水平最高的《德国民法典》也有着大量的习惯、习惯法的内容。"在法律制度史上闻名于世的《德国民法典》，尽管从外观形式上说是在经近一个世纪的争论而'理性建构'后出台的，但从实质内容上讲，它本身又大都是对当时德国的习俗和商业惯例实践的法律肯定和认可，并且其中的许多内容与规则又显然直接承传了原日耳曼习俗法的精神与传统。"[3]英国的普通法其实就是习惯法，或者说是王室法庭的习惯法，是在盎格鲁、撒克逊习惯法为基础上形成的全英格兰共同的习惯法。遵从习惯一直被视为普通法上判例制度的法社会学基础，尤其是对于那些通行于全国的大习惯法或历史悠久的习惯法，法官一般都格外重视。中国的《周礼》实际上就是对当时社会习惯的一种汇总，昂格尔认为，中国传统社会从春秋中期向秦过渡显示了中国社会变迁过程中从习惯法到官僚法的递嬗，而与春秋中期以前相适应的习惯法就是中国的"礼"。[4]独立后的非洲各国大都非常珍视传统的习惯法，在它们的法典里充斥着大量的习惯法的内容。

---

[1] [德] 黑格尔：《法哲学原理》，范扬、张企泰译，商务印书馆 1961 年版，第 219 页。
[2] [英] 休谟：《人类理解研究》，关文运译，商务印书馆 1981 年版，第 51 页。
[3] 韦森：《经济学与哲学——制度分析的哲学基础》，上海人民出版社 2005 年版，第 201 页。
[4] 梁治平：《清代习惯法：社会与国家》，中国政法大学出版社 1996 年版，第 3 页。

关于法律和习惯内容上的承接关系，马克思主义的经典作家们指出过，西方的很多学者们也指出过。马克思说："希腊人、罗马人、希伯来人的最初的法律——在文明时代开始以后——主要只是把他们前代体现在习惯和习俗中的经验的成果变为法律条文。"[1]恩格斯也说："在社会发展的每个很早阶段，产生了这样一种需要，把每天重复着的生产、分配和交换产品的行为用一个共同的规则概括起来，设法使个人服从生产和交换的一般条件，这个规则首先表现为习惯，后来便成了法律。"[2]历史法学派的代表人物萨维尼认为习惯法是最合理、最有生命力的法。法律发生、发展和演变可以分为三个阶段：第一阶段为自然法或者习惯法阶段，当然，他这里的自然法不是古典自然法学派之自然法，而是在一个民族的历史中自然发生的、以口头或文字相传世袭的习惯法，该法律存在于民族的共同意识中。第二个阶段为学术法阶段。第三个阶段为编纂法典的阶段，习惯法与学术法达到统一。普赫塔则几乎把习惯法提高到了最基本的法渊地位。他说："习惯法和民族的自然概念有种密切而必要的相互依存关系，也是民族在法的一方面自然活动的结果。在实际上，习惯法是否有法的效力并且根据什么理由才具有法的效力，这些是不成问题的。习惯法的存在和有效，也就是法存在和有效的理由。"[3]

（二）习惯进入法律的途径

法律是国家制定或认可的规范系统，故习惯在立法层面进入法律主要有两种方式或途径：一种途径是国家把习惯通过法律重述或法律编纂或整合的方式吸收到法律里来。所谓法律重述就是国家立法机构将习惯直接宣布为法律，这是习惯向法律转变早期最常用的形式，在重述过程中，法律只是重新表达了习惯，并在这种习惯上增加了政治的强制性使其更加稳定和有力。所谓法律的编纂和整合，就是国家立法机构把习惯的内容经过加工、整理、整合然后以法律的形式表达出来。[4]另外一种途径就是认可。所谓认可就是国家立法机构以法律的形式明确确认某些习惯具有法律渊源的地位。民法法系国家基本上都是制定法国家，但大多数国家有条件地认可习惯的法律渊源地位。《德国民法典》草案中曾写明的"习惯同法律具有同等效力"虽经删除，但该法典仍然在多个条款中认可了民俗习惯在合同领域存在的价值。20世纪以后，很多国家的民法典

---

[1] 《马克思恩格斯全集》（第45卷），人民出版社1985年版，第389～390页。

[2] 《马克思恩格斯选集》（第2卷），人民出版社1972年版，第538～539页。

[3] ［德］普赫塔："习惯法"，载［苏］凯切江、费季金主编：《政治学说史》（中），法律出版社1960年版，第127页。

[4] 参见张镭、廖颖："从习惯到法律：路径与特征的分析"，载《江苏大学学报（社会科学版）》2009年第2期。

都对习惯的法源地位进行了肯定。1907 年颁布的《瑞士民法典》第 1 条就规定了民俗习惯可以作为民法的渊源，其后颁布的许多民法典，如《土耳其民法典》《阿根廷民法典》《泰国民法典》《奥地利民法典》以及我国台湾地区适用的"民法典"均将习惯列为其法源之一。

　　一般认为习惯法为当代中国非正式的法律渊源，但也有学者[1]认为习惯法在我国法律渊源体系中是正式的法律渊源，宪法、法律、法规赋予习惯以法律地位，确认了习惯法在我国正式法律渊源中次要、补充的法律渊源地位。我国法律、法规认可的习惯的内容比较广泛，按照该学者的概括，包括：①民族习惯。如我国《宪法》第 4 条第 4 款规定："各民族都有使用和发展自己的语言文字的自由，都有保持或者改革自己的风俗习惯的自由。"再如《刑法》第 251 条规定："国家机关工作人员非法剥夺公民的宗教信仰自由和侵犯少数民族风俗习惯，情节严重的，处二年以下有期徒刑或者拘役。"②地方习惯。如《物权法》第 85 条规定："法律、法规对处理相邻关系有规定的，依照其规定；法律、法规没有规定的，可以按照当地习惯。"再如《中华人民共和国和美利坚合众国领事条约》（1982）第 41 条第 1 项规定："所有享受本条约规定的特权和豁免的人都有义务，在不损害其特权和豁免的情况下，遵守接受国的法律包括交通规章，尊重接受国的风俗习惯，并不得干涉接受国内政"。③物权习惯。我国有些法律、法规对物权习惯进行了规范。如《海南省实施〈中华人民共和国水土保持法〉办法》（2002）第 14 条规定："禁止毁林开垦、烧山开荒和在陡坡地、干旱地区铲草皮、挖树兜。在封山育林区及水土流失严重地区，当地人民政府及其主管部门应当采取措施，改变野外放养牲畜的习惯，推行圈养。"④商事习惯。如《物权法》第 116 条第 2 款规定："法定孳息，当事人有约定的，按照约定取得；没有约定或者约定不明确的，按照交易习惯取得。"再如《合同法》第 22 条规定："承诺应当以通知的方式作出，但根据交易习惯或者要约表明可以通过行为作出承诺的除外。"⑤婚姻习惯。我国民族自治地方关于婚姻方面的补充规定、变通规定比较多，这些单行条例中大多涉及通婚习惯、早婚习惯、婚姻成立习惯、家庭关系习惯等婚姻家庭习惯，如新疆维吾尔自治区《伊犁哈萨克自治州施行〈中华人民共和国婚姻法〉补充规定》（1987 年发布，2005 年修订）第 4 条规定："禁止直系血亲和三代以内旁系血亲结婚。在哈萨克族，提倡保持七代以内不结婚的传统习惯。"再如贵州省《黔南布依族苗族自治州执行〈中华人民共和国婚姻法〉变通规定》（1994 年发布，1999 年修订）第 7 条第 2 款规定："在履行结婚登记确立夫妻关系后，对民族传统的结婚仪式，有改革或者保

――――――――
[1]　高其才："当代中国法律对习惯的认可"，载《政法论丛》2014 年第 1 期。

持的自由。但不能以民族的风俗习惯代替结婚登记。"⑥继承习惯。我国法律、法规尊重各地特别是少数民族的继承习惯。如四川省《阿坝藏族羌族自治州施行〈中华人民共和国继承法〉的变通规定》(1989 年发布) 第 4 条第 2 款规定："继承开始后，按照法定继承办理；有遗嘱的，按照遗嘱继承或者遗赠办理；有遗赠扶养协议的，按照协议办理；没有遗嘱、遗赠和扶养协议的，经继承人协商同意，也可以按照少数民族习惯继承。"⑦丧葬习惯。我国各民族、各地区形成了种种具有民族特点、地方特点的丧葬习惯，法律法规尊重丧葬习惯。如国务院《殡葬管理条例》第 6 条规定："尊重少数民族的丧葬习俗；自愿改革丧葬习俗的，他人不得干涉。"⑧生活习惯。生活习惯是各民族在长期的生活实践中形成的生活惯行规范，我国的法律、法规对此有选择地进行肯定。如四川省《凉山彝族自治州泸沽湖风景名胜区保护条例》(2004 年发布) 第 21 条规定："风景区的开发利用，应当符合风景名胜区总体规划和详细规划的要求，并尊重当地民族传统文化习俗。建设项目的建筑风格应与民族传统文化、自然生态环境相协调。"⑨宗教习惯。民族自治地方的民众多信仰各种宗教，自治条和单行条例保护宗教信仰自由，尊重宗教习惯。如四川省《甘孜藏族自治州藏传佛教事务条例》(2011 年发布) 第 19 条第 2 款规定："任何组织和个人进入寺院，应当尊重藏传佛教的传统习惯。"再如青海省《黄南藏族自治州藏传佛教事务条例》(2009 年发布) 第 36 条提到本条例所称的佛教活动是指按照佛教教义、教规以及传统习惯进行的佛事活动。⑩国际惯例。我国法律、法规肯定国际惯例的地位。如《民法通则》第 142 条第 3 款规定："中华人民共和国法律和中华人民共和国缔结或者参加的国际条约没有规定的，可以适用国际惯例。"再如《民用航空法》第 184 条第 2 款规定："中华人民共和国法律和中华人民共和国缔结或者参加的国际条约没有规定的，可以适用国际惯例。"当然，我们是制定法国家，制定法是我国的最主要的法律渊源，习惯法在一定的层次、一定范围内对于制定法有补充作用。

(三) 习惯对法律实施的影响

法律的实施包括：法律的遵守、法律的适用、法律的执行三个方面。就守法而言，合理的、合法的习惯推动人们选择合法行为方式，从而有利于法律的实现；反之，不合理的、不合法的习惯则推动人们选择违法行为方式，对法律的实现有一定的阻碍作用。就司法而言，东西方古代社会用习惯裁判民商事案件具有一定程度的普遍性。近现代以来，在民商事案件中，习惯的主要作用在于补充法律漏洞。古代东西国家适用习惯裁判刑事案件的现象也都是客观存在的。在近现代国家，习惯在刑事领域的司法适用式微。在我国，习惯对于量刑还是有一定影响的。在一些特殊的情况下，对定罪也可能有影响。比如我国现行《刑法》第90条规定的民族自治地方可以对我国《刑法》进行变通适用和作出补充规定的规定，就使得少数民族地区的某种行为按照刑法的规定为罪，而在少数民族地区就有可能不为罪。在行政法领域，世界各国的行政法有一些基本原则都是来源于习惯的。比如"自然正义"的原则、"合理性"原则等。就执法而言，法律的执行在很多情况下都要和当地的习惯相结合。

就习惯的司法适用言，以下几个问题也具有重要的理论和实践意义：①什么时候或条件下适用习惯？关于这一点，民法法系诸国的民商事法律都有规定，《瑞士民法典》第1条第2项规定：法律没有规定的事项，法院可依习惯裁判案件。《意大利民法典》《泰国民法典》等也有类似的规定。我国民国时期的《中华民国民法典》也对习惯的司法适用作出了一般性规定，该法第11条也规定，民事法律无明文规定者，依习惯。在日本，立法机关通过"一般条款"对司法机关进行特别授权，规定在没有法律相应规定的情况下，习惯或习惯法可以在司法实践中适用。"民事，有法律则以法律，无法律则以习惯"几成通说。②谁去举证或寻找习惯？关于这一点，关键看习惯是一种"事实"，还是一种"法律规范"，如果是"事实"，由当事人举证无任何疑问；若是"法律规范"，则司法机关可以直接适用，也就是说是由法官去寻找。大多数情况下，习惯既是"事实"，也是"法律规范"，习惯是以"事实"的身份进入案件审理程序的，这时习惯的功能是证明功能，而不具有裁判功能。只有经过证明的习惯才能作为案件事实而得到法官的引用，用来证明案件的真实情况。这时的习惯就具有了法律的功能，法官可以直接援用。③到哪里去寻找习惯？在我国，制定法里面有一些关于习惯的具体规定。如前面所引用的伊犁哈萨克自治州制定的《伊犁哈萨克自治州施行〈婚姻法〉补充规定》第4条规定哈萨克族七代以内不结婚的传统习惯应当保持。"七代以内不结婚"即法律明示的习惯。最高人民法院的司法解释也有关于习惯的明示性内容。《婚姻法解释（二）》第10条规定的婚约彩礼返回的三种情形，实际上就是吸收了我国大多数地区有关彩礼返还的习惯。地方法院也制定了指导意见或进行民俗习惯汇编，比如在江苏省高级人民法院的指导下，江苏省泰州市中级人民法院起草制定了《关于民事审判运用善良习俗的若干意见试行》，该意见系统地规定了民俗习惯司法适用的范围、条件以及民俗习惯的识别和适用程序。此外，最高人民法院的案例指导中也涉及习惯的适用问题。1985年以来，最高人民法院每年都以公报的方式公开发布各类具有典型意义的民刑事案例，这些案例其中很多涉及习惯的适用问题。下级法院遇到类似案件可以参考。当然，法官自由裁量也是一个重要途径或方式。④什么样的习惯可以转为习惯法？关于这一点，学界多有争议。江苏省高级人民法院起草的《关于在民事审判中适用民俗习惯的若干规定（建议稿）》中规定，习惯的司法适用必须符合下列条件：存在已有较长时期的；为特定区域的人们或者特定群体的人们所普遍认可；具有合理性，即符合情理；符合社会公德和公序良俗的要求；没有违反法律、法规的禁止性规定。此说似乎更为合理。

四、法律对习惯的作用

法律对习惯的塑造作用。习惯的形成有很多原因，其中法律的塑造也是一个重要的方面。比如，中国农村传统的殡葬习惯是土葬，这个习惯是怎么形成的？中国历史上其实有一次与新中国殡葬改革相反的改革。在明朝初年，当时许多地方习惯于火葬。而明太祖朱元璋下诏强制禁止火葬，推行土葬。火葬习惯的形成与之前佛教信仰的普遍有关，而与儒家的教义不符，"身体发肤，受之父母，不可轻易毁之"。故推行土葬。[1]计划生育以来，中国人养成了少生孩子的习惯。酒驾入刑后，人们形成"喝酒不开车，开车不喝酒"的习惯。等等。

法律对习惯的肯定作用。法律对合理的、合法的习惯有确认和保障作用。如前所述，国家机关对合理的、合法习惯的认可，从而使习惯获得法律效力。一种习惯一旦上升为法律，其权威性和强制性就大大增强，遵守这种习惯就不仅是习惯义务，而且是法律义务，这种习惯的实现就有了可靠的保障。

法律对习惯的消解作用。国家可以运用法律手段对那些不合法、不合理的习惯予以禁止，从而使这些习惯逐渐式微。当然，由于习惯的顽固性，法律对于那些不好的习惯的消解要因势利导，勿适得其反。

【延伸阅读】

1. ［英］H. L. A 哈特：《法律、自由与道德》，支振锋译，法律出版社 2006 年版。

2. ［美］富勒：《法律的道德性》，郑戈译，商务印书馆 2005 年版。

3. ［美］伯尔曼：《法律与宗教》，梁治平译，生活·读书·新知三联书店 1991 年版。

4. ［德］马克斯·韦伯：《新教伦理与资本主义精神》，于晓等译，生活·读书·新知三联书店 1987 年版。

5. ［英］梅因：《古代法》，沈景一译，商务印书馆 1959 年版。

6. 梁治平：《清代习惯法：社会与国家》，中国政法大学出版社 1996 年版。

第六章

---

〔1〕　参见钱炜江："论法律与习惯的关系——以理性主义哲学为视角"，载《福建行政学院学报》2016 年第 5 期。

【思考题】

1. 如何理解法律与道德的本质区别在于"他律"与"自律"?

2. 试述自然法学与法律实证主义在法律与道德关系上的主要区别。

3. 简要叙述法律和宗教的关系。

4. 简要叙述我国的宗教信仰自由的法律保护机制。

5. 在辨析习惯与习惯法概念的基础上,论法律和习惯的一般关系。

第六章

第七章

法律方法

【内容提要】

法律方法就是法律职业者（或称法律人）在特定的法律制度内认识、判断、处理和解决法律问题的专门方法。法律方法包括法律推理、法律解释、法律论证等问题。法律推理是法律职业者或法律人在法律适用的过程中，从已知的法律和事实材料合乎逻辑地推导、阐述法律理由并得出法律结论的思维过程。法律推理分形式法律推理和实质法律推理。形式法律推理包括类比推理、演绎推理、归纳推理三种形式。法律解释有广、狭二义，狭义的法律解释就是法官在法律适用的过程中对法律文本的内容和意义所做的理解和说明。广义的法律解释还包括漏洞补充、价值补充、利益衡量等内容。法律论证是指法律职业者或法律人支以理由证明司法过程中所作出的各种司法决定（包括司法判决、裁定、决定及其形成过程）、法律陈述的正确性和正当性，其目的在于增进司法决定的可接受性。法律论证的主要方法进路有逻辑的、修辞的、对话的进路。

【重点问题】

法律方法的概念、特点和意义；法律推理的概念与特点；法律解释与法律论证

第一节　法律方法概述

一、法律方法的概念

方法在现代汉语中的基本含义：在特定条件下，为达到某种目的而使用的手段、办法、步骤、方式等。德国逻辑学家阿迈纳认为"方法"是"在给定的前提下，为达到一个目的而采用的行动、手段或方式"。[1]法律方法就是法律职业者（或称法律人）在特定的法律制度内"认识、判断、处理和解决法律问题

---

〔1〕　［德］阿·迈纳：《方法论导论》，王路译，生活·读书·新知三联书店1991年版，第6页。

的专门方法，或者说，是指法律人寻求法律问题的正确答案的专门方法"。[1]

第一，法律方法是法律职业者使用的方法。一般认为，一切以法律为业或专门从事法律工作的人都可以称为法律职业者，又称法律人。不过，这里所说的法律人，则主要指直接解决、处理法律纠纷和冲突等问题的法官、律师、检察官等群体。广义的法律职业者还包括法学家、立法机构的专职法律工作者、企业法律顾问等。大陆法国家，法律职业的核心是法官，判例法国家，法律职业的核心是律师。现代社会，法律本身已经相对独立于社会的其他领域而走向自治，它形成了自己的一整套概念体系和研究方法，成为一种独立的知识传统。法律职业者有专门属于自己的思维方式，按照英国近代著名法官科克的说法，法律上的各种案件"是由人为的理性和判决来决定的，而不是由自然理性来决定的；法律是一门艺术，在一个人能够获得对它的认识之前，需要长期的学习和实践"。[2]当然，其他人也可以像法律人一样思考问题。

第二，法律方法是法律职业者根据"特定的法律制度"思考和解决问题的方法，这就是许多人讲的法律方法的保守性。而这里的"特定的法律制度"是"法律渊源"意义上的法律。法律渊源的含义很多，我们所谓的法律渊源是法律的效力渊源，即法律同时作为普通社会成员行为依据（行为规则）和纠纷解决机关裁判依据（裁判规则）的规范性拘束力来源。大陆法国家基本奉行法律渊源的一元主义，也就是说法律人思考、解决问题的出发点是制定法，当然，制定法也是一个系统体系，包括：宪法、立法（由议会或总统颁布）、由议会委托行政机关颁布的委任立法、由行政机关颁布的行政法规和地方国家机关颁布的地方性法规，以及国家所参加的国际条约等。这些是法律人思考、解决问题的出发点，这也就是有学者说的"根据法律思考问题"。还有一些补充的法源，如案例、习惯、政策等，但这不是法律人思考、解决问题的首要出发点。判例法国家，特别是美国，法律渊源是多元的，制定法、先例、条约都是法律的正式渊源，当然，习惯、公共政策、道德原则、专家意见、正义之标准、理性与事物之性质等也是法律人思考、解决问题可资依赖的重要资源。不同国家之"特定的法律制度"取决于该国的法律规定，不好一概而论。

第三，法律方法是一种寻找价值判断客观化的方法。何谓"正确"？说"法律方法是寻求法律问题的正确答案的专门方法"时，实际上隐含着一个问题，即法律是客观的、确定的。如果法律不确定、不客观，那就无所谓"正确"。那

第七章

[1] 张文显主编：《法理学》，高等教育出版社、北京大学出版社2011年版，第230页。
[2] ［美］诺内特、塞尔兹尼克：《转变中的法律与社会：迈向回应型法》，张志铭译，中国政法大学出版社1994年版，第69页。

么，法律是确定的和客观的吗？分析实证主义法学将传统科学方法引入法学，促进了法学的科学化，加强了人们对于法律的客观性、确定性的确信和预期。然而，利益法学、现实主义法学、批判法学、经济分析法学等法学流派已经表明，法律判断不可能做到与"价值无涉"。法学中涉及价值取向的思考，也就成为人们怀疑法律问题是否存在唯一确定答案的合理根据，并进而引起了对法学作为科学的性质的怀疑。同样，法律判断中价值评判的涉及，也使人们对法律判断的客观性心存疑虑。法律方法问题实际上是法律实证主义或法律教义学的一个问题，其目的就是挽救法律的客观性和确定性，在于寻找价值判断客观化的方法。"法学针对'价值取向'的思考也发展出一些方法，借助它们可以理解及转述既定的价值判断，而进一步的评价行为，其至少在一定的界限内，必须以此等先决的价值判断为准则。"[1]

第四，保障"正确"的方式：逻辑和经验。西方理性主义者提出了两种知识的区分，即技术的知识和实践的知识。前者是可以通过学习掌握，而后者只能通过长期的实践达到。逻辑与经验即分别代表着这两种知识。在法学史上，概念法学与法律形式主义将逻辑的方法（尤其是三段论逻辑）推向极致，以至于认为法律的适用就像自动售货机，投进去的是诉状和诉讼费，吐出来的就是判决。现实主义法学则将经验推向了极致，霍姆斯的那句"法律的生命不在于逻辑，而在于经验"的名言广为传播。其实，要保证法律方法的正确性，逻辑与经验不可偏废。杨仁寿在谈到欲使认识结果具有"合理讨论之可能性"及"批判可能性"，就说须用到逻辑的、形式的方法和经验的、实质的方法，始能获致。[2]我国《关于民事诉讼证据的若干规定》第64条规定："审判人员应当依照法定程序，全面、客观地审核证据，依据法律的规定，遵循法官职业道德，运用逻辑推理和日常生活经验，对证据有无证明力和证明力大小独立进行判断，并公开判断的理由和结果。"

二、法律方法与相关概念辨析

在我国，也有学者使用其他称谓来代替法律方法，这些称谓主要有："法律方法""法学方法""法律方法论""法学方法论""法律思维""法律技术""法律学的方法"等。

（一）法律方法与法学方法、法学方法论

2000年前后，随着德国学者拉伦茨和我国台湾地区学者杨仁寿的《法学方法论》进入我国大陆地区图书市场，在推动我国大陆地区法学学者关注法律方

〔1〕〔德〕卡尔·拉伦茨：《法学方法论》，陈爱娥译，商务印书馆2003年版，第20页。
〔2〕杨仁寿：《法学方法论》，中国政法大学出版社1999年版，第26、138页。

第七章

法问题的同时，也使部分学者开始使用"法学方法论"或者"法学方法"等词指称法律方法。有学者解释为什么用法学方法代替法律方法，认为"原本的法学就是将具有普遍性和一般性的法律规范使用到具有各自独特性的个案过程中的一种实践智慧、技艺和学问，质言之，它本身就是指解决问题的技艺、方法和智慧"。[1]从法学是一个实用学科的角度看，法学原本就意味着方法，就是智慧地运用实在法。"当你适用法律来解决个案时，你就不仅仅是运用法律，而是在运用技艺、学问和智慧即法学来解决案件纠纷。如果使用'法律方法'一词就体现不出来适用法律解决个案纠纷所需要的那种技艺、学问和智慧，而给人一种简单地、机械地、计算化地、技术化地适用法律的感觉或印象。"[2]法律方法包含的问题和内容固然和拉伦茨、杨仁寿所谈论的"法学方法论"有一致的地方，但在我国，法学方法论、法学方法的使用有传统的含义。"法学方法论"一词，在我国大陆地区很早就被用来专指法学研究方法的总体，"法学方法论就是由多种法学研究方法所组成的方法体系以及对这一方法体系的理论说明"。[3]有学者对法律方法与法学方法作了区分，认为"法律方法是运用法律的方法，表现为执行、适用、衡量、解释、修改等；法学方法是研究法律和法律运用的方法，表现为分析、批判、综合、诠释、建构等。在此等层面上，法律方法重知识和理性的运用；而法学方法则重价值与意志的实现。由于法律是一个有限的知识和理性领域，法律方法的运用始终要考量'法效'的制约问题"。[4]

（二）法律方法与法律方法论

我国有学者使用法律方法论代替法律方法的，如 2007 年就出版了三本名为"法律方法论"的著作，即人民出版社出版的孔祥俊的《法律方法论》、山东人民出版社出版的刘治斌的《法律方法论》以及中国政法大学出版社出版的陈金钊主编的《法律方法论》。法律方法和法律方法论一般而言是可以互换使用的，但仔细揣摩，法律方法和法律方法论还是有区别的。"法学方法论""法律方法论"之"论"有更浓厚的理论色彩，是对已经形成的各种各样的方法进行理性的反思，因而更加强调方法的逻辑系统性与体系性。法律方法或法学方法似乎是在叙说办案的具体操作技巧与技能，而对其理论化、系统化反思就是"法律方法论"或"法学方法论"。有学者对"方法"和"方法论"的联系与区别有

第七章

---

〔1〕 舒国滢等：《法学方法论问题研究》，中国政法大学出版社 2007 年版，第 28 页。

〔2〕 舒国滢等：《法学方法论问题研究》，中国政法大学出版社 2007 年版，第 33 页。

〔3〕 张文显：《法哲学范畴研究》，中国政法大学出版社 2001 年版，第 15 页。

〔4〕 戚渊等：《法律论证与法学方法》，山东人民出版社 2005 年版，第 21 页。

过细致的分析。[1]但从各种论文的叙说来看，人们似乎并不在意二者的区别。

（三）法律方法与法律技术

有学者建议用"法律技术"的概念代替"法律方法"的概念，[2]并指出原因在于：①技术更为清晰地体现了司法的性质与特色。技术本身意味着法律的执行是一项非常人所能胜任的事业，它需要特有的素质、学说和经验。而方法，人们多在认识论上使用，意味着对事物的认识必须采取的基本立场与态度。方法一词过于宽泛，无法揭示司法特有的专业性质。②就司法本身而言，方法与技术分别代表了不同的内容。其一，方法可以指称法官对法律的认识与理解；方法是法官为何会作出该种判断的认识前提，技术则是在面临案件解决之时，采用的具体解决纷争的手段与技艺。其二，方法是一种主体性的方法，也就是说不同的人有不同的方法，而技术则与社会有关。其三，就司法决定来说，技术代表了一种固化、稳定的行为准则，是约束自己的有效工具。方法虽然也具有一定的客观性，但它主要是来认知法律本身的。③法律技术在学界早已使用，代表着法律适用的实践技艺，也是法律工作所必需的基本手段。有学者表示了反对：法学是一种实践智慧，它既不是科学也不是技术。用"法律技术"代替"法律方法"有违法律方法研究的目的。法律方法的实质是法律思维方式，法律方法是指法律的应用方法，而这种应用是一种包含逻辑与文化的历史过程。真正的法律方法论应该是逻辑与文化、规则与智慧、理性与经验融贯一起的思维训练。而法律技术关注的是知识，是对知识的逻辑重建，从而忽视鲜活的司法过程。[3]

（四）法律方法与法律学的方法

有学者[4]主张用"法律学的方法"来取代法学方法或法律方法。该学者说他发现德国的法律方法论除了研究法律运用的方法之外，还研究这些技术背后的有关法哲学问题。"如果我们在最宽泛的意义上理解法律学方法论，即把它看做是有关法律思维的方法之学，那么，应该承认，有关法学研究的方法理论，其实也包含在这种法律学方法论的内涵之内"。该学者实际上是从法律方法与法学方法相结合的角度来谈论他所谓法律学方法论的。有学者评价说法律学方法之提法的最大好处可能在于，它把法律学的训练当成法律方法的主要功能。法律方法论最主要的功能就是对法科学生的训练———训练那种在规则与无规则之间

---

[1] 胡玉鸿：《法学方法论导论》，山东人民出版社 2002 年版，第 88 页及以下。

[2] 胡玉鸿："方法、技术与法学方法论"，载《法学论坛》2003 年第 4 期。

[3] 参见陈金钊："法律方法的概念及其意义"，载《求是学刊》2008 年第 5 期。

[4] 林来梵、郑磊："关于'法律学方法论'——为了一个概念的辩说"，载《法学》2004 年第 4 期。

第七章

解决纷争的能力。[1]

（五）法律方法与法律思维

有学者认为法律方法包括三个方面的内容：法律思维方式、法律运用的各种技巧、一般的法律方法。[2]有学者把法律方法分为广狭二义。狭义的法律方法就是获得解决法律问题正确答案的方法。广义的法律方法包括法律思维、法律技术、法庭设置、法律程序设计等诸多方法。其中，法律思维是核心。该学者又把法律思维分为"根据法律的思考"和"关于法律的思考"两种方式。[3]但也有不同的观点，一个明显的例子就是德国学者恩吉施的《法律思维导论》就是在"法律思维"概念下讨论法律方法的。林来梵先生也认为法律方法其实就是法律思维的方法，二者之间具有相互对应的关系。"法律思维是法律方法的内容，法律方法又是法律思维的外在表现"。[4]总之，"法律思维"与"法律方法"在用法上的联系很密切。不过，"法律思维"偏重于指称人的主观思维活动；"法律方法"则强调外在的法律应用技术、技巧与步骤。

三、法律方法的范围及其逻辑关联

法律方法理论上可以包含很多内容，但学界讲的法律方法实际上就是司法过程中所涉及的法律方法，即司法方法。拉伦茨之法律方法的范围实际上更窄，"法学方法，确切地说也就是在私法领域将法律规范适用于需要裁判的案件的方法、适用法律过程中对法律进行解释的方法以及法院发展法律的方法"。[5]司法问题，无非是三个问题：事实问题、法律问题、法律对事实的涵摄性问题。[6]因此，从司法过程的整体来看，司法过程的方法可以理解为法律推理。若再具体化一些，法律推理的大前提问题（法律问题）会涉及法律发现、法律解释、漏洞补充、价值补充等问题，法律推理的小前提问题（事实问题）会涉及事实认定的方法，法律对事实的涵摄性问题会涉及利益衡量、法律论证等问题。当然，这样说确实不是很精确和严格，因为许多问题是缠结在一起的。事实问题和法律问题不好截然区分，对事实的判断离不开法律，法规范的探寻离不开事

---

[1] 参见陈金钊："法律方法的概念及其意义"，载《求是学刊》2008年第5期。

[2] 参见陈金钊："司法过程中的法律方法论"，载《法制与社会发展》2002年第4期。

[3] 葛洪义："法律方法·法律思维·法律语言"，载《人民法院报》2002年10月21日，第B1版。

[4] 葛洪义主编：《法理学》，中国人民大学出版社2003年版，第265页。

[5] [德]卡尔·拉伦茨：《德国民法通论》，邵建东等译，法律出版社2003年版，第95页。

[6] "逻辑学上将涵摄推论理解为将外延较窄的概念划归外延较宽的概念之下，易言之，将前者涵摄于后者之下"，参见[德]卡尔·拉伦茨：《法学方法论》，陈爱娥译，商务印书馆2003年版，第152页。"应当检验得到认定的事实是否满足相关规范的事实构成，这种检验被称为'涵摄'"，参见[德]魏德士：《法理学》，丁晓春、吴越译，法律出版社2003年版，第296页。

实，在司法裁判过程中，法官的目光和思维总是在事实和规范之间"往返流转"，案件复杂一点，流转的次数就更多。因此，我们认为法律方法诸问题从形式和内容两个方面可统一在三个问题中：法律推理、法律解释、法律论证。

在我国，目前关于"法律方法"问题的研究的理论来源比较混乱，这给介绍和梳理法律方法诸问题在逻辑上带来了一定程度的困难。我国法律方法理论的主要来源是欧洲大陆法学的"法学方法论""法律解释学""法律论证理论"等理论，但也深受英美法理学、特别是美国法理学中关于法律推理理论的影响。大陆法和英美法分属不同的法律传统，二者在法律的渊源、司法组织、诉讼模式、法官的地位和作用方面等有很大的不同。而国内学者在引介相关理论时却无视这些差别，造成了一定的混乱。比如法律推理和法律论证问题就很难真正区分。在法律方法的研究中之所以出现这种局面，有学者将其原因归纳为两点：一是反映出学界在接受和吸纳国外相关法学知识与资源的不同理解；二是反映了在一个法治欠发达的国家谈论方法，在一个方法论传统本就匮乏的国度建设法治，必然所要面临的诸多理论和实践方面的困惑。[1]法律方法问题的中国化以及中国问题意识还比较薄弱。

四、法律方法的意义

（一）"法律方法的法本体意义"[2]

法律方法本身就是法律的一个重要组成部分。美国法学家庞德认为，法律这一概念有三种含义：法律秩序、权威性资料和司法行政过程。在谈到权威性资料时，他说"这种意义上的法律包括各种法令、技术和理想，即按照权威性的传统理想由一种权威性的技术加以发展和适用的一批权威性法令。当我们想到第二种意义上的法律时，大概会单纯地理解为一批法令。但是发展和适用法令的技术、法律工作者的业务艺术，都是同样具有权威性的，也是同样重要的。其实，正是这个技术成分，足以用来区别近代世界中的两大法系"。[3]很显然，他的法律技术就是今天我们所说的法律方法，它是法律的一部分。美国的现实主义法学派把这个问题推向了极端，在他们看来法律方法就是法律的全部。弗兰克认为法律就是判决和关于判决的预测。卢埃林则进一步把法律概括为官员们为解决社会纠纷所做的事。新分析法学派的代表人物哈特认为法律是第一性

---

〔1〕 参见陈金钊、焦宝乾："中国法律方法论研究学术报告"，载《山东大学学报（哲学社会科学版）》2005年第1期。

〔2〕 周永坤："法律方法的法本体意义"，载《甘肃社会科学》2010年第4期。

〔3〕 ［美］罗·庞德：《通过法律的社会控制、法律的任务》，沈宗灵、董世忠译，商务印书馆1984年版，第22～23页。

规则与第二性规则的结合。第一性规则是义务性的规则。第二性规则包含承认规则、改变规则和审判规则。审判规则是一种授权规则，它授予权力而不设定义务。它授予被称为"法官"的人以审判的权力，其中既包括审判主体方面的规则，也包含审判程序方面的规则。审判规则的出现，界定了诸如法官、法院、审判权和审判之类的概念。由此可见，他所谓的审判规则，是我们这里所讲的法律方法的一部分。20世纪初的法国法学家就明确将法律方法作为法律的一部分，当时的法学家若斯兰认为，法律可分为成文法典及其实施或运用的方法，或所谓"法律警察"（police juridique），这种现象在凡已达到相当文明程度的国家里都是有的。[1]在中国，法理学是立法中心主义的法理学，法律方法似乎很难进入法律的概念。如果从司法的角度考虑，这完全是一个易于理解的问题。法律方法主要通过立法和司法两个途径改变法本体，司法途径是常态。判例法国家法官对先例的适用本身就是在创造法律，大陆法国家法官对法律的解释一定程度上也是在发展法律，卡尔·拉伦茨就指出过这一点。

（二）法律方法于法治建设的意义

法治及其标准在理论上是有争议的，现代社会，概括来讲有两种意义上的法治观：一种是法律实证主义主张的法治观，如拉兹的形式主义法治观，另一种是自然法学的良法法治观，如菲尼斯、富勒的理论。理论上的孰是孰非，我们无意在此评判。但实在地说，现代社会的法治是一种形式主义的法治，"法治是一项符合形式合理性的事业"，这种法治模式下，从逻辑上讲会存在形式合理性和实质合理性、形式正义和实质正义、一般正义和个别正义的紧张和对立，过分地坚持前者，一定会牺牲后者，这也就是所谓法治的代价。过分地坚持后者，一定会牺牲前者，这样法治就没有了。但在社会生活中，二者还是需要兼顾的，我们不能只讲形式合理性，不讲实质合理性；不能只讲形式正义，而不管实质正义；不能只讲一般正义，而漠视个别正义。而协调二者的途径就是法律方法的正确运用。法律推理中形式推理和实质或辩证推理的结合，法律论证中内部证立和外部证立的结合，以及法律解释中的价值考量、利益衡量等方法的使用有助于调和二者的紧张和对立。

法治有很多含义，但法治的基本含义应该是社会中存在一种明示的、稳定的、周延的、明确的、一致的规则，人们可以根据这些规则来安排自己的生活，通过这些规则，我们知道我们可以做什么，必须做什么，不能做什么，以及我们为或者不为的法律后果或者在法律上会得到一种什么样的对待。从法律方法的角度看，法治的难点可能是法律是不周延的，即社会主体在行为时存在着无

---

〔1〕　〔法〕路易·若斯兰：《权利相对论》，王伯琦译，中国法制出版社2006年版，第12页。

法可依的情况，进入司法程序后，法官找不到裁判的法律上的根据。法律可能是冲突的，而且这种冲突不是根据效力冲突规则可以解决的，实际上也是一种无法可依的情况。法律可能是不明确的，模糊的，可以这样理解，也可以那样理解，甚至可以做完全相反的理解。人理性的有限性和语言的特点使然，法律的不周延、不明确、不一致的情况会注定出现。这种情况下，我们可以通过法律解释、漏洞补充等法律方法使这些问题得到解决。我们期望法律是确定的、客观的，法律也应该是确定的、客观的。但是法律及其实施又确实有不确定的因素，有一定的主观性。法律方法就是把这种不确定性、主观性限制在某种范围之内，不使之动摇法治的根基。

（三）法律方法于法律教育的意义

法学是一门实践学科或科学。实用性是法学的基本特质，法学在社会生活中有着实际的任务，这些实际任务包含：一是"法律适用首先具有服务功能。它实现着当时整个法律秩序的价值标准"。[1]二是它要解决现实生活中的法律问题。德国利益法学的代表人物赫克指出："我们不是为荣誉（维护科学的荣誉）工作，而是为生活服务。"[2]拉伦茨认为法学的最终功能是"借此对法律事件作出判断"，即便是法学研究，也是"想帮助实务家，特别是法官及行政公务员，他们必须就具体的情况作符合法秩序的决定"。[3]三是任何一个法律决定的作出都必须从现行的法律框架出发并要注意实际的社会效果。法律教育的核心就是法律方法的训练，法律思维的养成。"方法应是法学训练的基础内容。方法是知识、能力，也是程序。程序出错，实体结果就往往不能令人信服。对法律人来说，研究问题、提问分析和论证的方法正确与否，便是非常实际的一门技能了。"[4]当然，方法是和理论联系在一起的，方法必须以理论为基础，方法本身也是理论的重要组成部分。所以，我们强调法律教育应重视方法的训练，这丝毫不意味着对理论的轻视。德国比较法学家茨威格特和克茨评论法国的法律教育时这样说："法律并不纯粹是一种专业训练的对象，而是人们可以从中学习清晰地思维、透彻地表达以及练习修辞技巧的一个领域。这枚硬币的另一面则是法国法律教学内容常常只是净化了的原则，它无须为寻找社会现实问题的解决手段而困扰。但是，以这种一般化的、非实践的，甚至是'书本的方式学习法

〔1〕［德］魏德士：《法理学》，丁晓春、吴越译，法律出版社 2005 年版，第 408 页。

〔2〕转引自［德］魏德士：《法理学》，丁晓春、吴越译，法律出版社 2005 年版，第 235 页。

〔3〕［德］卡尔·拉伦茨：《法学方法论》，陈爱娥译，商务印书馆 2003 年版，第 77、119 页。

〔4〕冯象：《木腿正义》，北京大学出版社 2007 年版，第 125 页。

第七章

律却是深化那些将来准备成为法律家的年轻人知识的一种有效方式"。[1]

第二节　法律推理

法律推理（Legal reasoning）是二战以来西方法理学中一个比较重要的论题。当代西方许多著名的法学家，主要是英美法学家，如麦考密克、佩雷尔曼、哈里斯、博登海默、塔梅罗、克鲁格、哈特、德沃金、波斯纳、伯顿、昂格尔等都对法律推理问题作过深入的研究。法律推理问题主要是英美法理学，特别是美国法理学的一个问题。欧洲大陆法律推理研究基本是从属于法律论证理论研究的。我国对法律推理问题的译介、研究始于 20 世纪 90 年代前后[2]。此后，法律推理问题引起了法理学界、法律逻辑学界广泛地关注。

一、法律推理的含义与特点

（一）法律推理的含义

关于法律推理的含义，中外学者有不同的概括，有学者概括为五种，有的概括为七种。[3]这些关于法律推理的定义，其主要不同在于：法律推理的主体以及与之相联系的适用范围、逻辑，特别是形式逻辑在法律推理中的作用，实践理性或论证之类的概念是否能进入法律推理的概念等。国内学者关于法律推理的概念基本上可以分为两类：一类是仅把法律推理视为由已知前提推出裁判结论的过程，如"推理通常是指人们逻辑思维的一种活动，即从一个或几个已知的判断（前提）得出另一个未知的判断（结论）。这种思维活动在法律领域中的运用就泛称法律推理，它大体上是对法律命题运用一般逻辑推理的过程"。[4]再如"法律推理是法律工作者从一个或几个已知的前提（法律事实或法律规范、法律原则、判例等法律资料）得出某种法律结论的思维过程"。[5]这种或类似观点在法理学教材中比较流行。另一类观点是将前提与结论之正确性（或正当性）的确立过程亦视为法律推理之有机组成部分。如"法律推理是指特定法律工作者利用相关材料构成法律理由，以推导和论证司法判决的证成过程或证成方

---

[1]　[德] K. 茨威格特、H. 克茨：《比较法总论》，潘汉典等译，法律出版社 2003 年版，第 200 页。

[2]　《法学杂志》1988 年第 5 期载有沈宗灵先生的"法律推理与法律适用"一文，是我们见到的比较早的关于法律推理的论文。

[3]　参见解兴权：《通向正义之路——法律推理的方法论研究》，中国政法大学出版社 2000 年版，第 14～19 页；张保生：《法律推理的理论与方法》，中国政法大学出版社 2000 年版，第 79～84 页。

[4]　沈宗灵主编：《法理学》，高等教育出版社 1994 年版，第 436 页。

[5]　张文显：《二十世纪西方法哲学思潮研究》，法律出版社 1996 年版，第 16 页。

法"。[1]持此类观点者，西方学者居多。国内学者基本上是对西方学者观点的译介。

我们认为界定法律推理的概念须首先从推理的概念出发。我国《现代汉语词典》对推理的解释是"逻辑学上指思维的基本形式之一，是由一个或几个已知的判断（前提）推出新判断（结论）的过程，有直接推理、间接推理等"。西方通用的《韦氏新大学词典》对推理（reason）一词的注释为：①按逻辑的方法而思维，或者依论据或前提之理由而推考或按断；②支以理由，解释以及辩论（argument）证明之，折服之，或感动之。因而"推理"（rensoning）便指①讨论之行为或方法（process）；②所列或所表之理由，或辩论之程序。亚里士多德认为："推理"是一种论证，其中有些被假设为前提，另外的判断则必然由它们发生。同时，他把推理分为证明的推理、论辩的推理和争执的推理三种形式。当推理由以出发的前提是真实和原初的，这种推理就是证明的。从普遍接受的意见出发进行的推理是辩证的推理。从似乎是被普遍接受但实际上并非如此的意见出发所进行的推理就是争执的，因为并非一切似乎被普遍接受的意见就真的被普遍接受了。[2]由此可见，推理包含着三层意思：其一，推理是从已知到未知、从前提到结论的逻辑思维过程；其二，推理是利用各种理由加以辩论的过程；其三，推理的目的在于论证、劝服以及影响他人。上述意义上的推理在法律适用中的运用就泛称法律推理，具体可界定为：法律推理是法律职业者或法律人在法律适用的过程中，从已知的法律和事实材料合乎逻辑地推导、阐述法律理由并得出法律结论的思维过程。我们这个定义包含三层意思：其一，法律推理就是司法推理，法律推理的主体就是法律职业者。其二，法律推理包含有形式逻辑在法律适用中的运用，形式逻辑的运用能够保证推理的有效性。但它不保证推理的正确性或正当性，因此，其三，法律推理就是一个说理的过程，就是利用各种理由为裁判结果的正确性或正当性证成的过程。正是在这个意义上，我们把法律推理区分为形式法律推理和实质法律推理才是可以理解的。

（二）法律推理的实践理性特点

国内各种版本的法理学教材以及学者们的有关著述在谈到法律推理的特点时不尽相同，但有一点是基本相同的，那就是法律推理的实践性或实践理性特点。所以，关于法律推理的特点，我们着重阐述其实践理性的特点。至于法律推理的其他特点，本章第一节关于法律方法特点显然也适合法律推理。

哲学史上，康德将理性区分为纯粹理性和实践理性两个方面，但两者并不

〔1〕　解兴权：《通向正义之路——法律推理的方法论研究》，中国政法大学出版社2000年版，第19页。
〔2〕　郑文辉：《欧美逻辑学说史》，中山大学出版社1994年版，第29~30页。

是两种不同的理性，而只是理性的两种不同的功能。"所谓实践理性，亦即人们运用理性决定在特定情势下如何行动才算正当。"[1]法律推理之不同于科学推理就在于科学推理是一种纯粹理性的活动，科学推理是以自然规律和客观事实为依据进行的推理，其推理前提是经过科学检验的理论命题，科学推理的目的在于认识，在于寻求具有普遍性、必然性和精确性的知识。而法律推理是一种不完全基于纯粹理性的活动，它具有实践理性的特点。法律推理实践理性原则的提出主要是基于传统的三段论的推理模式，虽然能保证推理的有效性，但不能保证推理的正当性。因此，许多西方学者针对此弊端，主张通过理性重构把法律推理作为"实践理性（推理）"的一种类型加以研究和应用，以便在逻辑方法不能有效发挥作用的地方，通过实践理性解决问题。如佩雷尔曼指出："法律推理因此是实践理性一个精致的个案，它不是一种形式的阐释，而是一个旨在劝说和说服那些它所面对者的论辩，即这样一个选择、决定或态度是当前合适的选择、决定或态度。根据决定所据以作出的领域，在实践性论辩中所给出的理由，'好的'理由，可以是道德的、政治的、经济的和宗教的。对法官来说，它们实质上是法律的，因为他的推理必须表明决定符合他有责任适用的法律。"[2]

法律推理的实践理性特征从内容上来讲主要体现在三个方面：其一，法律推理由以出发的前提是现有法律体系的条件下的规范和价值。法律推理就是在这种前提下寻求一种令人满意并可以接受的结论，所以，它缺乏科学命题那样的普遍性和必然性。其二，法律推理的目的是为法律活动及其所形成的结果的正当性作论证。正如佩雷尔曼就指出，法律推理主要是实现不同价值判断之间的"平衡"和"综合"，法律推理的作用在于寻求判决的最好理由以说服双方当事人，从而建立起"法律和平"。其三，为实现法律推理的目的，从方法上来讲，在法律推理的过程中，讨论或辩论和论证是必要的。讨论或辩论和论证要体现在整个法律适用的过程中，规范的发现和取舍，事实的查明和认定，裁判结论的得出都要在讨论或辩论的基础上进行，都要进行论证，尽量杜绝武断。司法裁判的权威性固然依赖法律本身的权威性，但不能仅凭此确立，司法裁判的权威性主要凭的是说理和论证，这样的司法裁判才具有可接受性。当然，我们强调法律推理的实践理性特征，并不意味着对法律推理中形式逻辑方法的排斥，相反，形式逻辑的方法依然是基础的方法，实践理性的运用要在逻辑的基

第七章

---

[1]　[英]尼尔·麦考密克：《法律推理与法律理论》，姜峰译，法律出版社2005年版，前言第1页。

[2]　转引自张骐："通过法律推理实现司法公正——司法改革的又一条思路"，载《法学研究》1999年第5期。

础上进行。"某种形式的演绎推理是法律推理的核心所在。"[1]逻辑给我们带来确定性。

二、形式法律推理

形式法律推理，又叫分析法律推理，是指运用形式逻辑进行推理，包括类比推理、演绎推理和归纳推理。

（一）类比法律推理

类比推理是从判例法出发的一种推理方法，即我们通常所讲的遵循先例原则。从制定法出发的法律推理有时也采类比的形式，不过称为类推推理更为合适。有学者把类比推理等同为类推推理，"在法律所表现之文字缺少明确性的情况，欲求法律的正确适用，必须参考已有的案例而为推理。易言之，最初发生事件之内容，一旦有某一法律条文适用，则此一法律条文所适用之案例对以后类似之事件构成一种典型，即可准于以前法律之适用而对后来发生之案件亦予以同一之适用。以案例而为之推理，最重要者在于发现前例与后例间之类似情况，亦即一旦发现前例与后例之间具有类似情况，则无妨前例所适用之法律适用于后例"。[2]这种意义上的类推推理不是我们这里所讲的类比推理，当然，从某种程度上讲，类比推理的基础是类推，即相似情况相似处理，同样情况同样对待。

类比推理的特征在于：首先，类比推理是在两个或两类对象之间具有一定相似关系的基础上进行的，是从个案到个案的一种独立的推理方式。类比推理的关键是两个对象之间的相似性。寻找相似性的基本方法是比较。类比推理高度依赖场合，因为从本质上说，类比只是一种比喻，我们不能抽象地说某物像某物，我们只能指出二者在哪一点上相似。具体案件的判决必须与其他类似情况相一致，这是类比推理最明显的特征。正如德国著名民法学教授拉伦兹所言：类比推理并非一个逻辑推理过程，而是一个对法律视为类似的事实情况的平等评价。其次，类比推理关注的是具体情况，其结论是从一些具体争论中发展出来的。正如霍姆斯指出的类比推理的根据是一些相关因素，这些因素并不都是客观的。因此，类比推理的结论是或然的，需要不断检验和补充；更为重要的是，根据类比推理得出的结论也可能是某一具体事例的若干结论中的一种，并不是唯一正确的结论。从逻辑上讲，类比推理的结论不具有必然的可靠性，但它符合一般人的常识观念和思维习惯。

从最抽象的意义上讲，类比推理有三个步骤：①识别一个权威性的基点或

---

〔1〕　〔英〕尼尔·麦考密克：《法律推理与法律理论》，姜峰译，法律出版社 2005 年版，前言第 1 页。

〔2〕　蔡墩铭：《审判心理学》，水牛出版社 1980 年版，第 701 页。

判例；②在判例和待决案件间识别事实上的相同点和不同点；以及③判断是事实上的相同点还是不同点更为重要，并因此决定是依照判例还是区别判例。[1]类比推理的难点在于判断哪些事实更为重要，即普通法国家所谓"区别技术"，这一点也往往构成争论的焦点。

类比推理的最大优点就在于它体现了相同案件相同处理的基本法律原则。现代法治的一个基本原则就是法律面前人人平等，具体在司法领域，就是同样情况同样对待、类似情况类似处理。类比推理正是这一原则的具体体现。类比推理植根于人类心理深处的对平等的欲求。"法律一如日常生活中的各种推理，侧重于类比的方法。人类的心理有一种自然的趋向，喜欢用相同的方法处理相同的情况。"[2]类比推理实际上比较真实地反映了司法的过程。不管在哪一种法律制度下，类比思维都是法官的基本思维方式。人类最基本的能力不是逻辑思维能力，而是比较和模仿的能力。况且，类似情况类似处理是法治原则对法官的基本要求，所以，法官自然会把待决案件和以往类似案件进行比较，然后对待决案件进行类似的处理。

（二）演绎法律推理

演绎推理是从制定法出发的一种推理方法，这些制定法中包含着普遍的规则。这些规则可以从大量的官方法律文件中找到。演绎推理不同于类比推理：①演绎推理是从已有的规则出发，而类比推理是从案例出发。②在演绎推理中，抽象的静态的成文规则需要解释，而类比推理是从众多的案例出发，需要概括抽象。③演绎推理根植于人们对理性的信仰，而类比推理则更多地体现人们对经验的推崇。

从最抽象的意义上说，演绎推理也分三步：①确定或建立一个权威性的大前提；②明确形成并表述一个真实的小前提；③从二者的关系中合理地得出结论。逻辑学家把这种形式叫三段论。按照亚里士多德的意思，三段论是"言辞，其中如果断定了某种东西，则唯其如此而必然地推出与所断定的不相同的东西"。下面是亚里士多德三段论中的一个例子：

> 一切生物都是要死的
> 人是一种生物
> 人总是要死的

---

[1]　[美]史蒂文·J.伯顿：《法律和法律推理导论》，张志铭、解兴权译，中国政法大学出版社1998年版，第49页。

[2]　[英]Dennis Lloyd：《法律的理念》，张茂柏译，经联出版事业公司1984年版，第258页。

在这个三段论中，第一行是大前提，第二行是小前提，第三行是结论。如果大小前提是真实的，这就是一个有效的三段论。即使大小前提是不真实的，结论仅仅从形式上来看，也是无懈可击的。如果使用正确的话，演绎推理具有类比推理无可比拟的科学性和优越性。它能够满足人们对法律的确定性、稳定性、客观性的心理需求，能够有助于我们实现对形式正义的追求。但是演绎推理也容易被误用而导致结论的不真实、甚至荒谬。这种误用缘于：①三段论形式未遵守其逻辑的要求，即格式化的规则；②大小前提或其中之一的不真实；③推理形式不正确。演绎推理的最主要困难在于大小前提不易准确确定。由此可见，尽管演绎法律推理的结论具有形式上的完全必然性，但不能对它的作用作过分夸大的理解。许多法学家认为演绎法律推理在多数情况下仅仅适用于简单案件，即那些立法规则或原则清楚明白、案件中的事实被一致同意或被认定的案件。

一般认为，类比法律推理是普通法的特征，而演绎法律推理是制定法的特征。其实，法律推理的演绎形式和类比形式在由判例法和制定法两者支配的案件中可以相互结合。判例法规则可以用演绎的形式，以便在一些简易案件中简便地表达结论。它们也用演绎的形式组织相关的判例，以识别法律争点。当然，类比推理同样可以用来帮助解释和适用制定法规。因此，一个好的律师和法官能恰当地运用这两种推理而得出他们想得到的结论。

（三）归纳法律推理

归纳推理是由特殊到一般的推理，在法律推理中运用归纳推理的典型是普通法制度。"在某些案件中，法官会发现没有任何法规或其他既定规则可以指导他的审判工作，但他却能够在对一系列具有先例价值的早期判例所进行的比较工作中推论出可能适用的规则或原则。如果发生这种情况，那么我们就可以说，法官是在运用归纳推理方法从特殊事例中推论一般性规则。"[1]卡多佐也指出了这一点，他说："普通法的运作并不是从一些普适的和效力不变的前定真理中演绎推导出结论，它的方法是归纳的，它从具体中提炼出一般。"[2]当代西方大多数法学家不承认归纳推理，认为归纳仅在发现一般规则方面具有一定的作用，但它仍无法满足司法判决之个体化的需求，它不能完整的描述法律推理或者得出结论的过程，它只是演绎法律推理的一个步骤，或者认为归纳推理和类比推理是一回事，在类比推理的过程中也不可避免地要使用归纳法。但这二者实际

---

〔1〕 ［美］E. 博登海默：《法理学——法律哲学与法律方法》，邓正来译，中国政法大学出版社 1999 年版，第 493 页。

〔2〕 ［美］本杰明·卡多佐：《司法过程的性质》，苏力译，商务印书馆 1998 年版，第 10 页。

上是有区别的，类比推理是有直接先例可循的情况下适用的一种推理形式，而归纳推理是无直接先例可适用而采用的推理方法。或者也可以这样认为，演绎推理是从一般到特殊的推理，类比推理是从特殊到特殊的推理，而归纳推理则是从特殊到一般的推理。从这个意义上讲，形式法律推理包括类比、演绎、归纳三种形式的推理。

三、实质法律推理

实质法律推理，有学者也称为"论辩推理"、辩证推理、实践推理等，麦考密克把它叫做"结果论辩论"。尽管称呼不同，也没有统一的定义，但在实质法律推理的对象上，他们的认识都是基本一致的，即实质法律推理是针对复杂案件而采取的一种推理。关于复杂案件一般是指以下几个方面的案件：其一，法律规定本身意义含糊不明，而且这种含糊并不是文字上的含糊，是指法律规定实质内容的含糊。其二，在有"法律空隙"的情况下，这种"空隙"可能是由于在制定有关法律时在客观上应作规定，但由于某种原因而未加规定，它也可能是在有关法律制定后出现了难以预料的新情况。其三，法律规定本身有冲突，或者出现所谓"合法"而"不合理"的情况，或者案件的事实和法律比较复杂。[1]

从最抽象的意义上讲，实质推理也分三步：①形成并表述一个明确的法律规则或判例；②准确的认定事实；③事实和规则或判例的结合形成合理的结论，亦即判决。实质推理与形式推理比较而言其困难主要在于实质推理缺乏一个明确的、可资适用的规则或先例，需要综合考虑各种因素以形成可资判决的根据。一般而言，法律原则、法律概念、公平正义的观念、法律目的、政策、风俗习惯、道德伦理、事物的性质等都是可以考虑的因素。由于没有形式推理的硬性规定，实质推理的过程及其结论不可避免地带有一定程度的主观性，但它不是诡辩，它也有一定客观基础和依据。它是"以整个法律秩序与社会秩序为基础的，也是以那些渊源于传统、社会习俗和时代的一般精神为基础的"。[2]麦考密克则将此归结为三个方面：其一，是改正正义的考虑，即"任何过错都有补救办法"；其二，对"常识"的考虑，因为司法上的表示归根到底反映社会上的道德准则；其三，对公共政策的考虑。[3]上述看法都有道理。在某一个具体案件中，法官或许只考虑某个因素，或者将诸多因素结合起来考虑，权衡利弊以决

〔1〕　沈宗灵主编：《法理学》，高等教育出版社1994年版，第443～444页。

〔2〕　[美] E. 博登海默：《法理学——法律哲学与法律方法》，邓正来译，中国政法大学出版社1999年版，第501页。

〔3〕　沈宗灵：《现代西方法理学》，北京大学出版社1992年版，第243页。

第七章

定何者为先，作为支持判决的理由。

实质推理最早来自于古希腊的苏格拉底、柏拉图等所论述的古代辩证法和修辞学。根据亚里士多德的意见，辩证推理寻求"一种对两种矛盾的命题都可接受的问题的回答"。当作为推理的基础前提是清楚的、人尽皆知的或不言自明的时候，辩证论证就不需要了，在这种场合，必须用绝对正确的论证方法来进行推理，取得具有绝对必然性的演绎结论。另一方面，当必须在两个或更多可能的前提或基本原则中进行选择时，关于正确回答"因为两边都有充分理由"的问题，可能成了疑问。这时候，必须打算通过对话、争论、批判性探讨，维护一个论点以反对另一个论点来寻求最好的回答。这样，辩证推理就是一种通过对话、辩论和批判性探究以在两个或两个以上可能存在的前提或基本原则之间进行比较、鉴别以发现最佳答案的智力手段。因此，法律实质推理实质上是一种通过对话、论辩而进行选择的推理。当代西方许多著名的法学家都指出了这一点。魏因贝格尔指出"实质性的实践推理就是辩证推理的一个例子。从这个意义上讲的辩证推理与黑格尔的辩证法概念毫不相干。相反，这里关注的是一个理性的分析的概念，它旨在正确地认识复杂的和多方面的理性思考，而且它承认在某些问题的情况下，理性的思考可以和决定联系在一起。这个辩证推理的概念并不预先假定存在任何'否定的实体'，任何'否定的否定'，任何辩证的三合一，或任何这类的概念，也没有作为黑格尔影响下的辩证法的特征的任何辩证逻辑"。[1]波斯纳也指出他的作为"实践理性的法律推理"是出自亚里士多德的门第。虽然，佩雷尔曼声称他的修辞学是"新修辞学"，但他也坦言，他的"新修辞学"或"辩证逻辑"是来自苏格拉底、柏拉图和亚里士多德的古代辩证法和修辞学。因此，实在地说，辩证推理是以评价为基础的辩护性推理，其主要功能在于说服别人。

总之，形式法律推理和实质法律推理都是法律推理的方法，二者并不能截然分开。一方面，其实，无所谓简单案件，案件再简单，法律的适用过程也不完全就是一个纯粹形式逻辑的问题，也要说理，也要论证，也可能要进行价值取舍。另一方面，实质法律推理所表现出来的依然是演绎形式。与演绎法律推理或类比法律推理所不同的是，推理的第一步不是或不主要是从已有的规则或判例所发，而是综合考虑各种因素，如法律、道德、习惯、文化传统、价值观念、政策趋向等。一旦确定了可资判决的前提基础，司法运作仍然要以演绎的方式作出，从而显示出该种推理的形式性。"我们不应当这样认为，即人们必须

第七章

---

〔1〕　［英］麦考密克、［奥］魏因贝格尔：《制度法论》，周叶谦译，中国政法大学出版社1994年版，第203页。

在推理的分析形式与辩证形式之间做出排他性的选择，即使用一种推理形式就得排除采用另一种推理形式。实践中经常发生的情况是，这两种论证方式在同一案件审理过程中往往会以某种混合的形式出现。"[1]

四、法律推理中的事实问题

从逻辑上讲，法律推理的第一步应该是确立法律推理的大前提，即法律，法律推理的第二步是确立法律推理的小前提，即事实。法律推理的第三步，是大小提的结合推出结论。但法律适用或推理的真实过程是先确定法律推理的小前提，然后根据案件的事实寻找法律推理的大前提，最后是二者的结合，作出裁判。这一过程中，案件事实本身是客观的，且一经发生永不可再现。法律适用中的事实是一种法律事实，法律事实是一种具有法律意义的事实，并非案件事实的全部。法律事实是一种最接近客观事实的事实，也就是拉伦茨所讲的"作为陈述的案件事实"。那么，面对一个案件，法官如何发现并确认事实呢？对事实的确认本身有两个途径，即经验观察和推理。但法官面对一个案件时，不大可能利用第一个途径，那是证人的角色。法官发现和确认事实的途径主要有二，"通过来自对该事实有亲身感知之人的直接或间接的陈述推定或认定事实，或者从已知事实与未知事实之间的内在联系中，通过能够被证明与该事实具有内在联系的其他事实，以推理或推论的方式获得事物情况或事实真相"。[2]

事实推理主要有两种情形：一种是运用逻辑来进行推演的确定性推理，这是一种基于因果法则的推理，其前提与结论具有必然性。在这种推理中，掌握相关事实和因果关系的法则是展开推理的基础。生活中的因果法则有些是已经被科学证明了的，如自然规律。有些只是被人们普遍接受或默认的生活经验或社会常识。这些法则，只要没被证伪，就是有效的。另一种是基于情理而进行的不确定推理，即合情推理。在法律领域中，合情推理是事实发现与事实确认的主要推理模式。

第三节　法律解释

有法律和法律的适用活动，就有法律解释问题。法律解释一词的使用也由来已久。但其作为一个理论问题则是近代法典化以来的事情。在我国，目前关于法律解释概念的使用主要有两种情形：第一种是由我国《宪法》《立法法》

---

〔1〕　[美] E. 博登海默：《法理学——法律哲学与法律方法》，邓正来译，中国政法大学出版社 1999 年版，第 501 页。

〔2〕　王洪：《制定法推理与判例法推理》，中国政法大学出版社 2013 年版，第 64 页。

《中华人民共和国全国人民代表大会常务委员会关于加强法律解释工作的决议》中所使用的"法律解释"的概念。这种意义上的法律解释是一种法定的、有权的、具有立法或准立法性质的解释。这种意义上的法律解释概念及诸问题，可参阅有关法学理论教材或著作。[1]第二种意义上的法律解释仅指在具体法律适用的过程中所产生的解释问题。我们在这种意义上使用法律解释概念。关于法律解释概念的界定，有学者认为应当包含五个要素："谁解释、解释什么、何时解释、为什么解释以及如何解释。"[2]而这五个要素可以分为三个问题，即法律解释的概念、法律解释的必要性、法律解释的方法。从概念的角度讲，所谓法律解释就是法官在法律适用过程中对法律文本的内容和意义所做的理解和说明。

一、法律解释的必要性

1. 现代哲学解释学的角度。法律解释的主体是法官，法律解释的对象是法律文本，解释的场景是法律适用的过程中。按照德国哲学解释学大师伽达默尔的理论，文本没有绝对客观的意义，因为诠释者不可能抽离其身处的传统和当下实际处境而对文本进行理解和诠释，理解和诠释必须在每一个当下、每一个处境重新进行。"理解""诠释（阐释）"和"应用（实践）"具有统一性、不可分割性、互为一体性。应用便是诠释，诠释便是理解。"人的生活是理解的生活……无论我们是否能够理解，理解都发生着。"[3]因此，法律的适用就意味着对法律的诠释和理解，离开了对法律的诠释和理解就没有法律的适用。"一条法律将不能历史地被理解，而应当通过解释使自身具体化于法律的有效性中。"[4]所有的规范都需要解释。"假使以为，只有在法律文字特别'模糊''不明确'或'相互矛盾'时，才需要解释，那就是一种误解，全部的法律文字原则上都可以，并且也需要解释。需要解释本身并不是一种——最后应借助尽可能精确的措辞来排除的——'缺陷'，只要法律、法院的判决、决议或契约不能全然以象征性的符号语言来表达，解释就始终必要。"[5]

2. 法律是用语言表述的规则，而语言和规则的"开放性"特质，决定了法官在一定程度上、一定范围内拥有自由裁量权，因而生法律解释问题。哈特认为"形式主义"法律观和"规则怀疑主义"法律观都有失偏颇。他指出语言文字和以语言文字表达的法律规则有相当程度的意义的可确定性：每一个字、语

〔1〕 朱继萍主编：《法学导论》，中国政法大学出版社2015年版，第141~149页。
〔2〕 张志铭："《法律解释学》的内容框架与写作场景"，载《国家检察官学院学报》2016年第1期。
〔3〕 殷鼎：《理解的命运：解释学初论》，生活·读书·新知三联书店1988年版，第99页。
〔4〕 ［德］汉斯-格奥尔格·加达默尔：《真理与方法：哲学诠释学的基本特征》，洪汉鼎译，上海译文出版社2004年版，第400页。
〔5〕 ［德］卡尔·拉伦茨：《法学方法论》，陈爱娥译，商务印书馆2003年版，第85~86页。

第七章

词和命题在"核心范围"内有明确的、无可置疑的涵义，其适用于案件的结果具有高度确定性和可预测性。但是，由于语言、规则的开放性，在其"边缘地带"，语言及规则都有一定程度的不确定性，在这个范围内，法官有一定程度的自由裁量权。在这种情况下，由于没有一个既成的规则所决定的绝对正确的答案，法官需要在多种可能的解释中做出抉择。因此，"法律的空缺结构意味着的确存在这样的行为领域，在那里，很多东西留待法院或法官去发展……以使最初含糊的标准变得明确，解决法律的不确定性"。[1]

3. 法律文本是概括性的、抽象性的，法律解释是"具体化"法规范的必要方法。美国耶鲁大学的欧文·菲斯在其著作《如法所能》中指出，法律文本具有概括性和综合性的特点，因而需要法律解释。他说："概括性和综合性并不阻碍法律解释，而恰恰是使得法律有需要解释。解释就是阐述含义的过程，理解和表达文本的含义的一个重要途径就是将其变得明确而具体。"[2]法律规范不是针对具体的、个别的人或事的立法，它是一般的人或事的规则，这是相同案件应作相同处理的法治精神的基本要求。而人的行为或事件是具体的个别的，每一个人每一件事都有其特殊之处，即使那些最相类似的事件亦是如此。抽象、概括的一般法规范要适用于具体的、个别的人行为或事件，适用法律者必须解释为什么某一或某些法条能够适用于当下案件，而其他一些则不能。可以说，只有通过法律解释，概括、抽象的规范与生活事实之间的关联才能够建立，规范的确定"意义"才会具体明确。

4. 法律解释为协调法律的稳定性与正当性之间的张力所必需的。一方面，法律的稳定性是法律在形式方面所应具有的第一优良品质，在法学史上，几乎没人否认这一点。但稳定的法律往往也具有僵化的特点。另一方面，人们生活于其中的社会又是不断变化的，以僵化的法律对应流动的社会现实，就必然产生裁判结果可能不正当的问题。法学史上很多人不但看到了这一点并指出了具体的解决办法。梅因在《古代法》中总结罗马、英国的情况，总结出解决法律的稳定性与正当性之关系的几种办法。"关于使'法律'和社会相协调的媒介，有一个有些价值的一般命题可以提出。据我看来，这些手段有三，即'法律拟制''衡平'和'立法'"。[3]而所谓法律拟制，"是要用以表示掩盖、或目的在掩盖一条法律规定已经发生变化这一事实的任何假定，其实法律的文字并没有

---

〔1〕　［英］哈特：《法律的概念》，张文显等译，中国大百科全书出版社1996年版，第134～135页。

〔2〕　［美］欧文·费斯：《如法所能》，师帅译，中国政法大学出版社2008年版，第198页。

〔3〕　［英］梅因：《古代法》，沈景一译，商务印书馆1959年版，第15页。

被改变，但其运用则发生了变化"。[1]德沃金给出的解决办法是"建设性解释"和"法的整合性"理论，哈贝马斯在德沃金的基础之上给出的方案是"司法程序中的理性对话、商谈或沟通"。

二、法律解释的目的

"解释"的本质是理解，法律解释的目的就是在理解的基础上探寻法律的意旨。那么，问题是探寻谁的、什么样的意旨？是法律制定时立法者的真实意旨，还是法律文本自身所蕴含的意旨？不管是法律制定时立法者的真实意旨，还是法律文本自身所蕴含的意旨本身是不是完全客观的，在解释的过程中是否会体现解释者的意旨？围绕这些问题，形成了三种理论。

1. 立法意图论，亦即原意说、主观论。该理论认为法律解释的目的在于探求立法原意，即立法者制定该法律当时的意图和目的。法律解释的原意说的立论根据在于：①立法是立法者有意识的行为，立法者通过立法表示他们关于法律目的的看法，解释者在解释法律时，应尽可能地探知立法原意，因为，只有他们最清楚地知道立法原意是什么，法律追求的是什么。②立法原意是一种可以借助法律文本和立法文献加以探知的历史事实。尽力探知立法原意可以防止对法律文本的任意解释，提高法律的稳定性。③按照分权原则，适用法律者只能依据法律裁判或决定，立法是立法机关权限范围内的事，适用法律者对法律的解释应尽可能地尊重立法者或立法机关的态度和意志。

2. 文本决定论，亦即客观论。这种理论认为，当立法者制定出法律文本后，立法者就"死了"。正如利科尔所说："读一本书就是把它的作者看作已经死了，是死后发表的书。因为当作者死了时，对于书的关系就变成了完全的，并且实际上就是完整的。作者不再回答了，只剩下阅读他的著作了。"[2]法律文本就成了一种客观存在，法律意图就蕴含在法律文本之中。"法律是一种精神上的实在，它是理性且普遍的。"坚持文本决定论，也有助于提高法的确定性。"当初法律即是由于习惯法的不确定而被颁布的。如果法律解释以立法者的意思为基准，那么人们势必再求助于那一堆一般人接触不到的庞杂烦琐的立法资料。从而，事实上，受法律规范的人，将无法认知法律的所在。"[3]

3. 折中说。主观论和客观论都"有其部分的真理"，但都不能"毫无保留地接受"。"法律解释的最终目标只能是：探求法律在今日法秩序的标准意义（其今日的规范意义），只有同时考虑历史上的立法者的规定意向及其具体的规

---

〔1〕　[英] 梅因：《古代法》，沈景一译，商务印书馆1959年版，第16页。

〔2〕　转引自梁慧星：《民法解释学》，中国政法大学出版社1995年版，第135页。

〔3〕　黄茂荣：《法学方法与现代民法》，中国政法大学出版社2001年版，第268页。

范想法，而不是完全忽视它，如此才能确定法律在法秩序上的标准意义。这个意义是一种思考过程的结果，过程中，所有因素不论是'主观的'或'客观的'，均应列入考量，而且这个过程原则上没有终点。"[1]晚近以来，在法律解释的目的方面多采用折中说。不过，折中说中，主观的成分多一点，还是客观的因素多一点，这不好一概而论。如我国最高人民法院指出："在裁判案件中解释法律规范，是人民法院适用法律的重要组成部分。人民法院对于所适用的法律规范，一般按照其通常的语义进行解释：有专业上的特殊涵义的，该涵义优先；语义不清楚或者有歧义的，可以根据上下文和立法宗旨、目的和原则等确定其涵义。"[2]这里体现的似乎是原意说，但从最高人民法院的批复、解答及公布的案例看，似乎客观说的色彩更浓一些。

三、法律解释的方法

关于法律解释的方法，学界有不同的概括。萨维尼认为法律解释的方法可以区分为文法解释和逻辑解释。"文法解释只应当依据词语含义进行，逻辑解释只应当依据制定法的意图或基础而进行；文法解释应以有效作为规则，而逻辑解释只应在例外情况下被允许。"[3]德国法学家考夫曼认为萨维尼以来，有四种法律解释方法：文理的或语言学的解释，伦理的或体系的解释，主观的或历史的解释，客观的或目的论的解释。日本学者伊藤正己认为法律解释的诸方法包括：文学解释、文理解释、扩张解释与缩小解释、类推解释与反对解释、当然解释等。[4]我国台湾地区学者杨仁寿则认为；"法律之阐释，亦即广义的法律解释，包括以下三端：①狭义的法律解释；②价值补充以及③漏洞补充"。[5]而狭义的法律解释的方法包括文义解释、体系解释（一般的体系解释、扩张解释、限缩解释、反对解释、当然解释）、法意解释、比较解释、目的解释、合宪解释等。而广义的法律解释的方法还包括社会学解释、价值补充、漏洞补充、类推适用、利益衡量等。[6]我国学者梁慧星则基本上是参照杨仁寿的分类：法律解释的方法分狭义法律解释的方法（文义解释、论理解释、比较法解释、社会学解释，其中论理解释又可分为体系解释、法意解释、扩张解释、限制解释、当然解释、目的的解释和合宪性解释）和漏洞补充（包括价值补充）的方法。[7]国

---

〔1〕［德］卡尔·拉伦茨：《法学方法论》，陈爱娥译，商务印书馆 2003 年版，第 198～199 页。

〔2〕最高人民法院《关于审理行政案件适用法律规范问题的座谈会纪要》（2004 年 5 月 18 日）。

〔3〕［德］萨维尼：《当代罗马法体系》（第 1 卷），朱虎译，中国法制出版社 2010 年版，第 246 页。

〔4〕参阅梁慧星：《民法解释学》，中国政法大学出版社 2000 年版，第 209 页。

〔5〕杨仁寿：《法学方法论》，中国政法大学出版社 1999 年版，第 98 页。

〔6〕杨仁寿：《法学方法论》，中国政法大学出版社 1999 年版，第 101～201 页。

〔7〕该分类可以参见梁慧星：《民法解释学》，中国政法大学出版社 2000 年版。

内各种版本的法理学教材、著述与前述各种解释方法并无多少区别。我们参照国内学界比较通行的分类体系，兹简单介绍如下。

（一）文义解释

文义解释就是按照法律条文所使用的文字词句的文义，对法律条文进行解释的方法，也称为文法解释、语法解释、文理解释等。文义解释强调法官解释法律要尊重法律文字，无正当理由不应背离法律条文的字面意义。即法官应按法律条文的字面意义理解法律，应取其最自然、明显、正常和常用的意义，除非采用该字面意义会导致与立法原意相违背或者明显荒谬的结论。法律解释学的一个基本原则是，解释须从文义开始。文义解释是最常见的一种方法，从理论上来讲，任何一个法律条文都存在文义解释的问题。刑法之文义解释应当有相对于民法之文义解释更为严格的限制，一般来说法官应当以一般人理解为限度。

（二）论理解释

1. 体系解释。体系解释是指不孤立地从个别法条的文义，而联系到这一法条与本规范性文件中的其他法条，以至于通过其他规范性文件的关系来考察这一法条的含义，也就是说从这一法条的整体来进行解释。利用体系解释方法，使法条与法条之间、法条前后段之间，以及法条内的款、项之间，相互补充其意义，组成一个完全的规范，确定其意义。

2. 扩张解释。扩张解释是指当法律条文的字面含义过于狭窄，不足以表现立法意图、体现社会需要时，因而扩张法条的意义，以期正确适用。杨仁寿在《法学方法论》举有一例：1935 年上字第 1670 号判例称："烟灰含有鸦片余质，仍可吸食抵瘾，纵仅出售烟灰，亦无解于贩卖鸦片之罪责"，将鸦片之内涵，析为"可吸食抵瘾"，因之鸦片之烟灰，既仍"可吸食抵瘾"，遂将"刑法"及"戡乱时期肃清烟毒条例"上之"鸦片"，作扩张解释，认亦包括"烟灰"在内。

3. 限制解释。限制解释是指法律条文的字面含义较之立法意图过于广泛，因而限制法条的意义，以期正确适用。杨仁寿在《法学方法论》中举有一例：韩愈之第 39 代直系血亲韩思道诉《韩文公、苏东坡给予潮州后人的观感》作者诽谤韩愈案。根据台湾地区"刑法"第 312 条规定"对于已死之人，公然侮辱者"处罚云云，第 314 条规定，"本章之罪，告诉乃论"。台湾地区"刑事诉讼法"第 234 条规定："刑法第 312 条之妨害名誉及信用罪，已死者之配偶、直系血亲三等以内之旁系血亲、二等之内之姻亲或家长、家属得为告诉。"而直系血亲者，台湾地区"民法"第 967 条规定："称直系血亲者，谓己身所从出，或从己身所出之血亲"，法院判决原告胜诉。但此案一出，舆论哗然。杨仁寿认为这实际上应该采用限制解释的。就各国立法例而言，对直系血亲亦均设有一定的限制，如法国、西班牙、比利、时、秘鲁、智利、墨西哥及日本等国，认六亲等内之直系血亲，始为直系血亲。德国《刑法》第 188 条规定："诽谤死人罪，死者之父母子女始有告诉权。"瑞士《刑法》第 175 条规定："诽谤死人罪，如死者已死亡逾 30 年以上者，不罚。"以此而观，相距 39 代之血亲，非法律之直系血亲，固不待言而自明。

4. 当然解释。当然解释是指法律没有明文规定，但根据已有的规定，某一行为更有理由适用该规定的一种解释方法。《唐律》规定："诸断罪而无正条，其应出罪者，则举重以明轻，其应入罪者，则举轻以明重。诸断罪皆须引律令格式正文，违者笞二十。"所谓"举重以明轻""举轻以明重"，即为当然解释。

5. 历史解释。法律的用语有时未必能表达立法者的原意而生历史解释。所谓历史解释，又称为法意解释、沿革解释或立法解释，是指通过研究立法时的历史背景资料、立法机关审议情况、草案说明情况及档案资料，来说明立法当时立法者的真实企图和目的的一种解释方法。历史解释的主要任务在于划定法律解释的活动范围。

6. 目的解释。目的解释是指以法律规范的目的来解释法律疑义的解释方法。这里讲的目的不仅是指原先制定该法律时的目的，也可以指探求该法律在当前条件下的需要，也就是说，原先的目的已不符合或不完全符合当前需要，因而通过法律解释使其符合。

当然，可能还有其他解释方法，比如合宪性解释、比较法解释等。需要指出的是，上述法律解释的方法有时是综合使用的，在一些有争议的法律问题上，解释者往往使用多种方法。

（三）社会学解释

所谓社会学解释是指将社会学方法运用于法律解释，通过社会效果预测和社会目的的衡量，在法律条文可能的文义范围内，阐释法律条文具体内容的一种法律解释方法。社会学解释的操作方法，大概分为两个步骤："①首须对每一种解释可能产生的社会效果，加以预测。……②确定社会统制目的，并由此目的予以衡量各种解释所生之社会效果，何者最符合该目的。"[1]

四、法律漏洞及其补充

人的理性的有限性及法律的稳定性与社会生活的变动性之间的张力决定一定意义上法律漏洞的存在是必然的。法律漏洞主要表现为：其一，法律空白。即通常所说的"法无明文规定"，指某一事件依法律所使用的词语的意义和依立

---

〔1〕 杨仁寿：《法学方法论》，中国政法大学出版社 1999 年版，第 133 页。

法者意思均不能涵盖的漏洞，或者某一事件完全于法无据；其二，矛盾规范。指单一规范本身发生逻辑错误或某一法律内部规范之间在逻辑和价值上相抵触而造成的漏洞；其三，规范的语言歧义。指因语言的模糊引起的人们对法条的理解必将产生歧义所致的漏洞；其四，冲突规范。也可称为规范碰撞，指两个以上的立法规范对同一事件都作规定，而这些规范之间发生矛盾和抵触，而且依法律冲突规则不能化解该矛盾所致事实上的漏洞。

刑事案件，法律无明文规定不为罪，因此，刑法之解释，没有漏洞补充之情形。但是，一般来说，民事法官不能因为没有法律根据就拒绝受理案件，就需要进行漏洞补充。法律漏洞补充的方法主要有：①依习惯补充法律漏洞。②类推适用。所谓类推适用，是指法官受理的案件在法律上没有规定时采用类似案件的法律规则裁判本案。亦即，看能否找到一个法律条文，它所规定的案件类型与本案类似。如果找到一个条文，它所规定的案件类型与本案类似，就可以用那个法律条文裁判本案。这就叫类推适用。类推适用的根据在于两个案件之间存在类似性。法理上的规则叫"同样情况同样对待，类似情况类似处理"。类推适用的关键是如何确定两个案件事实是"类似"的？可以仿照判例法适用之必要事实和非必要事实的区分，亦即区别技术。此外，还有目的性扩张、目的性限缩、创造性补充等方法。

五、不确定性概念的价值补充及利益衡量

有的法律规则属于或包含不确定概念时，如民法上的重大事由、显失公平、欺诈、重大误解、不可抗力、意外事件；刑法上的"其他方法""数额巨大""情节严重"等规定，极为抽象，个案适用时须予以具体而生价值补充之解释方法。所谓价值补充是指法的实施者对上述概括性规定适用于具体个案时应予以价值判断，使之具体化的一种解释方法，最高人民法院对地方人民法院的一些个案批复似乎可以认为属价值补充之解释方法。我国《产品质量法》第46规定：本法所称缺陷，是指产品具有对于他人人身财产的不合理危险。但什么是"不合理危险"？四川有个案件确定：危险发生在产品的使用价值之内所发生的危险属于合理危险，而不发生在使用价值之外的危险，即为不合理危险。[1]另有学者言及利益衡量的方法。"利益衡量本身即系一种价值判断，在目的考量或利益冲突时，恒须为利益衡量，恒应为价值判断，初不必限于何种阐释方法始得为之，或于阐释方法已穷，始得为之。"[2]

如果用法律推理的概念统摄法律方法诸问题时，法律解释实际上是法官发

〔1〕 参见梁慧星：《裁判的方法》，法律出版社 2003 年版，第 185 页。
〔2〕 杨仁寿：《法学方法论》，中国政法大学出版社 1999 年版，第 178 页。

第七章

现、建构法律推理大前提时所使用的方法。面对一个案件，法官去寻找法律，无非三种情况：有法律规定、没有法律规定或者虽然有法律规定但不确定。其一，有法律条文，则需要确定其适用范围、明确其内容意义，区分构成要件与法律效果。这就是我们前面讲的法律解释。其二，没有法律规范，也就是存在法律漏洞，需要由法官自己创设一个规则，创设规则当然需要一定的方法与理论，这就是我们前面讲的法律漏洞的补充。其三，虽有法律规定，但属于不确定的概念，需要结合本案事实将不确定概念具体化，这就是不确定概念的价值补充。这些内容就是广义的法律解释问题。

第四节　法律论证

一、法律论证问题

有法律实践活动就应当有法律论证，法律论证的实践源远流长。不过，法律论证（Legal argumentation）作为一个理论问题是 20 世纪 60 年代之后出现的一个新的法学理论思潮。1971 年于比利时首都布鲁塞尔召开的第 5 届国际法哲学—社会哲学协会（IVR）世界大会上，法律论证被作为大会的主要议题之一。法律论证成了以后历次（IVR）世界大会上常见的话题。此后，在一些国际性的学术会议上也常有法律论证的议题，如 2001 年 5 月召开的第 8 届国际人工智能与法律大会研讨的议题之一是"用于电脑技术中的法律推理与法律论证之研究"。国际论证协会（ISSA）和言语沟通协会（SCA）的各次会议上，法律论证也一直在演讲计划之列。荷兰在 1993 年、1996 年组织了两次法律论证会议。1973 年 2 月 14 日，德国宪法法院第一审判庭发布的一项决议（法律续造的决议）中规定："所有法官的司法裁判必须建立在理性论证的基础上。"[1]之后，西方主要是欧洲大陆有很多学者关心法律论证问题，如比利时的佩雷尔曼、德国的哈贝马斯、德国的阿列克西、芬兰的阿尔尼奥、瑞典的佩策尼克、芬兰的冯·赖特、奥地利的魏因贝格尔等。一般认为法律论证的主要理论渊源为西方注重逻辑分析与语言分析的分析哲学传统，但准确地说，法律论证理论总体上是建立在古希腊先哲的修辞学、辩证法和实践哲学思想的基础之上，并明显地吸收和借鉴了 20 世纪中后期语言哲学、解释学、逻辑学、修辞学、语用学、非形式逻辑、对话理论、实践哲学、道德哲学和科学哲学等研究成果。需要指出的是，法律论证理论并不是统一的理论，在多元化的思想背景下，当代法律论

---

〔1〕　[德] 罗伯特·阿列克西：《法律论证理论——作为法律证立理论的理性论辩理论》，舒国滢译，中国法制出版社 2002 年版，德文版序。

证理论呈现出多元化的研究方法和进路。

法律论证问题进入我国法理学视野则是 21 世纪初的事情。2002 年，罗伯特·阿列克西的《法律论证理论》中文版出版，其后陆续引进和翻译了一批相关文献，也有个别论著出版，有相当数量的论文发表，很多法理学教科书也设有专门章节介绍法律论证问题。但国内的法律论证问题的研究还是初步的，基本上停留在对西方主要是欧洲大陆学者们关于法律论证理论的译介上，极少有学者将西方的理论和自身的研究以及中国的法律实践相结合，故法律论证理论在司法实务界的影响并不大。既有研究中，当代法律论证理论背后赖以维系的哲学解释学、修辞学、论题学、语义学、非形式逻辑、符号学和沟通理论等诸多理论与方法资源尚未被国内学界全面发掘和有效整合，这样就无法真正理解和把握法律论证理论的实质。

二、法律论证的概念

汉语语境下，对法律论证的理解须从对"论证"的理解开始。根据逻辑学的一般解释，论证的基本含义为："是用某些理由支持某一结论的思维方式或思维过程。""论证有广义和狭义之分。狭义的论证大致相当于一个推理……广义的论证则要复杂得多……它通常是一连串不同的推理形式的复合。"[1] 一个论证就是"一个运用逻辑方法从理性上进行的证明"。[2] 它包含三个部分：论题、论据和论证方式。论题是解决"证明是什么"的问题，在一个论证中表现为论证者的观点和主张；论据，也叫理由、根据，主要是用来确定论题的真实性的依据，它解决证明中的"用什么来证明"的问题；论证方式，是论据和论题之间的联系方式，也就是证明者在用论证支持论题时使用了什么样的推理形式。简言之，论证乃是给出合理的理由将某种主张正当化。不过，我们这里讨论的法律论证是司法过程中所涉及的法律论证，即法律职业者或法律人支以理由证明司法过程中所作出的各种司法决定（包括司法判决、裁定、决定及其形成过程）、法律陈述的正确性和正当性。

法律论证的目的在于证明司法决定及其过程的正确性、正当性，并从而增进司法决定的可接受性。论证在逻辑学上有一个著名难题"明希豪森三重困境"。即任何一个论证必然会陷入三种困境：其一，无限倒退。即 A 命题需要 B 命题支持和证明，B 命题需要 C 命题支持和证明，C 命题需要 D 命题支持和证明……无限后退。这种论证方式的确定性需要建立在一个能够证明其他命题而本身又是不证自明的公理的基础之上，而在社会领域不存在这种不证自明的公

---

[1] 赵汀阳主编：《论证》，辽海出版社 1999 年版，第 78 页。
[2] 吴家麟主编：《法律逻辑学》，群众出版社 1983 年版，第 267 页。

理，因此，论证就必然会陷入无限倒退的境地。其二，循环论证。即用 B 证明 A，用用 C 证明 B，用 A 再证明 C，命题之间相互证明、无限循环。其三，武断地终止论证。在论证的过程中，将某个特殊的理由或依据（例如宗教信条、政治意识形态或其他的"教义"）作为不证自明的命题，断然终止论证。法律论证相对于其他领域的论证来讲，有一个相对确定的支点，这个支点就是法律，法律方法的保守性使然，法律论证是根据法律来论证。但是，这并不意味着司法决定及其形成过程不需要进行进一步的论证。相反，为增进司法决定的可接受性，司法决定作出的过程及其依赖的前提都需要进行论证，不能把司法决定建立在武断和专横的基础之上。法律论证需要走出论证的"明希豪森三重困境"。

三、法律论证的方法与进路

法律论证理论出现的一个重要思想背景是 20 世纪后半期以来的法理学研究中，法的强制性观念日趋式微，法的论辩性与可接受性之观念日益受到重视。在此相对共同的思想背景下，法律论证理论异军突起，构成西方法理学、主要是德语圈法理学的一个主要论题。但由于学者们依赖的学术资源和思想传统的不同，在法律论证的方法或进路上有不同的观点。按照荷兰学者菲特丽丝博士《法律论证原理——司法裁决之证立理论概览》一书的概括，大致呈现为三种相关但有差别的进路：逻辑的进路、修辞学进路、对话进路。

逻辑的进路的代表人物有克卢格、哈格、普拉肯等人。他们将法律论证的合理性建立在形式标准之上，认为裁判结果正当的必要条件是基于论证的论述必须被重构为一个逻辑有效的论述。其典型为亚里士多德的三段论逻辑。这样才能从大前提（法律规则）、小前提（事实）之合乎逻辑地推导出结论。这是最为常见的一种有效的推理模式，考夫曼将这种模式称之为"涵摄推论模式"。当然，逻辑的进路也不排除命题逻辑、谓词逻辑、道义逻辑和晚近发展出的对话逻辑等规范性逻辑在重构法律论述时的工具作用。

修辞学的进路注重论述在内容上的可接受性及其对语境的依赖，主张论证的目标在于获得"听众"的认可，而这一认可即构成论证有效和裁判正当的基础。修辞方法的代表有图尔敏和佩雷尔曼。图尔敏在其代表作《论证的运用》中阐述道：一项主张的可接受性部分依赖于支持这一立场而与内容无关的程序步骤，部分依赖于特定场合中的实质性评价标准。二者合起来构成了对裁判正当性进行评价的完整标准。菲特丽丝认为图尔敏的进路不适合复杂案件。佩雷尔曼认为裁判的正当性取决于"普遍听众"的认同，普遍听众包括二种含义：理性的人、精英或作为论辩参与者的一切人之整体。认同构成了论证合理性与价值判断客观性的标准。

对话的进路主张通过程序的视角来讨论法律论证，其将法律论证视为经由商谈达成理性共识的一种理性沟通方式。认为论证的合理性取决于商谈程序是否符合某些可接受的形式和实质标准。对话的进路可被视为一种程序主义的理性论辩进路。对话进路的主要代表有阿列克西、阿尔尼奥、佩策尼克等。阿列克西认为法律论辩、对话是普遍实践论辩之特殊情形。"理性法律论证概念的说明是通过对一系列规则和形式加以阐述来进行的，论证必须遵循这些规则并且必须采用这些形式，以使其所提出的要求得到满足。当某个论证（论辩）符合这些规则和形式时，由它所达到的结果才可以被称为是'正确的'。由是，法律论辩的规则和形式就构成了司法判决之正确性的一个标准。"[1]阿列克西的法律论证理论很大程度上是受哈贝马斯理论的影响。哈贝马斯认为论证"是一种言语类型，在论证过程中，参与者把有争议的有效性要求提出来，并尝试用论据对它们加以兑现或检验。一个论据包含着种种与疑难表达的有效性要求有整体关系的理由"。[2]因此，论证是一种沟通或交往的形式，而不是形式逻辑的一种运用。哈贝马斯在交往合理性理论基础上提出的法律商谈论，通过一个合理的民主程序即沟通程序的建构，建立起平等自由的对话空间，通过平等的交往对话，实现法的事实性与有效性的统一。可见，法律论证的本质在于交互的"对话"或"商谈"。从本体论意义上，可以说命令与对话两种性质同时存在于法律之中。阿列克西的法律论证理论旨在达到二者的统一。

四、内部证成与外部证成

逻辑学提出评估一个论题是否被证立或一个论证是否成立的两条标准：前提真实和推理正确。即一切论证成立或任何论题被证立不但取决于从前提或理由推导出结论的必然性或合理性，而且取决于论证所依据的前提或理由本身的真实性或正确性。一个论证整体上的合理性或正确性依赖于前提的合理性或正确性。而前提的对错不是一个逻辑问题，而是一个事实或价值问题，不是一个形式有效与否的问题，而是一个内容可接受与否的问题。推理的对错是一个逻辑问题，是一个形式有效与否的问题。波兰学者卢勃列夫斯基于1974年在《法律三段论与司法裁决的合理性》一文中，将司法裁决的合理性概括为司法裁决的内部证立和外部证立问题，并指出内部证立强调的是从前提中能够推导出结论；外部证立强调的是确认在内部证立中所使用前提的正确性或可靠性。比利时的佩雷尔曼、芬兰的阿尔诺、日本的平井宜雄、英国的麦考密克等也都有类

第
七
章

---

〔1〕 ［德］罗伯特·阿列克西：《法律论证理论——作为法律证立理论的理性论辩理论》，舒国滢译，中国法制出版社2002年版，第361页。

〔2〕 ［德］尤尔根·哈贝马斯：《交往行为理论：行为合理性与社会合理性》（第1卷），曹卫东译，上海人民出版社2004年版，第17页。

似的划分。

  阿列克西也认为对法律判断的证成可以区分为两个层面，即内部证成和外部证成。"内部证成处理的是：判断是否从为了证立而引述的前提中逻辑地推导出来；外部证成的对象是这个前提的正确性问题。"[1]内部证成涉及的是如何从前提中推导出结论，所以内部证成的本质是形式逻辑在法律推理中的正确应用。一个法律命题或判断能否被证立，其中一个重要的方面就是法律论证具有形式上的有效性，而形式上的有效性是依赖逻辑在法律论证中的运用。因此，"与内部证成的相关问题业已在'法律三段论'这个关键词下被多层面地加以讨论"。[2]阿列克西从内部证成的最简单的形式出发，推导出一系列内部证成的规则。这些规则包括"欲证立法律判断，必须至少引入一个普遍性的规范；法律判断必须至少从一个普遍性的规范连同其他命题逻辑地推导出来；需要尽可能多地展开逻辑推导步骤，以使某些表达达到无人再争论的程度，即它们完全切合有争议的案件；应尽最大可能陈述逻辑展开步骤"。[3]诺伊曼认为，"法律论证的核心——判决证立，在其结构上显得对应了古典的逻辑推理图式。因此，这并不令人奇怪，有时法律论证在很大程度上被等同于逻辑推理，而且至少对'内部'论证领域而言，法律三段论被提升到有约束力的论证模式"。[4]我国台湾地区有学者认为内部证成除了逻辑推论（即具体的法律效果须从论证的前提合乎逻辑地推导出来）之外还有其他的要求，这些要求包括如下三点：①论证的前提必须一致无矛盾；②论证的前提必须至少包含了一条普遍性的规范与一个描述具体案件事实的语句；③如果案件事实的描述和法规范的构成要件之间存在裂隙，则必须引入语义解释来加以弥补，直到对于具体事实是否该当作构成要件没有疑义为止。[5]内部证成准则体现了形式正义的要求，体现了法治的精髓。裁判的确定性和可预测性很大程度上是借助于逻辑来保证的。

  内部证成固然构成整个论证过程中不可或缺的一环，但它不是法律论证理论关心的关键。按照阿列克西的观点，内部证成中前提条件的证成构成了外部

---

[1] ［德］罗伯特·阿列克西：《法律论证理论——作为法律证立理论的理性论辩理论》，舒国滢译，中国法制出版社 2002 年版，第 274 页。

[2] ［德］罗伯特·阿列克西：《法律论证理论——作为法律证立理论的理性论辩理论》，舒国滢译，中国法制出版社 2002 年版，第 274 页。

[3] ［德］罗伯特·阿列克西：《法律论证理论——作为法律证立理论的理性论辩理论》，舒国滢译，中国法制出版社 2002 年版，第 274 页。第 275 ~ 284 页。

[4] ［德］乌尔弗里德·诺伊曼："法律论证理论大要"，载郑永流主编：《法哲学与法社会学论丛》中国政法大学出版社 2005 年版，第 12 页。

[5] 王鹏翔："论涵摄的逻辑结构"，载《成大法学》，2005 年第 9 期。

证成的对象，外部证成的目的在于为内部证成的前提确立理性（合理）的基础，外部证成是所有法律论证的核心焦点，是法律论证理论的主题。外部证成的中心问题是：按照法律的标准，在内部证成中所运用的论述是否可以接受？阿列克西指出，外部证成所要证立的前提条件大致可以分为三类：实在法规则、经验命题、既非经验命题亦非实在法规则的前提。针对这三个前提有相对应的证立方法。对某个规则（如实在法规则）的证立主要在于论证该规则符合该法秩序之对法效力的形式判断标准即可。对经验前提的证立则可能要引出一整套的程式，包括经验科学的方法、合理推测的公理、诉讼的证明负担规则等。对于那些既非经验命题亦非实在法规则的前提之证立则就要运用到"法律论证"了，包括传统的法律解释方法、运用判决先例与法释义学之论证、经验论证、一般实践论证等不同的论证形式。阿列克西通过六组规则和形式的运用以达到外部证成的目的，即证立法律推理由以出发的前提的正确性或正当性。

传统的法律实证主义把"法律论证"的正确性归结为两点：法律的形式理性、演绎推理的正确应用。这两点在二战以后都遭到了一定程度的质疑和批判，形式主义的法律观认为只要符合形式的要件，即使那些不公正的法律也是法律，就应该得到执行。而三段论的应用，把"法律论证"戛然而止于实在法规则，武断、专横地终止了论证。"法律论证"没有突破"明希豪森三重困境"。而现代法律论证理论则试图把论证终止于经过协商、沟通、讨论、理性论辩等"实践理性"环节而后形成的"共识"，一定程度上克服了传统的法律实证主义的缺陷，又没有滑向自然法学，是试图突破"明希豪森三重困境"的一种积极有益的尝试。

【延伸阅读】

1. ［德］卡尔·拉伦茨：《法学方法论》，陈爱娥译，商务印书馆 2003年版。

2. ［美］史蒂文·J. 伯顿：《法律推理和法律推理导论》，张志铭、解兴权译，中国政法大学出版社 1998 年版。

3. ［英］尼尔·麦考密克：《法律推理与法律理论》，姜峰译，法律出版社 2005 年版。

4. ［德］汉斯-格奥尔格·加达默尔：《真理与方法：哲学诠释的基本特征》，洪汉鼎译，上海译文出版社 2004 年版。

5. ［德］罗伯特·阿列克西：《法律论证理论——作为法律证立理论的理性论辩理论》，舒国滢译，中国法制出版社 2002 年版。

6. 杨仁寿：《法学方法论》，中国政法大学出版社 1999 年版。

第七章

7. 王洪：《制定法推理与判例法推理》，中国政法大学出版社 2013 年版。

【思考题】

1. 如何理解法律方法的概念和特点？
2. 比较演绎法律推理和类比法律推理的概念、步骤和特点。
3. 如何理解形式法律推理与实质法律推理的关系？
4. 为什么要进行法律解释？法律解释的方法有哪些？
5. 如何理解法律论证的目的？内部证成和外部证成的关系如何？
6. 法律论证理论是如何突破"明希豪森三重困境"的？
7. 法律推理、法律解释、法律论证的关系如何？

第八章
法的历史与发展

【内容提要】

法是人类社会出现私有制和阶级国家以后的产物。按照马克思主义的唯物史观，人类历史上经历了奴隶制，封建制、资本主义、社会主义四种不同历史类型的法。从法的形式特征上看，人类历史上形成了民法法系、普通法系、伊斯兰法系等不同的法律文化传统。现代社会法律的发展不仅存在时间上的递进与继承，还存在着空间上的移植和交融。中华法系凝结了中国五千年法制文明传统，是当代中国特色社会主义法律发展的重要文化资源。

【重点问题】

法的起源；法的历史类型；法的继承与移植；法系；中华法系

第一节 法的起源与演进

一、法的起源

一般社会理论研究要求"历史和逻辑的统一"，史学研究则要求"史观与史料的统一"。作为一个指向历史维度的法学理论问题，法的起源问题在深层上受制于不同的法律观，即法本体和概念上的不同认识。在受社会法学"活法"理论指导的法人类学家那里，法的外延非常广泛，法被认为是初民社会与文明社会共有的现象，从而也就不存在法的起源问题了。在其他唯心史观指导的法学流派当中，自然法学侧重从人类精神演进的历史当中探寻法的起源，而分析实证法学则强调国家权力在法起源问题上的基础作用。马克思主义法学认为，法是人类社会发展到一定阶段的产物，是政治社会特有的现象，强调社会经济生活在法律起源问题上的决定作用。

马克思反对黑格尔把国家、法律这种社会上层建筑当作整个人类社会的基础的观点，主张市民社会是决定国家、法律的最终的基础力量；反对黑格尔把人类社会历史发展的动力看作是"绝对理念"或"世界精神"，强调"每种生

第八章

产形式都产生出它所特有的法的关系，统治形式"，[1]强调"法的关系正像国家的形式一样，既不能从它们本身来理解，也不能从所谓人类精神的一般发展来理解，相反，它们根源于物质的生活关系"。[2]同时，在国家产生以及法律与国家的关系问题上，马克思和恩格斯还强调："国家是社会在一定发展阶段上的产物；国家是表示：这个社会陷入了不可解决的自我矛盾、分裂为不可调和的对立面而又无力摆脱这些对立面，而为了使这些对立面，这些经济利益互相冲突的阶级，不致在无谓的斗争中把自己和社会消灭，就需要有一种表面上驾于社会之上的力量，这种力量应当缓和冲突，把冲突保持在"秩序"的范围以内；这种从社会中产生，但又自居于社会之上并且日益同社会脱离的力量，就是国家。[3]指出统治者为了维护其统治地位，"除了必须以国家的形式组织自己的力量外，他们还必须给予他们自己由这些特定关系所决定的意志以国家意志，即法律的一般表现形式。"[4]这些经典论述，为研究法的起源问题提供了基本的理论与方法论指导。

在人类的第一种社会形态——原始社会，生产工具极其简陋，生产力极端低下，在一定时期内，人们生活在以血缘关系为基础的氏族组织之中，大家共同劳动，平均分享劳动成果，没有产品剩余、私有制、剥削和阶级，也没有国家和法。氏族组织经历了母系氏族和父系氏族两个阶段，分别拥有由氏族成员平等选出的女性或男性首领。氏族的最高权力机关是氏族成年男女平等参加的氏族议事会。在这样的社会组织中，用来调整人的行为的社会规范主要是习惯规范、道德规范、宗教规范等。他们是原始人们在长期的共同生活与共同劳动过程中逐步形成、世代相沿并不断丰富和发展起来的，调整着原始人各方面的社会关系和行为。

法是以社会为基础的，法的产生是社会诸因素相互作用的结果。其中导致法产生的最重要的根源是社会经济根源与阶级根源。

原始社会末期，随着生产工具的改进和生产力的提高，在婚姻制度变化的基础上，一家一户的劳动开始代替氏族的共同生产，劳动产品开始出现剩余；在经历了三次社会大分工的基础上，交换成为必然的社会现象。此时，"在社会发展某个很早的阶段，产生了这样一种需要：把每天重复着的生产、分配和交换产品的行为用一个共同规则概括起来，设法使个人服从生产和交换的一般条

〔1〕《马克思恩格斯全集》（第46卷·上），人民出版社1979年版，第25页。
〔2〕《马克思恩格斯选集》（第2卷），人民出版社1972年版，第82页。
〔3〕《马克思恩格斯选集》（第4卷），人民出版社1972年版，第166页。
〔4〕《马克思恩格斯全集》（第3卷），人民出版社1956年版，第378页。

第八章

件。这个规则首先表现为习惯，后来便成了法律。随着法律的产生，便必然产生出以维护法律为职责的机关——公共权力，即国家"。[1]可见，法首先是经济发展到一定阶段上的产物。

随着生产力的发展和剩余产品的出现，私有制也逐步产生了。一些人由于各种原因逐步成为富人，一些人则可能因为天灾人祸等原因而沦为穷人，还有一些人则甚至因为部落间的战争被俘而成为胜利者的家庭奴隶。社会就这样逐步分裂出奴隶主与奴隶两人对立的阶级，产生了激烈的阶级矛盾与冲突。为了维持他们在经济、政治上的优势地位，奴隶主阶级迫切需要创制出法——这种新的社会规范来调整已经变化了的社会关系。可见，阶级分裂与阶级斗争直接导致了法的产生。

除上述经济根源与阶级根源外，人文、地理等因素也不同程度地影响着法的产生。因此，世界上不同民族在其国家与法的产生的具体形式上，便具有了多样性的特点。但是，私有制的产生以及阶级、阶级斗争的出现则是法产生的最重要的根源。也正是基于这一认识，马克思主义经典作家们预言，到了没有私有制，没有阶级和阶级斗争的共产主义社会，法律也必将会走向消亡。

法与原始社会习惯就存在以下几点主要区别：首先，产生方式不同。原始社会的习惯规范的产生过程是一个自发的过程，而法的产生过程则是一个自觉的过程；其次，反映的意志不同。原始社会的习惯反映的是一定氏族的全体成员的意志，代表的是全体氏族成员的利益，而法则反映统治阶级意志，代表统治阶级利益；最后，两者的适用范围和实施方式不同。原始习惯只在具有血缘关系的同一氏族成员内部适用，是一种属人的行为规范，通常是靠传统的力量和成员的自觉遵守实施的。法则主要是在一个国家的领域范围内实施的，是一种属地的行为规范，并依靠有组织的国家强制力来保证人们遵守。

为经济根源与阶级根源所决定，世界上不同民族国家在其法的产生过程中表现出来的具有共同性、普遍性的规律，是法产生的一般规律。它们主要包括：首先，法的产生经历了一个由个别调整到一般调整的过程。即由对个别人、个别事的调整发展为对一般人、一般事的调整；其次，法的产生经历了一个由习惯到习惯法，再到成文法的过程；最后，法的产生经历了一个与其他社会规范浑然一体而后逐渐分立的过程。

二、法的类型理论与法的发展

（一）西方学者有关法律类型演进的学说

所谓法的类型，是指按照一定标准所划分出来的人类社会变迁过程中法律的

[1]《马克思恩格斯选集》（第2卷），人民出版社1972年版，第538～539页。

基本样态与发展阶段。作为一种新的研究范式，法的类型理论是对此前在西方社会占据主导地位达两个世纪的以历史哲学为基础的研究范式的反思与批判。[1]历史哲学方法试图把丰富多样的法律发展进程纳入一个严整的演化公式，以此作为社会及法律进化的万能钥匙。实际上，这一方法无法合理地理解各民族法律发展进程的丰富性并加以比较分析。因此，从19世纪下半叶以来，许多思想家日益认识到，为了理解从前现代社会向现代社会转变中的法律成长，就需要创设一种新的概念工具系统，选择能代表某一类社会法律关系本质特征的因素或要素，以便进行对比分析。[2]正是在这一背景下，类型理论研究逐渐形成并蔚成大观。

19世纪以萨维尼为代表的早期历史法学家，根据产生方式上的不同，把法划分为习惯法、学术法（法学家的法）和法典法，以此来概括人类法律的发展演进历程，进而确定当时德国法律的发展水平和历史任务。萨维尼认为，法律发展有三个阶段：第一阶段为习惯法，法直接存在于民族的共同意识之中；第二阶段出现了学术法，法表现在法学家的意识中。此时的法具有双重性质：一是民族生活的一部分；二是法学家手中的一门特殊科学。能够促使该阶段法发展的法学家，必须是那种具有敏锐的历史眼光和开展统一立法的条件；第三阶段就是编纂法典。该阶段是法律演进的最高阶段，必须在各方面条件均齐备的情况下方可制定，否则将会对国家法制产生不良影响。

英国法律史学家梅因继承了早期历史法学派的理论，并开始运用进化论的思想和跨文化比较的方法，考察人类从工业文明代替农业文明的社会发展过程中，法律文明的发展规律。梅因在其代表作《古代法》一书中指出，人类法律经历了从判决到习惯法到法典的过程，但只有"进步社会"才进入现代形态，而"停滞社会"却长久停留在古代世界。进步社会与停滞社会之别，在于前者发生了"从身份到契约的运动"，从而法律从前现代社会到现代社会的变化，就在于"身份法"和"契约法"两种类型的转换。

法国社会学家E. 迪尔凯姆在其《社会分工》一书中把社会分为简单社会与复杂社会，并进而提出了"压迫型的法"和"恢复型的法"。在简单社会里不存在劳动分工，社会全体成员具有统一的行为方式、价值观念、愿望和信念，社会是通过"机械的团结"组织起来的。简单社会产生"压迫型的法"，这种社会通过报复维护其神圣的压迫制裁，法律以刑法为主要形式。在复杂社会，劳动分工使人们的生产和生活方式存在差异，人们的信念、价值、利益都有不同，

第八章

---

〔1〕 参见丁学良："'现代化理论'的渊源和概念的构架"，载《中国社会科学》1998年第1期。

〔2〕 公丕祥：《法制现代化的理论逻辑》，中国政法大学出版社1999年版，第30页。

因而由不同的规范来调整他们的行为。人们对规范的共识日益减少，在简单社会中形成的法的神圣性观念被实际的规范所取代。复杂社会产生的是"恢复型的法"，用以保持社会协作的法不再以报复为目的，而是通过协调保持相互依赖性的恢复制裁，把契约法推到最重要的位置。[1]

美国哈佛大学教授昂格尔，是当代批判法学的代表人物。他在借鉴前人关于法的进化理论的基础上，把法的发展同社会的发展联系起来考察，认为社会发展应分为部落社会，贵族社会、自由社会三个阶段。与这三种社会制度相适应的法律制度分别是习惯法、官僚法和法律秩序（法治）。习惯法又称互动法（international law），它是"私"的，只在部落内部适用；缺乏实在性，只"由一些含蓄的行为标准而不是公式化的行为规则所构成。虽然这些标准常常十分精确，但它们基本上是心照不宣的标准……"[2]官僚法又称规则性法律。"与习惯法不同，这种法律具有公共性和实在性。官僚法由一个具有政府特征的组织所确立和强制的公开规则组成"。[3]官僚法存在的基础是"国家和社会的分离已经得以确立"，官僚法的最大特点是，法就是政策，就是君主的命令，统治者的工具。按昂格尔的观点，尽管官僚规则严格限制其范围内的其他类型的法律，但与其并存的仍有社会中的习惯和掌握在独立的僧侣阶层手中的神法。法律秩序（法治）不仅具备公共性和实在性，而且具备普遍性和自治性。普遍性是指法律的形成和适用过程中的统一性和一致性，自治性表现在实体内容、机构、方法与职业四个方面。昂格尔认为，这种法律形式"绝不是各种社会的普遍现象，它仅仅在非常特殊的环境中才能产生和生存"。这种特殊的环境是指，其一，组织的多元性，即社会不仅分裂为统治阶级和被统治阶级，而且统治阶级内部也分裂为许多相互斗争的集团争夺统治地位。法不再表现为维护某一特殊的统治集团利益的工具，而表现为具有普遍性和独立性，它适用于所有人并凌驾于相互竞争的政治力量之上。[4]其二，社会中存在着一种比实证法更高的"神圣的法"的观念——自然法思想。这种思想物化为教会的力量从而制约着世俗权力。值得注意的是，昂格尔认为，"当代西方社会已经由自由社会走向后自由社会，与此相适应的法律形式也应由法律秩序、法治转变为'福利—合作

---

[1] 徐显明主编：《法理学教程》，中国政法大学出版社 1999 年版，第 87 页。

[2] ［美］R. M. 昂格尔：《现代社会中的法律》，吴玉章、周汉华译，译林出版社 2001 年版，第 50 页。

[3] ［美］R. M. 昂格尔：《现代社会中的法律》，吴玉章、周汉华译，译林出版社 2001 年版，第 50～51 页。

[4] 张冠梓：《论法的成长——来自中国南方山地法律民族志的诠释》，社会科学文献出版社 2000 年版，第 34～35 页。

国家'"。[1]

除以上几种类型理论外,美国法学家庞德则认为法律具有五种典型形态即原始法阶段,严格法阶段,衡平法和自然法阶段,成熟的法律阶段,法律的社会化阶段。美国法学家诺内特和塞尔兹尼克则把法的类型概括为压制型的法(压制权利的非人的法),自治型的法(法与政治分离并居于至上地位)、回应型的法(适应型法,法在保有其独立性的同时,又能适应社会需要和要求的推动社会发展的法)。

类型学方法在法律演进研究中的出现,是法学研究中的一次重要的变革,其意义是多方面的。首先,它使法理学、法史学的研究方法更为多样,有助于分析法律发展与社会进步之间的关联,有助于把纷繁且浑然一体的经验事实纳入一个有序的概念工具系统中来,以便对处于两个不同时代的法律经验事实进行对比,确定他们之间的异同性,并且给予因果性意义的阐释。其次,类型理论不仅为法制现代化理论提供了概念分析工具,而且这些思想家、法学家在对法律进行类型划分时,都已经预设了法律发展演进的理论立场,成为法的现代性理论的重要组成部分。最后,可以使后来学人能直接简便而快捷地把握各个不同历史时期法的主要特征,更好地理解法律发展理论或法制现代化理论。

当然,法的类型理论也有其明显的不足和缺陷。如西方学者在运用这一理论并对法律做出划分时,其占有的资料主要来自西方国家,特别是"法理型社会的法(形式法)、法律的社会化阶段"类型的结论,都是在西方发达的资本主义社会的历史背景下得出的。而人类社会法律发展的实际情形是多元并存,法律在更多的情况下,只是表现为一种"地方性知识"。这样,这些理论及其划分结果,便不免有以偏概全的独断论之疑。不仅如此,由于以西方发达国家为主要参照,导致20世纪60年代在美国兴起的法制现代化理论演变成以西方化为特征的研究范式,并出现了向发展中国家强行输出法制模式、价值观念等情况,这也是我们应注意甄别的问题。

(二) 马克思主义法的历史类型更替学说

法的历史类型是苏联法学家根据历史唯物主义社会形态和"国家类型"的理论而提出的法的类型划分,用以指称同一阶级的国家法区别于另一阶级的国家法的那些不断发展着的共同的主要特征。所谓法的历史类型是对人类历史上存在过的以及现实生活中仍然存在着的法,依其经济基础和阶级本质进行的类型划分。人类历史上先后存在过四种不同历史类型的法律,即奴隶制法律、封

第八章

----

[1]　转引自张冠梓:《论法的成长——来自中国南方山地法律民族志的诠释》,社会科学文献出版社
　　　2000年版,第34～35页。

建制法律、资本主义法律和社会主义法律。唯物史观认为，人类社会的历史，是一个不断运动发展的历史。这一历史在整体的运行走向上表现为一个从简单到复杂，从低级到高级，从野蛮到文明的过程。法的四种历史类型呈现出从低级向高级依次更替的现象。

在法的历史类型更替的过程中，法律既发生着量变，也发生着质变。量变主要是指在社会的经济基础和法的阶级本质未变的条件下，法律的表现形式，制度设施、法律技术、法律体系等方面的变化。法的质变则是法的历史类型的变更，也即法所代表的社会基本制度的变化，质的变化一般要通过社会革命。法律历史类型的更替在不同国家，不同民族中有不同的表现，有的较早，有的较为晚近；有的是依次更替的，有的则是跨越式更替的，有的甚至还是在反复曲折中更替的。但从整体上看，都具有以下规律性表现：

第一，法律历史类型的更替是由社会基本矛盾的运动所决定的。在人类社会中，生产力和生产关系之间，经济基础和上层建筑之间的矛盾是社会的基本矛盾。其中生产力作为最活跃的因素，处于不断地发展进步之中，它的变化必然要求并引起生产关系的变化，而生产关系的变化又必然导致包括法律在内的整个上层建筑的变化。正如马克思所指出的："社会的物质生产力发展到一定阶段，便同它们一直在其中活动的现存的生产关系或财产关系（这只是生产关系的法律用语）发生矛盾。于是这些关系，便由生产力的发展形式变为生产力的桎梏。那时社会革命的时代就要到来了。随着经济基础的变更，全部庞大的上层建筑也或慢或快的发生变革。"[1]人类历史上封建制法代替奴隶制法，资本主义法代替封建制法，社会主义法代替资本主义法的事实也一再证明了这一规律。

第二，法律历史类型的更替必须借助于社会革命或改革。法律历史类型的更替，表征的是法律从一个阶级手中转移到另一个阶级手中。而既有的法律是反映当下统治阶级意志并维护有利于统治阶级的社会经济关系的，法律历史类型的更替，便意味着统治阶级既得利益的丧失。因此，当生产力要求变更经济关系时，当代表新的生产力要求的阶级企图打破那些阻碍生产力发展的桎梏并将自己的意志上升为法律时，就不可避免地会遇到统治阶级利用包括国家武力在内的各种"传统力量"的疯狂反抗。因此，法律历史类型的更替，就不会在社会中自然而然地"和平交接"，而必须通过社会革命或改革才能实现。

第三，法律历史类型更替的过程，也是法律继承和发展的过程。法律历史类型更替中新法代替旧法是对旧法阶级本质及基本原则的否定，并不是要割断新法与旧法之间的联系，也不是要全盘否定旧法。人类社会的发展史已经证明；

---

[1]《马克思恩格斯选集》（第2卷），人民出版社1972年版，第82~83页。

人类的物质生产和精神生产，都存在着一定的历史积累性和历史延续性。任何一个社会的法律，无论在制度层面还是在观念层面，都蕴涵了人类许多宝贵的共识；任何后世法律的发展，也都不是一个自足的过程，而是对前代法律包括同时代不同类型的法律进行加工、整理、借鉴、吸收并进而开新的过程。因此，新的历史类型的法代替旧法，既体现了法律的演进发展，更无可避免地蕴涵了新法之于旧法的继承关系。对此，我国法学界在20世纪50年代中期曾开展了法律继承性的热烈讨论，后因"反右"运动而搁置。80年代初又进行了新一轮的讨论，结果是肯定了法律有继承性。目前有学者进一步认为法律的继承有同质法之间的继承和异质法之间的继承；剥削者类型的法律之间的继承性要更大一些，社会主义法对剥削阶级法律的继承应持批判地借鉴与批判地吸收的态度。

三、法的继承与移植

在法的发展中还有一个不同类型或不同社会的法之间的关系问题。显然，任何一种新的类型的法都不可能凭空产生或者说从零开始，它必然以之前社会的法为起点，也必然从其周围其他地区的法中吸收对其有用的东西。新法在发展中对其他法的这两种纵向和横向的借鉴关系，前者是法的继承（Inheritance of law），后者是法的移植（Transplantation of law）。

（一）法的继承

法的继承指的是在总体否定的前提下保留对自己有用的东西，或在分析批判的基础上从中吸收对其有用的东西，并把它改造为适合的形式。这种继承，也就是哲学上讲的"扬弃"。新法之所以要继承旧法，首先，是因为新旧法所适用对象，即新旧社会之间存在着继承关系，也就是说，新社会中人及其观念、人们的生活方式和要面对的社会问题不可能是全新的，因而就意味着旧法中有些部分仍然有用。其次，是因为法像任何文化一样，都凝结着群众的智慧，都包含着所在群体的信仰，都是所在群体长期发展的结晶，所以后来产生的新文化只是其发展的一个阶段或总链条中的一个环节。这意味着其产生要以前一个环节为基础，其存在除了要满足所在社会的需要外，还承担着传承文化的角色，所以不可能与之前的法没有什么关系或不保留原有法的某些内容和形式。

法的继承性表现三个方面：其一，新法在基本框架、基本术语等许多方面都会沿用原来的，也就是说它不可能创造出一套全新的体系和话语；其二，新法中会保留旧法中的某些部分，特别是那些政治性不强的部分，如有关社会治安的规定、有关婚姻和财产继承的规定、有关一般民事交往的规定、有关交通安全的规定等；其三，旧的法观念、法思想、法理论，如关于正义的观念、关于权利义务的观念、关于犯罪的观念等，也必然会对新法的制定和实施产生某种影响，也就是说在新社会里人们不可能完全创造出一套全新的法观念和法理论。

（二）法的移植

法的移植是借用生物学的一个用语来形容同时存在的两种法之间的某种借鉴关系。它比喻一个国家把国外的法律文化，特别是法律制度引入本国并嫁接于本国的法律制度之中的情况。法是一种文化现象，而古往今来各种文化的交流是一个不争的事实。正因为如此，现今存在的任何一种文化中都可以找到外来文化的痕迹。法作为一种文化也是如此，现有的世界各种法律文化的交流是始终存在的，而进入近现代以来，由于科技的发展，信息和交通的日益发达，各国经济和文化交往的范围和程度越来越大，这必然导致世界各种法律文化之间的频繁交往，也必然使任何一种法律文化要保持它的纯洁性都是不可能的。这就是说，各种法律文化之间的互相借鉴是必然的，借鉴的方式很多，移植只是其中的一种。

作为对外国法文化的借鉴和引进，法律移植成为第三世界国家改善和发展本国法律制度的一种特殊方式。其办法就是仿照西方发达国家修改已有的法律制度，在这过程中不仅大量地照抄西方国家的法律条文，而且仿照西方的教育模式建立学校，培养与之相适的法律人才。这种性质和形式的大规模的法律移植活动在 19 世纪首先由日本开始并取得成功，我国在 19 世纪末以来也仿照日本发起来一次又一次移植西方法律制度的运动，清末的修律和民国时期、乃至于改革开放以来的大量立法活动，基本上都属于这一性质的法律移植活动，但我国却没有出现预想的结果。这突出表现在这些被移植过来的法律没有在中国本土扎下根来，而只是留在法律文献的纸上。正因为如此，在我国法学界前几年曾掀起了对法律移植问题的争论。[1]争论中主要围绕着法律移植的可能性和如何正确地进行法律移植两个问题展开。通过争论，现在第一个问题基本解决，完全反对者已不多见，主要的问题是要划清它与完全西化的界限，不要把法律移植理解为铲除原有法律文化的法律殖民主义。第二个问题主要围绕外来法律文化与本土法律文化的关系问题。而这个问题是自清末以来就一直争论着的，著名的有"中学为体，西学为用"说，其要害在于如何对待中国古代传统的法律文化。我们认为，法律移植必须立足于中国的现实需要，必须以中国的国情为基本出发点，必须充分地尊重原有的法律文化，认真从中挖掘有用的东西。因此，在充分肯定移植必要性的前提下，要根据我国法制建设的需要，有选择地和有步骤地进行移植，而且每移植一种法律都必须进行充分的论证和认真地试点，还要把它与我国已有的法律文化很好地加以结合，使之实现"中国化"。

---

[1]　参见王云霞："法律移植二论"，载《公安大学学报》2002 年第 1 期。

第八章

否则被移植过来的法律难免会产生"排异"，或者出现"南橘北枳"的现象。

第二节　世界主要法系

一、法系的概念

法系（Legal Family）是西方法学家首先使用的一个用语，在西方与其相近的词还有"法的样式""法圈""法族""法律传统""法律体系"等。这些用语表述的多样化，根源于法学家们对法系含义的界定有所不同。如法国比较法学家达维德把意识形态及其法律观念溶于法系概念之中，美国梅里曼教授则用法律传统来代替法系一词，突出了法律现象的历史渊源。在德国比较法学家茨威格特和克茨那里，法系就是指以各个法律秩序以及这些法律秩序所构成的整个群体具有的特定样式，即法律样式。[1]在俄罗斯法学家 B. B. 拉扎列夫主编的《法与国家的一般理论》一书中，法系被界定为"是为了标示具有相似法律特征的一组法律体系，而这些法律特征可以说明这些体系的相对统一性。这种相似性使这些体系具体的历史发展和逻辑发展的结果"。[2]在我国，沈宗灵在《比较法研究》一书中指出：我们可以把法系理解为"由若干国家和特定地区的、具有某种共性或共同传统的法律的总称。"[3]孙国华称法系是"按照法律制度的历史传统，法在形式上、结构上的特征、法律实践的特点、法律意识及法在社会生活中的地位等因素对法律制度进行的划分。"[4]梁治平在《法律的文化解释》一文中则认为："可以作为依据的不是任何一种进化的法则或图式，而是人类世界的一般性，是人类生活的共同性，以及在一般性和共同性背景下发生和发展起来的各种特殊形态。"[5]

在法系理论中，之所以能够对世界上的法律制度进行的分类，正是基于某种共同背景下发展起来的法律文化上的特殊形态。尤其是一些国家的法律制度被移植于其他地区，使这些国家的法律文化互相渗透，彼此接近。正如勒内·达维德在《当代主要法律体系》中曾言：如果考察法律规定的内容，我们可以

---

[1]　"样式"一词，原本用于艺术或建筑领域，指哥特式、巴洛克式等不同艺术或建筑风格，其含义是使精神的和内在的特征形象化的、具有个性的方式或类型。以后这一概念被适用于包括法律领域在内各个领域，茨威格特则在法学领域使用了这一术语。参见［日］大木雅夫：《比较法》，范愉译，法律出版社 1999 年版，第 113 页。

[2]　［俄］B. B. 拉扎列夫主编：《法与国家的一般理论》，王哲等译，法律出版社 1999 年版，第 237 页。

[3]　沈宗灵：《比较法研究》，北京大学出版社 1998 年版，第 60 页。

[4]　孙国华主编：《法理学》，法律出版社 1995 年版，第 113 页。

[5]　梁治平：《法律的文化解释》，生活·读书·新知三联书店 1994 年版，第 37 页。

把法归类成"系",就像宗教方面、语言学方面或自然科学方面一样,可以忽略次要的区别不去管它,而确认"系"的存在。法归类成系,简化为少数类型,则便于对当代世界各国法的介绍与理解。因此,所谓法系就是对具有某些共同的特征和共同的历史渊源或文化传统的多个国家或地区法律的统称。这一定义对于从宏观上把握世界上的法有一定的意义。

二、法系的划分

(一) 法系划分标准的相对性

对世界上众多的各不相同的法律制度进行分类,首要的问题是按什么标准进行分类。在比较法研究的早期历史上,比较法学者多用种族、语言以及时间顺序作为划分法系的标准。例如,1913 年法人类学家绍塞尔·霍尔(Sauser Hall)曾以种族因素为标准把世界主要法律制度划分为印欧法系、犹太法系、蒙古法系以及未开化民族法系四大类。再进一步将印欧法系划分为印度法、伊朗法、凯尔特法、希腊法、拉丁法、日耳曼法、盎格鲁·撒克逊法和立宛陶—斯拉夫法等子系。1922 年法国学者列维·乌尔曼(levy ullemann)以语言为标准,把世界各国分为三大法系,大陆法系、英语法系和伊斯兰法系。1928 年,美国的威格摩尔(John H. wigmore)在其被法学界誉为"世界法系全景图"的《世界法系概览》一书中,以时间顺序为标准将世界主要法律制度分为十六个法系,它们依次是:埃及法系、美索不达米亚法系、希伯莱法系、中国法系、印度法系、希腊法系、罗马法系、日本法系、穆罕默德法系、凯尔特法系、斯拉夫法系、伊斯兰法系、日耳曼法系、海商法系、教会法系、罗马化法系、英国法系。他指出这十六个法系中有六个死法系,即埃及法系、美索不达米亚法系、希腊法系、希伯莱法系、凯尔特法系、教会法系;有五个是残存但已混杂的法系,即罗马法系、日本法系、斯拉夫法系、日耳曼法系、海商法系;有三个是残存但不太混杂的法系,即中国法系、印度法系、伊斯兰法系。[1]

二战以后,由于亚洲国家的迅速发展和第三世界国家民族解放和独立运动,给传统的法系分类标准提出了新的问题。于此相适应,西方比较法学家关于法系的分类标准也有新的变化。1950 年,法国比较法学家达维德在《比较民法原论》一书中,第一次提出法系的分类不能仅仅考虑传统一个因素,而要把社会经济和政治制度的因素也考虑进去。1964 年,达维德又在《当代主要法律体系》一书中进一步指出,法系的分类应把思想意识形态的标准与法律技术标准综合起来加以考虑。据此,他把世界各国法律划分为罗马日耳曼法系、社会主义各国法(苏联及东欧法)、普通法、其他社会秩序与法律观等四大法系。这一

---

〔1〕 [美]约翰·H. 威格摩尔:《世界法系概览》,何勤华等译,上海人民出版社 2004 年版,前言第 2 页。

第八章

新的分类，考虑到了世界形势的新变化，将非洲各国法纳入他们的法系理论范畴内，也对苏联等社会主义法律给予了更多的注意。继达维德之后，德国比较法学家茨威格特和克茨也认为不能只用一个标准划分法系，提出法系样式的构成因素应当包括五个方面：①一种法律秩序在历史上的来源与发展；②在法律方面占统治地位的特别的法律思想；③具有特征性的法律制度；④法源的种类及其解释；⑤思想意识形态。不仅如此，他们还提出了法系划分的相对性，即存在"主题相对性"和"时间相对性"。他们认为，关于民法法系和普通法法系的划分主要是以私法为对象的，但若以公法为对象便会出现不同的结果。同样地，美国法从私法的角度看归属于普通法，而从公法，特别是司法审查制度看，却与德国、意大利等国属于同一类型，这些就是由于"主题相对性"造成的。而"时间相对性"，则是指由于法系划分必须在跨越过去与现在的时间联系中进行，针对的时代不同，划分的结果也就不同。对不同国家的法律制度进行划分时，必须考虑到这一时代特征。例如，达维德将中国和日本的法律制度划分为"远东法系"，实际上这种划分仅适用于封建时代的中国和日本。

　　从法系理论的发展看，以往的分类标准之所以具有片面性，就是因为仅仅以某一种标准作为衡量不同法律制度的唯一标准。但反过来说，作为法系划分标准的构成要素也并非越多越好。一方面，法系应当是对体现某一法律秩序之内的整体性特征的确定，如果只把宪法、民法或刑法的某一部分抽出作为标准从事法系分类，无疑就会使法系概念失去法律体系的整体意义。正如日本法学家大木雅夫所言："从根本上说，试图把一切标准一律不变地加以贯彻，实属不可能，作为分类标准的各个要素之间的界限也并非是泾渭分明的。正如历史学中没有绝对的时代划分一样，比较法研究中也不存在完美无缺的法系分类。"〔1〕因此，法系的划分势必是相对的，既要受制于某一法律秩序历史形成过程所造就的特殊性，也取决于法学家在自身所处的特定历史条件下所确立的法学研究的目的和任务。

　　（二）世界主要法系

　　从上述理论可以看到，在法系划分问题上，既有西方中心主义的立场，也有非西方的立场；有着眼于当代的，也有要兼顾历史的；有只着眼于法的形式特征的，也有考虑其历史渊源和文化背景的。多元的分类标准必然导致划分结果上的差异，但更关键的问题在于，多元的划分结果并不意味着不同的法律传统都具有相同的影响力。正是在这个意义上，也才有会出现一些历来为大家所公认的法系，如普通法法系、民法法系以及伊斯兰法系、印度教法系等。

────────────

〔1〕〔日〕大木雅夫：《比较法》，范愉译，法律出版社 1999 年版，第 150 页。

1. 民法法系。民法法系是西方国家两大法系之一，是当代历史最为悠久和影响最为广泛的一种法律传统。"民法"（Civil law）这个术语，在古罗马指仅限于适用于罗马市民的法律（jus civile），也称为市民法或公民法，当时适用于外族人或外国人的法律（jus gentium），称为万民法。在中世纪时期，民法一词又专用来指罗马法，以及在罗马法基础上发展起来的法律，以与教会法相区别。在现代法律中，民法主要用来指私法，与刑法或军法相对称。民法法系（Civil law family）通常是指以罗马法特别是以《法国民法典》为基础而形成的法律传统的总称，又叫大陆法系、罗马—日耳曼法系、法典法系等。

民法法系的分布范围包括欧洲大陆以及深受欧洲大陆国家法律制度影响的国家和地区，这些国家和地区遍布拉丁美洲、非洲、亚洲及世界大部分地区。在民法法系中，法国和德国是两个影响最大并对民法法系的形成具有重要意义的国家，以至于有的比较法学家主张把民法法系分为法国法系和德国法系两个子系。美国比较法学家沃森就认为，"在民法法系里存在两个不同的'系别'，或在民法'体系'里有两个分支，一个从日耳曼法势力范围演变而来，另一个从拉丁，或更具体地说，由法国演变而来"。[1] 法国法对其他民法法系国家的影响主要是通过 1804 年的《法国民法典》完成的。法国从 1804～1812 年向东方展开军事扩张，导致许多地区实施《法国民法典》。其中最为典型的是比利时、卢森堡等国，葡萄牙、西班牙、瑞士某些州、意大利以及东欧国家的法律均受到《法国民法典》的影响并以继受《法国民法典》而建立的。不仅如此，"法国在 19 世纪属于世界上最大的殖民地国家之一，其势力范围的重点是近东、非洲以及印度支那和大洋洲。几乎所有这些地区现在都已获得独立，然而法国的法律传统至今仍不同程度地对这些国家和地区产生着影响"。[2] 德国在民法法系中也具有举足轻重的地位。德国在 19 世纪末制定《德国民法典》时，由于深受同时代启蒙主义的理性主义思潮的影响，再加上《德国民法典》的学说汇纂派的特色，使其在语言的抽象性和立法技术的复杂性方面，带来了其在传播和移植上的困难。但尽管如此，《德国民法典》仍然对意大利、希腊、巴西、日本、韩国的民法典产生了重大的影响。

此外，还有一些国家和地区存在于西方两大法系之间，或与本土法相互交错并存，即所谓"混合法"。例如，英国的苏格兰在历史上受罗马法的影响较大，其法律制度是民法法系和普通法系的混合。美洲一些地区曾经是法、西、

---

〔1〕［美］艾伦·沃森：《民法法系的演变及形成》，李静冰、姚新华译，中国政法大学出版社 1992 年版，第 150 页。

〔2〕［德］K. 茨威格特、H. 克茨：《比较法总论》，潘汉典等译，法律出版社 2003 年版，第 201 页。

葡、荷四国的殖民地地区，后来又转归英国或美国管辖，因而都成为具有民法法系和普通法系两种特点的法律，这种情况包括波多黎各、美国的路易斯安娜州、加拿大的魁北克省等。在亚洲，包括土耳其、叙利亚、伊拉克、约旦等阿拉伯国家的法律，则是民法法系和伊斯兰法系的混合。印尼由于曾是荷兰殖民地，法律制度深受荷兰法的影响，又兼有伊斯兰法系的因素。菲律宾曾先后沦为西班牙和美国的殖民地，其法律兼有两大法系混合的特点。非洲大部分属于民法法系，其中南非曾先后是荷兰和英国的殖民地，其法律及其毗邻的津巴布韦、博茨瓦纳、莱索托、斯维夫兰等国的法律都属于两大法系的混合物。北非的阿尔及利亚、摩洛哥、突尼斯等阿拉伯国家的法律，由于与法国、意大利的历史联系、兼有民法法系和伊斯兰法系两种特色。[1]

2. 普通法法系。普通法法系是指以英国中世纪普通法为基础发展起来的法律传统，又称英美法系、盎格鲁—撒克逊法系、判例法系。在法学理论中往往把"普通法"视为与宪法这一"根本法"相区别的一般法律，但这里的普通法（common law）是形成于英国13世纪一种通行全国的判例法，区别于衡平法、制定法以及教会法等英国其他法律渊源。由于英国是世界上最早进行殖民扩张的国家，从而导致普通法系的分布范围同民法法系一样十分广泛。"现在世界上，有近1/3的人生活在其法律制度不同程度受到过普通法影响的地区。"[2]

总体上说，英国的殖民地可分为两类：一类是殖民时无人居住，或居民尚处在文明的早期阶段，由殖民者带入的普通法便成为适用于该地区的法律，如澳大利亚、新西兰和北美等地。另一类则是一些原本已经处于当地政府或其他欧洲殖民地政府的控制之下，但通过征服或割让又成为英国殖民地的国家和地区。英国人在这些国家和地区的殖民往往保留了这些国家和地区的原有法律。如英国对原法属殖民地加拿大的领地和荷兰殖民地南非，在接管时即对原法国法和荷兰法予以保留。而在印度和非洲一些实行宗教法的国家，"英国的殖民当局并没有试图用普通法规则取代当时那里生效的伊斯兰法、印度法和不成文的非洲习惯法"。[3]在当代世界，属于普通法系的国家和地区大体上有英国本土（苏格兰除外）、爱尔兰以及曾经是英国殖民地、附属国的许多国家和地区，包括北美的加拿大（魁北克省除外），美国（路易斯安那州除外）；亚洲的印度、巴基斯坦、孟加拉、缅甸、马来西亚、新加坡、中国香港等；大洋洲有澳大利亚、新西兰等；西非有塞拉里昂、加纳、尼日利亚、东非的肯尼亚、乌干达和

〔1〕 参见沈宗灵：《比较法研究》，北京大学出版社1998年版，第75~77页。
〔2〕 ［德］K. 茨威格特、H. 克茨：《比较法总论》，潘汉典等译，法律出版社2003年版，第255页。
〔3〕 ［德］K. 茨威格特、H. 克茨：《比较法总论》，潘汉典等译，法律出版社2003年版，第297页。

坦桑尼亚等。其中印度、巴基斯坦等国并非纯粹的属于普通法系，印度教法和伊斯兰法在印度、巴基斯坦等国也有着重要的地位和影响力。

3. 伊斯兰法系。伊斯兰教是世界三大宗教之一，又称穆斯林教，是公元7世纪阿拉伯先知穆罕默德所传播的一种宗教，伊斯兰教现有教徒约 16 亿。"伊斯兰"在阿拉伯语中意为"顺从"，穆斯林是指"信徒"。而伊斯兰法泛指以伊斯兰教义为基础的法律，阿拉伯语中的沙里阿，即指真主阿拉（Allah）指示的伊斯兰教徒所应走的路。伊斯兰法在当代的分布范围很广泛，达维德将其划分为三类。第一类是阿尔巴尼亚和苏联的五个共和国（哈萨克、土库曼、乌兹别克、塔吉克、吉尔吉斯）。这些国家曾经是社会主义国家，在那时"伊斯兰法不再为任何法院所援用，它已被排斥在法之外，几乎是秘密地为居民所遵守，官方的哲学思想则要使用这些居民摆脱伊斯兰教"。第二类是较少受现代法律思想影响的国家，包括阿拉伯半岛国家、阿富汗和巴基斯坦。这些国家深受伊斯兰法和习惯法的约束。第三类是在新的社会关系方面采用现代法律，仅在属人法等传统领域实行伊斯兰法和习惯法。根据它们所采取的现代法律的不同又可分为普通法模式和法国法模式或荷兰法（印尼）模式两种。另外，土耳其在伊斯兰国家中处于特殊地位，它与欧洲有特别密切的政治、经济联系，其法律与伊斯兰法形成鲜明对比。[1]

伊斯兰法的法律渊源由四部分组成：一是伊斯兰的最高法律渊源《古兰经》。二是"逊奈"，即真主使者穆罕默德的圣训。三是"伊智玛"，指伊斯兰教学者对教义的一致意见。四是"格亚斯"，也叫类推，指相似事件按照相似原则处理的方法。其中，《古兰经》和逊奈具有最高的法律地位，但在现代伊斯兰国家它们只表现为历史上的法律渊源。在实践中，法官处理案件时更多的是在伊智玛中寻找判决理由。而格亚斯只是解决具体案件的一种补充方法而已。一方面，伊斯兰教法是立于神圣宗教的意识形态之上的法，强烈地固守永恒性与不变性；另一方面，在伊斯兰国家中，伊斯兰教法的效力只存在于少数社会关系的领域（如家庭、婚姻、继承等），而且只是对伊斯兰教徒有效。伊斯兰世界还有很多的其他世俗法律，如刑法、行政法等。这些法律与伊斯兰教法相对应，被称为世俗法。同时，伊斯兰教法也在对现在的世界逐步适应，并且进行了多方面的改革。而且"如果说以往改革的方向主要是法律的西方化、法典化和消除伊斯兰宗教法庭，现在既有过去那种方向，但也有削弱西方化，强调伊斯兰

---

[1] 参见［法］勒内·达维德：《当代世界主要法律体系》，漆竹生译，上海译文出版社 1984 年版，第 446～448 页。

教义和伊斯兰宗教法庭的方向"。[1]

4. 印度教法系。印度教法属于世界上最古老的法律传统之一，是指公元 5～7 世纪以前古代印度奴隶制法及以其为基础的古代缅甸、锡兰（今斯里兰卡）、暹罗（今泰国）、菲律宾等国法律的统称。印度教法不同于印度国的法律，正如伊斯兰教法不能同信奉伊斯兰教的各国法相混淆一样，印度教法对于不信奉印度教的居民来说不具有约束力。

印度教不同于其他宗教，它不要求信徒通过接受特定的教义而联结起来，每个信徒可以自由地信仰一神或多神，或不信任任何神。印度教实际上是一种宗教哲学性质的根本信念，其基本信条之一是"轮回"和"业"的学说。根据这种学说，人在尘世的善行或恶行产生来世的种因，如果一个人现世努力行善，来世就可作为高级的精灵，属于较高身份等级。而在今生受苦的人或地位卑贱之人，则是赎回他前世所犯的罪孽。这种教理就是印度教社会种姓制度的基础。

印度教的法律渊源被认为是来源于古老的经典《吠陀》，其内容主要是一些宗教的歌曲、祈祷文、诗歌和传说。印度教徒把它们视为神的启示和他们的宗教与法律渊源。除此之外，还有关于法律方面的古老著作《法论》，它是老学者和祭司所记忆的名言，其中可以看到关于人们按照自己在种姓的地位对诸神、国王、祭司、祖辈、家庭成员、邻人等甚至是动物负有义务，以及应当如何行为的具体规定。约在公元 2 世纪，产生了著名的《摩奴法论》（又译为《摩奴传承》或《摩奴法典》）。这是一部详细规定了不同种姓的人如何行为的法律著述，采用诗歌体裁，包括宗教、道德和法律规范以及哲学等内容。全书分为 12 章，共有 2694 个段落和律令，为印度教徒规定了作为四个社会等级中的一员和度过生命四个阶段之一时承担的义务，其内容涉及个人、家庭和国家生活的各个方面，构成了以种姓制度为基础的印度古代社会的行为模式。

在英国人统治期间，传统的印度教法律受到了致命的打击。尤其是在所有权和债权领域，传统的规范被"普通法"规范所替代。但在婚姻、继承和习惯方面没有发生变化，使印度教法律仍然保留了自己的调整范围，对于当时的英国法官来说，遇到婚姻、继承和种姓等方面的案件，它依照印度教法的规则来裁决。这样，传统的印度教法就被所谓的"英国——印度教法法律"取代。印度教法的法典化与现代化是同印度独立运动密切相关的，1947 年印度独立后，先后制定了宪法、婚姻法、继承法等一批重要的法律。"为了实现印度宪法的要求，现代印度已经废除了由于当事人所属种姓决定其法律效果是否发生的一切规则。但是这不意味着今日印度居民的多数人已经不按照传统的行为规则行事

第八章

----

[1] 沈宗灵：《比较法研究》，北京大学出版社 1998 年版，第 642 页。

了。现在彼此不同种姓出身的印度教徒之间结婚依然是稀少的，新娘比新郎属于高级种姓的情况更是如此。"[1]

三、西方两大法系比较

大陆法系与普通法系是两种并存的资本主义法。它们在许多方面，如经济基础和阶级本质、价值取向、宗教信念上都基本相同，历史上也有某些共同的渊源，但也存在许多差异，归纳起来主要有以下几点：

第一，在历史渊源上，大陆法系直接根源于古罗马法，是在 11 世纪复兴古罗马法的基础上演化而来的；而普通法系在形成中虽然也受到罗马法的影响，但主要是由英国中世纪的习惯法演化而成的。

第二，在表现形式上，大陆法系主要为成文性的法典，而普通法系则主要为判例法。与此相联系法律的创制者前者主要是立法机构，而后者则主要是司法机构。这一区别也使前者以国会为法律权威的象征，而后者则以最高法院为最高象征。

第三，在法律分类上，大陆法系一般把法律区分为公法和私法，并由此设置相应的两种法院，在法律种类上也有经济法的名称，而普通法系则没有这一划分和名称，而是把法律根据其产生的法院种类区分为普通法和衡平法。

第四，在诉讼程序上，大陆法系国家一般实行职权主义原则，由法官主动审讯、搜集和核查证据；而普通法系国家则实行当事人主义原则，在民事审理活动中由当事人为自己的诉讼主张提供证据，并盘问对方的证人，由诉讼双方在法庭进行辩论，法官处于消极地位和保持中立角色，只是在最后才作为一个裁判员。

第五，在法律观上大陆法系崇尚理性主义，比较关注法与正义和法与公众道德的联系，法律体系的逻辑严谨性，因而在大陆国家法学教授比法官更具有权威性。相反英美法系崇尚经验主义，其法律散见于一个个的案件的判决书中，而这些判决虽然也要"遵循先例"，但更强调的"特事特办"。所以在这些国家中"法既不是大学教授的法律，也不是钻探原理的法律，而是熟悉诉讼程序者和开业律师的法律"，[2] "法官既是这部机器的设计工程师又是操作工人"。[3]

第六，在法律适用的推理上，大陆法系的法官以遵循从一般到特殊的路径，奉行"罪刑法定"的司法原则；而在英美法系国家里恰好相反，法官的推理是

---

〔1〕 ［德］K. 茨威格特、H. 克茨：《比较法总论》，潘汉典等译，法律出版社 2003 年版，第 540 页。

〔2〕 董茂云："大陆法系与英美法系的根本区别——两大法系法律观念比较"，载《法学研究》1987 年第 1 期。

〔3〕 ［法］勒内·达维德：《当代主要法律体系》，漆竹生译，上海译文出版社 1984 年版，第 334 页。

从个别推出一般原理，和采取"遵循先例"的司法原则。

应该指出的是，进入 20 世纪以来随着交往的频繁，这两大法系的国家开始认识到自己的不足，注意吸收和借鉴对方的长处，致使以上的差别有一种日益缩小的趋势。例如，普通法系国家逐渐加强议会立法，其部门法律也有法典化的趋势，而民法法系由于上诉制度的存在，在司法实践中，法官与律师也更加倾向于遵循先例原则。然而，应该认识到，这并不意味着它们之间的差别会完全消失，恰好相反，它们各自具有的历史传统、风格、和特色将会长久保持下去。

第三节　中华法系与当代中国法的发展

一、中华法系的特征

中国有着悠久的古代法律文明，其延绵发展、周边辐射几万里，形成了一个东方特色的"儒家法律文明圈"。作为中国古代法律文明定型样态的中华法系，不仅于 2000 余年间有效担当了中国国内大国治理、族群延续和文化发展的历史任务，而且广泛影响了日本、朝鲜、越南等东亚、东南亚等国家和地区的法律建制。在人类法制文明的历史长河中，中华法系这一独特的法律文明样态巍然独立，蔚为大观。不论国内外学术界对世界法系作何分类，都不可能把中华法系摈列在门墙之外。早在清光绪十年的 1884 年，日本著名法学家穗积陈重于《论法律五大族之说》一文中，提出了印度法族、中国法族、回回法族、英国法族、罗马法族的"世界五大法族说"，[1]这就表明从法系概念肇始之初，对中华法系的研究就赫然在列。梁启超曾经慷慨断言："近世法学者称世界四法系，而吾国与居一焉。其余诸法系，或发生蚤于我，而久已中绝；或今方盛行，而导源甚近。然则我之法系，其最足以自豪于世界也。夫深山大泽，龙蛇生焉。我以数万万神圣之国民，建数千年绵延之帝国，其能有独立伟大之法系，宜也。"又说"逮于今日，万国比邻，物竞逾剧，非于内部有整齐严肃之治，万不能壹其力以对外。法治主义，为今日救时唯一之主义。……自今以往，实我国法系一大革新之时代也"，[2]自清末修律至今，伴随一个半世纪以来中国法制的现代转型，中华法系虽已不复存在，但却是一个值得重新挖掘并加以创造性转换的法律文明。

---

〔1〕［日］穗积陈重："论法律五大族之说"，载《法学协会杂志》1884 年第 1 卷第 5 号。
〔2〕梁启超："中国法理学发达史论"，载《梁启超法学文集》，中国政法大学出版社 2000 年版，第 69、71 页。

总体上看，中华法系是指以三代礼制为渊源，在儒家思想指导下由汉至唐逐步发展成型的，以儒家人伦纲常为重心的一套礼法文明系统，是中国古代儒家化的法律制度、法律思想、法律运作机制和民众法律心理意识的汇总。对中华法系的认识，根本上要抱持历史的态度进行具体的分析，只有将中华法系整个法律系统放置在当时社会历史条件下，才有可能进行客观、中允的评价。显然，中华法系在今天早已经失去了赖以形成和存续的小农经济基础、封建等级专制统治的政治条件，而作为一种法律文化传统，在当今日益开放多元的现代社会中，成为观念性的存在。相应地，正是由于远离了封建性制度运作的束缚，我们才有可能结合当下中国的社会条件，来系统挖掘这种历史上的伟大法律文明系统当中所蕴涵的具有超越性价值的优秀传统，借以完善和确证我们在真实法律生活中的自我形象。在这个意义上，结合世界多样化的法律文明样态之间的比较，今天认识中华法系，应当注意以下几方面的内容。

第一，应当注意中华法系之法是"礼法"，即儒家伦理法，礼制为体，法制为用。这意味着，在法律构成上，中华法系之法表现为礼制和律令的二元结构，不仅依靠国家强制力颁布、推行的律令刑典只是法的一部分，而且作为儒家伦理程式化表现的礼制，在这种二元结构中居于中枢核心的地位。孔子提出："道之以政，齐之以刑，民免而无耻。道之以德，齐之以礼，有耻且格"，强调德的教化作用，主张"德主刑辅""明刑弼教"，用以预防犯罪，整肃人心；《唐律疏议》明确宣布："德礼为政教之本，刑罚为政教之用"，二者之不可偏废，正如"昏晓阳秋相须而成者也"；明清更将丧服图置于律首，以示重礼。"礼禁于未然之前，法禁于已然之后。"不仅出礼入法，而且以礼统法、礼入于法，礼的基本规范和精神获得法的形式。这也就是为什么在沈家本看来，"古来法制之书，莫详于《周官》"，而且特别重视严复在翻译孟德斯鸠《论法的精神》一书时所加的按语："说者谓西文'法'字，于中文有'理''礼''法''制'之异译，不专指刑法一端。"[1] 礼既是中华法系的根本法，又是其核心价值观念所在，是各项制度产生的源头。以礼为本的儒家经典，通过"援经解律"先成为司法实践中诏狱、疑狱裁决的根据，其后又成为整个法律创制和运作的指导思想。[2]

---

〔1〕　（清）沈家本：《历代刑法考》，邓经元、骈宇骞点校，中华书局1985年版，第2242页。严复按语："西文'法'字，于中文有'理''礼''法''制'四者之异译"，参见〔法〕孟德斯鸠：《法意》，严复译，商务印书馆1904年版，第3页。
〔2〕　马小红："中华法系中'礼'、'律'关系之辨正质疑中国法律史研究中的某些'定论'"，载《法学研究》2014年第1期。

第二，应当注意中华法系之法是家法、国法并存之法，以儒家伦常为重心，尤其注重敦厚家族伦理。封建社会大量存在适用于家族内的"宗规""家训"之类的家族法，与国家法律并行不悖，受到历代政府的重视和支持。国法侧重治国平天下，家法则重在修身齐家，凡属于违反国法的行为必定为家法所严禁，而违反家法的行为也必定为国法所不容，二者在精神上相通，在作用上互补，对家的伦常义务与对国的法律义务之间，缺乏一条明晰的界限。家族系统承担着巩固国家统治的特殊职能，家内秩序的稳定对于社会秩序的稳定和国家统治的巩固，具有十分重要的意义。维护亲情关系的亲亲之道，在夏商西周时期就已成为礼的基本原则，不孝罪成为习惯法的核心内容。在法家思想影响突出的春秋战国时期和法家思想占统治地位的秦王朝，族刑、连坐、非公室告等制度，也是以亲情关系为基础建立的。在汉唐至明清时期，维护亲情关系的亲属相隐、服制量刑、存留养亲、诸子均分、族人先买权等重大原则，都先后实现了法律化。

第三，中华法系之法，是应天顺民之法，法制运作和法律思维的基本框架，在于对"天理—国法—民情"三者统一的追求，其实质是传统"天人合一"理念在政治法律领域中的体现。所谓"理"，是以纲常为核心的政治伦理和体现世俗规则的事理、道理。所谓"情"，即发于天性的自然感受，如《礼记》所言："喜、怒、哀、惧、爱、恶、欲，七者，非学而能"，同时在此基础上，又引申为人情、世情、社情等出世应时之自然规范。孔子说："己欲立而立人，己欲达而达人"，"己所不欲，勿施于人"，即为情之基本准则。情理法三者并行不悖，成为历代官员共识。法以捍卫天理为使命循理定法，法合于理，但面对"虽于法不无宽贷，而于情似可曲全""论理固有不合，论情尚有可原"的情况，又主张以国法为前提，以循理原情为考量，按照执法、循理、原情的公式，解决三者间的冲突。"从法制发展的历史看，法与理合，易于为人所接受；法顺人情，冲淡了法的僵硬与冷酷的外貌，更易于推行。法与理、情合，不仅增加了法的权威性，也加强了社会渗透力。因此，历代的圣君贤相都力求做到奉理、执法、原情，并将这三者的和谐统一看作是强国之本，固国之源"。[1]

第四，应当注意中华法系之法，是多民族法律文化交汇融合之法，中华法系是各族法律文化之大成。陈顾远先生在 1952 年《中国固有法系与中国文化》一文中指出："中国文化在其起源上即为多元，且不是以某一部族的文化为主体，而吸收他族文化。……因为出自多元，便有诸夏之称。……始终多元的中国文化，影响到中国固有的法系方面，无论其创始、其建立、其延续，也是同

---

[1] 张晋藩："中华法系特点再议"，载《江西社会科学》2005 年第 8 期。

样情形。"[1]用法律来调整各民族间的关系，为少数民族聚居区制定单行特别法，既关照少数民族的生活习惯，所谓"因俗制宜"，又力求国家法律适用上的基本统一，特别是把中央的司法管辖深入少数民族聚居的边陲之地，使之更贴近中国的国情，这对于历代中央政府巩固统一多民族国家起了十分重要的作用。在维护多民族国家稳定统一、协调民族关系、治理民族事务上拥有广泛的法律实践和丰富的法制经验，这构成中华法系区别于世界其他法系的一个鲜明特点。

第五，应当注意中华法系之法作为儒家"仁学""民本"思想的反映，是蕴涵高度人文关怀制度安排之法。儒家仁学、民本思想可以上溯到西周时代，所谓"天视自我民视，天听自我民听""民之所欲、天必从之"，此种"畏天"与"恤民"、天命与民心的结合，带来了后世对人事、道德的重视，对人的作用与价值的肯定，并且贯彻到法律制度的不同层面，既在治国基本方针上，注重教化，明德慎罚，反对不教而诛，又在规范层面上，发展出了严格的刑罚适用程序和矜老恤幼、宽待妇残、赈灾济困等蕴含浓厚人文关怀的法律制度。

二、中华传统法律文明的开新续造

近代以来，我国法律的发展，基本上是与传统中华法系渐行渐远的过程，在清末民国的很长一段时间，都自觉不自觉地走上了全盘西化的跨越式法制发展道路。随着法律在社会生活中的广泛运用，外来法律与本国生活实际出现了越来越多的不适应性。自上而下引进的西方法律制度往往如油浮于水，始终没有和中国水乳交融，法律和社会没有找到真正的结合点，"纸面上的法"与"生活中的法"严重割裂。这让人们逐渐认识到，曾经被推崇备至的西方法律文化，其本身也并不是最完备最理想的。对于今天建设具有中国特色的社会主义法治而言，纯粹西方化的法律发展模式显然已经难以实现这一历史任务。一方面，在欧美文化和西方法律中心主义的影响下，中华法系及儒家法文化传统甚至长期被集体遗忘，至今仍然还存在着不少常识性的误读、误解和误判，甚至被矮化、丑化和妖魔化。[2]另一方面，虽然从现代中国的法律制度来看，传统中华法系的体系和结构在形式上已经消亡，但从国人思想意识上看，一些落后的传统封建法律观念并未消亡，甚至还普遍存在，并阻碍着中国法制的现代化。

反思模仿和移植西方法制的中国法制现代化过程，需要返本开新，走中华民族独立创新自主的路。中国法治的真正发展，必须要妥善处理"移植西法"

---

[1] 陈顾远："中国固有法系与中国文化"，载《中国文化与中国法系——陈顾远法律史论集》，中国政法大学出版社 2006 年版，第 8~9 页。

[2] 参见俞荣根："正本清源 折中融西——重建新的中华法系"，载《中国政法大学学报》2010 年第 2 期。

和"接续传统"两方面的工作，否则法制建设最终难以避免被民众生活有效规避的命运。因此，在当前形势下，研究如何传承与发展中华法系的合理内涵，对于深化认识中国既有法律传统向新法律传统的转变，特别是对认识当代中国法律传统的形成过程中，如何有效利用本土的良好资源，便具有十分现实和迫切的意义。"中华法系体现了中国文化的博大精深，可以看作是中华文明的典型代表。它源远流长，具有强大的生命力，其中保存了许多跨越时空的民族性、民主性制度与思想的资源，对于完善我国法制建设具有重要的历史借鉴意义"。[1]深入研究中华法系为核心表现的中国传统法律文化，把适合于中国传统国情的本土文化融入现实的法制建设中来，找到中国与世界、历史与现实的契合点，其实质在于探析如何将中华法系中固有的良法美意创造性地转化到现代法制建设中来，以使中华民族数千年的法文化资源不致中途断绝，如何将中华法系的合理因素与世界其他法系的合理因素有机地结合起来，以服务于当今和未来的法文化建设。

因此，我们必须站在有中国特色新型法律传统的价值选择、规范构建，进而站在国人法治文明身份认同的高度，正本清源，取精用宏，在吸收和借鉴域外法治成功经验的同时，通过对传统法律文明创造性转化的开新续造，实现中国法治建设的健康发展。这就需要认真对待以中华法系为代表的中国法统法律文明，科学地研究总结中华法系这一历史遗产，保留其合理部分，清除其有害部分，在系统整理其中优秀成果的基础上加以改造更新，使之与法治文明的时代发展相契合。显然，我们传承的不是僵化的古代法律制度条文，而是发源于中华民族本土上的，体现中华民族伟大创造力的理性思维的法律成果。譬如，以人为本，肯定人的价值的法理念与法制度；人与社会、人与自然和谐的社会观、天道观、法律观；以礼为核心，礼、乐、政、刑综合为治的政治导向；法与道德相互支撑，情理法三者统一的伦理法制；援法断罪、罚当其罪的平等观与法治观；保护鳏寡孤独、老幼妇残等社会弱势群体的恤刑原则等。这些不仅有利于防止社会矛盾的激化，达到社会的和谐，在一定意义上，也有助于摆脱西方法律文化的困境。

【延伸阅读】

1. 肖永平："论英美法系国家判例法的查明和适用"，载《中国法学》2006第5期。

第八章

---

〔1〕 张晋藩："中华法系研究新论"，载《南京大学学报（哲学·人文科学·社会科学版）》2007年第1期。

2. 叶秋华、王云霞主编：《大陆法系研究》，中国人民大学出版社 2008 年版。

3. 黄文艺："重构还是终结——对法系理论的梳理与反思"，载《政法论坛》2011 第 3 期。

4. 何勤华："法的国际化与本土化：以中国近代移植外国法实践为中心的思考"，载《中国法学》2011 年第 4 期。

5. 何勤华："大陆法系变迁考"，载《现代法学》2013 年第 1 期。

6. 夏新华、张小虎："终结，还是重构：对法系理论的超越——兼与黄文艺教授商榷"，载《政法论坛》2013 第 2 期。

7. 张晋藩："多元一体法文化：中华法系凝结少数民族的法律智慧"，载《民族研究》2011 年第 5 期。

8. 张中秋："中华法系道德文化精神及对未来大中国法的意义"，载《法学》2011 年第 5 期。

9. 许章润："汉语法学论纲——关于中国文明法律智慧的知识学、价值论和风格美学"，载《清华大学学报（哲学社会科学版)》2014 年第 5 期。

10. 徐忠明："中华法系研究的再思"，载《南京大学法律评论》1999 年第 1 期。

11. 俞荣根："儒学正义论与中华法系"，载《法治研究》2014 年第 1 期。

12. 刘广安："中华法系生命力的重新认识"，载《政法论坛》2011 年第 2 期。

13. 武树臣："中华法系的原生形态_发展轨迹和基本特征"，载《法学杂志》2012 年第 1 期。

【思考题】

1. 如何看待法的起源问题？
2. 什么是法的历史类型？
3. 试论西方学者有关法的类型演进学说的启示。
4. 如何认识法系研究的意义？
5. 西方两大法系的区别有哪些？
6. 如何认识中华法系对当下中国法治发展的意义？

第八章

第九章
法制现代化与法律全球化

【内容提要】

法制现代化表征着法律在现代社会的存在状态和变革过程，实质是伴随着社会从传统向现代的转变，是法律制度自身的合理性化。法制现代化是社会全面现代化的基本保障和重要标志。中国法律现代化发端于传统封建法制的终结和近代中国反抗列强侵略、建设现代国家并逐步融入世界的历史进程。中华人民共和国建立，尤其是改革开放以来，伴随全球化时代国际国内环境的变化，中国法制现代化进程进入了大发展的新的历史时期。

【重点问题】

法制现代化；法律全球化

第一节　法制现代化的概念与模式

一、法制现代化的概念

人类是一种力图驾驭自身历史感和方向感的生物。对公元 1500 年以来西方世界社会发展机制、民众日常生活以及嵌扣于此中的生命意义的把握，产生了"现代化"的概念。虽然"现代化"概念直接针对的是西方发达国家在近代以来所出现的前所未有的发展态势，但其着力揭示的是却此中所蕴含的对于人类发展的普遍意义。换言之，一个裹挟着技术与开放、多元与民主、富足与尊严等含义在内的现代化概念，表征着在接连而至的科学技术革命和社会革命的冲击下，各民族国家业已经历或正在进行的社会整体性的从传统向现代的转型与跃进。透过五百余年来几近纷繁错乱的繁荣与动荡、文明与野蛮、企盼与焦虑，"现代化"的普遍意义在于，它集中地昭示了本源于人类理性的现代性，最终作为一种支柱性的力量，在不可避免地接受历史的锤炼与拷问的同时，逐渐累积、固化于现代国家的制度结构、人类的生产方式和交往方式之中，从而日益清晰地彰显出一个现代社会内在的品质与价值。"现代化"既是一场人类历史迄今为止最剧烈、最深远并且是无可避免的社会变革，也是一场持续高速地自我限定与拓展的远未完结的社会运动。

　　表面上看，现代化走入人们的视野无疑是导源于与现代科学技术密切关联的经济增长对社会发展所带来的巨大的冲击力量，但是现代化绝不仅仅是社会物质生活方式的变化，而是人类社会在现代条件下从物质到精神、从制度到观念的总体变迁。"现代化的特殊意义在于它的动态特征以及它对人类事物影响的普遍性。……如果一定要下定义的话，那么'现代化'可以定义为：反映着人控制环境的知识亘古未有的增长，伴随着科学革命的发生，从历史上发展而来的各种体制适应迅速变化的各种功能的过程。"[1]不管对现代化的结构性因素做怎样的归纳，法律与现代化的密切关联都是现代化过程当中一个基本面向。在马克斯·韦伯对资本主义社会状态的解析之中，高度形式合理化的法律制度与西方的经济与技术、科层官僚体系一道，明确被认定为构成现代文明体系的基本要素，现代化本身则被理解为社会在各个领域内对种种传统性力量"祛魅"的"理性化"过程。[2]作为一个集中揭示法律与现代社会或者社会现代化进程之间关系的概念，"法制现代化"表征着法律在现代社会的存在状态和变革过程，其实质是伴随着社会从传统向现代的转变，法律制度自身的合理性化。放眼人类法律演进的漫长历史，作为现代社会条件下人类特定生存方式和价值目标的体现，法制现代化无疑是法律历史演进过程当中的一个非常特殊的环节。法制现代化不仅是法律对现代化的被动回应，同样是法律制度以其独特的价值与品性参与并作用于社会整体现代化的过程，法制现代化是社会全面现代化的基本保障和重要标志。

　　二、法制现代化与传统

　　由于事物的发展必然是历史性与现实性、阶段性与连续性的统一，一旦将目光移到法律发展与"历史——社会"的具体情境，包括法制在内的一切现代化问题必然都要顾及两对如影随形的分析范式：传统与现代、本土与全球。传统与本土同现代化问题之间的复杂勾连，根源于文化对社会发展所具有的持续性的内在影响力。这一方面制约着特定国家现代化的现实发展程度与作用机制，另一方面也在总体上决定了人类现代化在具体道路和形态上的多样化特征。法律传统作为一种从传统的社会生活和法律实践中长期累积而成的有关法律观念、

---

〔1〕　[美] C. E. 布莱克：《现代化的动力》，段小光译，四川人民出版社 1988 年版，第 11 页。

〔2〕　[德] 马克斯·韦伯："归根到底，产生资本主义的因素乃是合理的常设企业、合理的核算、合理的工艺和合理的法律，但也并非仅此而已。合理的精神，一般生活的合理化以及合理的经济道德都是必要的辅助因素。"转引自罗荣渠：《现代化新论——世界与中国的现代化进程》，北京大学出版社 1993 年版，第 14 ~ 15 页。

知识和习惯，反映了人类法律认识与实践上的多样化特征，并在各个民族国家法律生活中扮演着不同的角色，从而使各个国家法制现代化的进程与样态出现差异。因此，固有法律传统同现代社会之间的联系必然构成法制现代化研究不可忽视的一个问题。总体上看，虽然世界上没有任何一个国家能够尽去其固有民族法律传统而实现法制现代化，但任何传统的力量最终都要在现代性的价值评判面前确定其存在与消逝的命运。虽然即便是现代法治化程度很高的西方发达国家也不可能是纯粹的现代性社会，但发展中国家的很多文化传统尤其是法律传统确实存在着与现代社会发展状态、现代法治观念与原则不相适应的内容。

　　传统与现代之间存在着复杂的关联。传统可以在现代社会内部继续发挥着或大或小的作用，传统也可以向现代转化进而形成一种新的传统，但这些都不足以取消传统与现代对立的分析模式，更不构成固守传统抗拒现代性的理由。任何能够成为传统的东西，都必然包含着某种精华，但这并不意味着我们能够对一切文化传统在价值上进行无差别的绝对判断。所谓传统当中的精华，离不开现实社会条件与社会发展的评判与取舍，只能在持续的社会变迁过程中获得具体的确证，从而整个传统就是在不断的否定当中得以维系与升华的。"反传统与尊重传统是一致的。反传统固然要否定传统，而且也是突破传统的一种形式，但它所否定掉的只是必然要被淘汰的东西。"[1]包括法律传统在内的任何传统在现代的存留与再生，也都必然是经历了现代社会发展的洗礼，从而在根本上实现了现代性的价值转换。发展中国家、特别是受传统影响较深的国家的法制现代化历程必然是一个以法律传统断裂、转型为代价的。法律传统在这些国家的延续，虽然反映了一定的社会需求，但是传统在现代社会中的作用毕竟是相对的和有限的。对于这些国家而言，在总体告别传统的前提下，发掘传统当中的优秀成分，继而实现这些优秀传统因素的现代转化，实际是提升民族文化与促进民族发展的必然方式。因此，发展中国家的法律现代化进程，同时也就是本国法律传统在现代的改造与重铸的历程。

　　本土化问题同传统有着深层的联系，但却并不完全属于传统的范畴，而有其独立的问题面向。如果说传统更多地同历史在现代的传承相联系，从而更多地表现为一种"文化"力量，那么本土化的问题则属于现实的范畴，也就是所谓的"国情"问题。传统虽然构成本土问题的重要侧面，但本土问题却更直接地同现实的经济发展水平、人口的数量和素质等问题相联系，因而具备"传统"概念之外的物质属性与力量。正是在这个意义上，法制现代化与法制本土化之间不存在根本性的对立。在法律可行性、现实有效性等问题上，二者存在着共

---

〔1〕　葛洪义主编：《法理学》，中国政法大学出版社1999年版，第245页。

同的诉求。尤其对于法制现代化过程中不可避免的法律移植和法制改革而言，必须关注社会的实际需求与承受能力，避免引发剧烈的社会动荡或者导致法律同实际生活脱节而最终形同虚设的状态。

必须指出的是，作为一种实然性力量，本土的状态总是潜在地蕴含着某种保守的价值取向，甚至完全可能从本土中生发出同现代化进程相悖的主张与要求。因此，所谓的本土资源或"人民群众的创造精神"，都必然要求对之进行具体的分析，而绝不自动获得引导法制发展方向的地位与意义。从尊重事实以及以实际出发的角度讲，本土化是一个法制现代化进程当中必须重视并妥为处理的问题，但其根本上是一个技术性问题。事实也罢、实际也罢，其本身的内容与意义离不开人的价值判断，更不构成抗拒发展与变革的理由。本土化并不排斥对本土的改造与引导，从实际出发也绝不意味着抱残守缺。在国家间联系日益紧密的今天，国际化与全球化同本国的发展状态一道，同样是所有国家法制现代化进程中必须要面对的"实际"。

三、法制现代化的模式

根据法制现代化的动力来源，法制现代化过程大体上可以分为两种模式：内发型的法制现代化和外源型的法制现代化。

内发型的法制现代化是指特定国家由于社会内部诸条件的成熟而导致法律制度从传统向现代的内部创新。内发型法制现代化模式以世界上最早进入法制现代化进程的英国、法国、美国等国家为典型。一般来说，内发型法制现代化国家的形成客观地具备着如下历史条件：

第一，工业化和市场化的现代生产方式由社会内部孕育积累而成并发展壮大，从而使法制的现代转型具备了直接的经济根源。

第二，市民社会力量强大，而国家政府权力相对有限，现代法权要求与法律规则在市民群体当中得到长久的酝酿与实行，从而使法制现代化进程表现为一个自下而上、逐步变革的累积过程。

对于西方法制现代化的具体进程，学术界有不同的认识，但是总体上讲，发源于古罗马的罗马法和发源于英格兰的普通法在近代的转化历程都必然要上溯到西欧中世纪中后期，正如勒内·达维德所说："随着城市与商业的复兴，社会上终于认为只有法才能保证秩序与安全……人们不再把宗教与道德同世俗秩序与法混淆在一起，承认法有其固有的作用与独立性，这种作用和独立性将是此后西方文明与观念的特征。"[1]中世纪的政教二元化的社会结构、城市和商人阶级的兴起、长达数百年的罗马法的复兴、宗教改革、启蒙运动、资产阶级革

---

〔1〕　[法] 勒内·达维德：《当代主要法律体系》，漆竹生译，上海译文出版社 1984 年版，第 38 页。

命、产业革命等则构成了西方法制现代化独特的历史文化背景。在此长久历程之中，西方法律的某些现代性因素在传统社会内部酝酿形成，并成为西方社会现代化的促进因素。因此，对于西欧社会来说，"法律不仅必定是演进的，而且必须被视为是演进的"，"法律的发展被认为具有一定的内在逻辑；变化不仅是旧对新的适应，而且也是一种变化形式的一部分。变化过程受某种规律的支配，并且至少在事后认识到，这种过程反映一种内在的需要。人们推定，在西方法律传统中，变化并不是随机发生的，而是由对过去的重新解释进行的，以便满足当时和未来的需要。法律不仅仅是处于不断的发展中，它有其历史，它叙述着一个经历"。[1]

外源型的法制现代化一般是在外来力量的强大作用之下，在迫切需要的社会经济政治制度变革的背景中展开的。日本以及伊斯兰法系国家是外源型法制现代化的典型。总体上讲，外源型法制现代化的形成根源于本国社会经济和法律系统的相对落后，外来力量剧烈而强大，造成社会内部法律传统的自我演进历史的中断，而面对内外压力被迫进行政治法律制度的急剧变革，从而开启了模仿式的法制现代化历程。一般认为，外源型的法制现代化具有"被动性""依附性""反复性"的特征。总体上看，外源型的法制现代化虽然发生时迅猛激烈，但真正要同本土文化和社会的长期发展相协调，难度很大，必然还要经历一个漫长的历史时期。惟其如此，根本原因在于，外源型的法制现代化是以政治经济为中心的，是自上而下由国家政权强制启动并建构，带有明显的工具性色彩，法制变革的合法性依据，不在法律本身，而在于它服务对象的合理性，因而法律与本土文化严重脱节。一旦它所依托的社会背景发生变化，就会激起广泛的民族主义情绪，打断这一进程。因此，对于外源型法制现代化国家来说，外来法律资源与本土文化的关系始终是法制现代化能否成功的一个关键。

第二节　中国的法制现代化历程

一、中国法制现代化的历程

在鸦片战争之前，中国与西方长期处于相对隔离的状态并走着一条独立的发展道路。传统中国的法律是一种宗社为本、家国同构的礼法文明形态：在形式和渊源上出礼入法，以制定法为主、诸法合体；在指导思想上维护君主专制政权，以儒家的等级制的宗法伦理为价值标准；君权至上，等级森严，司法行

---

〔1〕［美］哈罗德·J. 伯尔曼：《法律与革命——西方法律传统的形成》，贺卫方等译，中国大百科全书出版社1993年版，第19、11页。

政合一。这样的法制状态是与当时以自然经济为基础的中国农业社会相适应的，根本上无从萌发现代意义上的法治思想与法治实践。

除了传统礼法文明的特殊法律样态之外，在中国法制现代化起点上的另一个背景性内容又在于：伴随西方列强的海外扩张、东西方文明激烈碰撞，在一次次丧权辱国的惨痛经历之中，传统中国从中央王朝的"天下体系"一步步被迫进入"民族国家"的世界体系之中。19世纪中后期的中国晚清社会，朝政腐败，经济恶化，军备废弛，社会矛盾尖锐。而此时英法等第一批老牌资本主义国家已经在完成工业革命之后，开始了海外扩张。伴随一次次对外军事行动的惨败，外国列强以中国法律野蛮落后为名，逼迫清政府承认外国领事裁判权，而面对外国列强的侵略掠夺，当时的有识之士也纷纷提出变革图强的主张，在内外两方面力量的作用之下，传统法律面临修改压力。在镇压太平天国、捻军的过程中，清政府启用曾国藩、张之洞、李鸿章、左宗棠等汉族官员，发展湘军、淮军等汉族武装力量，扶持追求船坚炮利的"洋务运动"，开启了近代中国社会以军工为核心的早期工业化进程。中日甲午一战，北洋水师全军覆没，猛醒的志士仁人奋而力主制度变革。梁启超就认为，几千年的中国只有"朝廷"而没有"国家"，其原因在于国民地位的缺失。只有培育独立人格的新国民，国家才有希望。他在《新民说》一书中呼吁通过宪政的建立来推动政治进步，这一思路成为中国走向现代法治之路的重要思想渊源。"戊戌变法"虽然因"帝后党争"而迅速失败，但追求"变道"的制度创新却从此无法逆转。1900年，庚子事变爆发，八国联军入侵首都北京，慈禧太后下令和谈，接受八国联军提出的《辛丑和约》，此举对中国打击甚大，迫使朝廷保守派主动进行变法。1901年，在慈禧太后的默许下，清政府进行改革，改革内容远比三年前径行镇压的戊戌变法更广更深。1902年，张之洞以兼办商务大臣的身份，与各国修订商约。英、日、葡、美四国表示，在清政府改良司法"皆臻完善"之后，愿意放弃领事裁判权。为此，清政府诏命沈家本、吴廷芳等主持修律。为了维护大清帝国风雨飘摇的统治，以收回领事裁判权为契机，中国法制现代化在国家制度层面正式启动了。虽然这一改革还未完成，清政府就在辛亥革命的枪炮声中灭亡了，但对于中国法制现代化转型而言，清末修律却具有划时代的意义。"晚清修律最主要的成果就是与大陆法系接轨，建立起'六法'的体系"，[1]其目的虽在于挽救大清于危亡之际，但这样一场历经激烈论战、遭遇重重阻碍而持续十年不断推进的修律工作，实际造就了近代中国首次动用国家力量，大规模学习并输入西方价值观念与制度设计，迅速推动传统法律体系接近西方列强法制水平的政

第九章

府法制变革运动。就已经实施的《法院编制法》《大清现行刑律》《违警律草案》《公司例》《破产律》《票据法》和未及实施的《刑事诉讼律草案》《民事诉讼律草案》《大清民律草案》《大清商律草案》《著作权律》来看，晚清修律正式接受了一系列欧陆传统的法律概念、法律原则、立法技术，确立了脱离行政的司法体制，效仿同一时期德日等国现行法律，全面推进法律改革，传统的皇权至上、等级森严等首次受到制度性的撼动，初步终结了中国传统法制结构和法律样态，勾画出了中国现代法律体系的轮廓，奠定了后来北洋政府和民国政府法制建设的基础，成为中国法制现代化进程的正式开端。

1911年，辛亥革命及其后建立的中华民国是包括全亚洲在内的东方世界所发生的第一起成功推翻封建帝制、确立共和政体的国民民主革命，是中国这一老大帝国走向现代国家的开端，参与并极大地改变了此后世界格局的构建，对广大亚非拉殖民地区的民族觉醒和民主建国运动产生了巨大的影响。民国政府制定了宪法、民法、商法、刑法、诉讼法、法院组织法，史称"六法全书"，一套现代模式的法律体系在中国基本建立。虽然"六法全书"是一套结构合理、倍受推崇的现代法律体系，但国民党的一党独裁非但未借此建立起一个法治社会，反而激起全国人民的反抗，最终导致其统治的全面崩溃。

1949年，中华人民共和国成立后，民国政府"六法全书"全面废止，中国法制现代化重张旗鼓，开始了全国范围内社会主义法制建设的新历程。当代中国的法制建设，是中国共产党以马克思主义为指导，建设中国特色社会主义伟大事业的重要组成部分，放诸一百五十多年来的中国法制现代化历程之中，既有其新的时代要求，也同样需要妥善处理自身历史文化绵延的特殊问题。

二、中国法制现代化的特点

纵观中国近代法治道路的历程，它与其他外源型法治现代化国家相比，中国的法治现代化具有以下特点。

第一，从被动回应、移植模仿到自主创新符合本土特色的法律制度。清末修律，从历史来看是被动的，在清政府颁发的修律上谕档中即已明言："著派沈家本、伍廷芳，将一切现行律例，按照交涉情形，参酌各国法律，悉心考订，妥为拟议，务期中外通行，有裨治理。"[1]一方面受到国内政局动荡的压力，更由于列强扶植清朝、以华人治华人政策的诱导，最终让晚清统治者承认传统中国法律制度与西方国家之间存在的巨大差距，被迫开启了学习、模仿的变法历程。辛亥革命成功后，国民党政府遵照孙中山先生的设计，将西方的三权分立制度结合中国传统，制定了行政、立法、司法、考试和监察"五权分立"的资

---

[1] 《清德宗实录》第498卷。

产阶级宪法，大量移植西方法律，建立起资产阶级政权。新中国建立之后，废除国民政府"六法全书"，开启了社会主义法制建设的伟大征程。在中国共产党的领导下，随着社会主义建设道路上的认识曲折发展，尤其是改革开放以来，中国法制建设进入了一个新的历史时期。

第二，政府主导、立法为先，法制建设服务于救亡强国的时代主题。从清末修律开始，中国的法制现代化运动始终是从属于中国社会整体现代化发展的一个子系统，深受不同历史社会发展总体矛盾和阶段性的历史任务和国家政策的左右。在变法图强、赶超发展的普遍国民心态之下，法制建设表现出浓厚的功利属性。这一方面根源于历史上法治传统的确实，同时更多是一个半世纪以来苦难深重的近现代中国所处的国际国内环境使然。历届政府均不得不采用立法方式自上而下地推行"新政"，甚至一度出现完全推倒既有法制建设一切成果的激烈举措。与此同时，不论来自政府上层的变革有多大的成本投入和社会动员力量，由于法律进入社会生活的层面不足，甚至根本缺乏法律生长所必需的社会基础，加上城乡二元的社会结构长期存在，法律往往局限于政令层面而难以在民间生根，民众生活与国家法律长期脱节。

第三，制度变革在前，社会法律观念更新在后，思想斗争激烈。伴随现代国家体制的推行与发展，包括法学教育在内的现代学术体制得以确立，古今之变、中西之别交织繁复，带来了新的历史条件下思想文化领域冲突、碰撞的持续深化。在清末西学东渐的背景下，林则徐、魏源等人就提出以"变器"促富强，呼吁"师夷长技以制夷"，其后逐步出现了一批推动晚清思想发生近代转型的先驱人物，但当晚清修律之际，朝廷内部即有"礼教派"与"法理派"的对抗，期间张之洞提出"中学为体，西学为用"之说，影响至为深远；至"新文化运动""五四运动"爆发，成为中国文化现代转型的分水岭，马克思主义也开始在中国逐步发展壮大。但另一方面，伴随社会现代化程度加深，旧论新说竞相绽放，中国文化本位问题逐渐浮出水面。先有"学衡社"力主"昌明国粹，融化新知"，随即爆发"科玄论战"，包括张君劢、丁文江、梁启超、胡适等文化精英以及早期马克思主义者陈独秀、邓中夏、瞿秋白等均裹挟其中，掀起了现代中国文化论战的一次高潮；1935年初，陶希圣等10位教授在《申报月刊》发表"中国本位的文化建设宣言"，引发影响更为持久的中国文化"本土运动"。与这两场早期运动多有交织且一路延续至今不歇的，尚有"新儒学运动"。[1]

---

〔1〕　大体说来，当代新儒家可分为三代，第一代是1921年至1949年，代表哲学家为熊十力、梁漱溟、马一浮、张君劢、冯友兰、钱穆；1950年至1979年为第二代，代表哲学家为方东美、唐君毅、牟宗三、徐复观；第三代是1980年至今，代表哲学家有成中英、刘述先、杜维明、余英时等。

1958 年元旦，唐君毅、牟宗三、张君劢、徐复观四人署名的《为中国文化敬告世界人士宣言——我们对中国学术研究及中国文化与世界文化前途之共同认识》即是这一运动的代表文献，他们呼吁敬告世人，西方也应该学习东方，应对中国文化抱着同情和敬意的态度来了解和分析，他们的宣言至今仍值得重视。

第三节　法律全球化与当代中国法的发展

一、全球化

人的社会性使人必然与他人交往，随着社会的进步与发展这一交往会越来越频繁。尤其是 15～17 世纪西方少数资本主义国家实现了工业化，国内的发展已不能满足其需要，开始了对外的一系列探险、商业贸易、文化输出和军事侵略活动，其结果是全球性的资本主义市场经济的形成和少数西方资本主义国家世界霸主地位的确立。这意味着人类的交往已扩展到世界范围。进入 20 世纪下半叶以来，随着交通工具和信息技术的现代化，人类的交往才真正具有了全球性。由此导致世界各国面对着许多共同的问题，如跨国贸易秩序、环境保护、跨国犯罪、碳排放等，这些问题的解决显然需要进行国际性的合作。而外层空间的开发和信息技术的进步，特别是互联网的普及，进一步使国家的界限日益模糊。此外，在国家之外出现大量的跨国公司、国际组织和被称为"第三种力量"的数以万计的世界性的非政府公益组织（NGO）。这意味着民族国家不再是全球化时代唯一的实体基础，民族国家的历史正向全球化的世界历史转变。可见，全球化是一个包括经济、政治、文化等各种因素在内的历史发展过程，不仅是经济领域，它渗透到思想、文化、科技、政治等全方位的各个领域，改变着人类生活和地球面貌。全球化表明人类社会正在进入全球社会时代，全球社会呈现出相互依存、共同发展的局面。

全球化进程可分为初级阶段、发展阶段和高级阶段。第一阶段是全球化的原始积累时期，它是以西方少数资本主义国家用赤裸裸的暴力为手段向全球范围的扩张和侵略为特点的，它所建立的只是世界资本主义体系。在这个阶段里，交往过程充满了野蛮和血腥，强权和暴力是交往的基本原则。很明显，这一阶段的全球化其实质就是资本主义化或"西化"。它企图把西方国家的资本主义制度和价值观念推向全世界，或者说用西方国家的资本主义制度和价值观念统治全世界。第二个阶段，即发展阶段，少数发达国家不再单纯以的暴力为手段向全球范围扩张和侵略，而更多地使用战争之外的手段，但仍以追求和维护少数发展主体的利益为目的，只不过其行为往往披着合法的外衣和打着国际组织的旗号而已。在这一阶段，全球化已不再仅仅意味着

第
九
章

单一化和西方霸权主义，而是引发出多元化和多极化的观念，它主张各种文化都有平等的价值，要求各个国家、各个民族应平等、自由地发展，认为全球化是在这些不同文化的冲突、交流和融合中实现的。因此，它已包含着对第一阶段"全球化"行为的反思与批判，已在揭露其过程和结果的霸权主义性质，已使西方发达国家不再敢公开地蔑视非西方文化的价值了。全球化的第三阶段对现在来说还只是一种发展趋势，或者说只是人们对未来的一种设想或理想。它一方面强调了世界的统一性和各种主体发展中的日益接近；另一方面更强调了发展中各主体的差异性和非同质性，以及由此而来的多级化、多样化、多元化的格局。它所追求的是彻底消灭交往中的不文明行为，使各个人、各种组织、各个民族和国家以平等的资格自由地进行交往，从而保障多极主体利益的合理、公平、公正地发展。

二、法律全球化

（一）法律全球化的表现

经济全球化势必引发政治、法律、文化等领域的全球化问题。政治全球化表现在不同社会制度，不同发展程度的各国之间在政治观、价值观乃至制度层面上认识的趋同。有学者认为，"就政治意义而言，全球化在政治上可以说是民主化的同义词。最新一波的政治全球化是自 1989 年冲破柏林墙、冷战的结束和铁幕的消失开始的。全球化的有形动力是经济一体化，全球化的无形动力是价值的一体化，民主政治与全球价值的一体化"。[1]文化的全球化也势不可挡，由于文化之间的不断交流，不同民族、不同国家的文化正在超越其地域性限制，其所蕴涵的一些价值观正在全球范围内获得广泛的认同。在全球化时代，人的社会化过程也全球化了，"人的社会化过程总是在某种文化环境中完成的，今天，人们赖以成长的文化环境已经超出了民族的和国家的界限。一个地球人从他诞生的那天起，他就处在来自全球的文化信息的包围之中，在享受着同时也接受着属于整个地球的物质文明和精神文明，这个潜移默化的过程，使得他首先成为一个地球人，然后才是中国人、美国人、法国人、巴西人等"，因此，"现在谈论超越意识形态、超越社会制度的人类文化和价值观，本身就承认了不同意识形态，不同社会制度的存在，然后去超越它。……为了整个地球的生存和发展，所有的地球人都必须接受和创造某种共同的价值观、正义观"。[2]

---

[1] 刘军宁："全球化与民主政治"，载胡元梓、薛晓源主编：《全球化与中国》，中央编译出版社 1998 年出版，第 83～84 页。

[2] 谭君久："关于全球化的思考与讨论"，载俞可平、黄卫平主编：《全球化的悖论》，中央编译出版社 1998 年版，第 131、132 页。

　　法律与政治、经济的全球化有着十分密切的关系，法律全球化由经济、政治全球化所引发。因此，有学者认为，"经济一体化和非国家化不单纯是经济的，它必然以国家的政策与法律的变革为先导，同时又推动了国家的政策与法律的变革"。[1]"从法律的视角来看，全球化概念的援引，向人们提出了一些需要进一步思考的问题，例如，世界经济与国家利益的冲突、传统文化与现代化的抵触，以及由此引发的国家主权与全球化的关系，法律多元主义、国家作为立法者和法律渊源的地位等政治法律问题。"[2]因此，全球化的倡导者呼吁要实现法律全球化就应树立全球人的法律意识，把立法的着眼点放在全球性问题的解决上，淡化传统的国家观念与国家意识。

　　随着经济全球化的加速，对各国法律制度进行变革的要求变得更为迫切，其领域也更广泛、层次也更深入。它不仅涉及与外贸有关的国际法、经济法和民商法，而且涉及宪法、行政法、诉讼法、甚至刑法。不仅涉及法律，而且涉及行政性法规、地方性法规和规章，不仅涉及立法，而且涉及执法和司法。由于它的发展不只限于几个国家和地区，而是世界性的，所以它必须在全球范围内建立与之相适应的秩序，制定不同国家和地区都能接受的规则，而这种规则又必须具有约束力。

　　全球化现象存在于各个领域，就现今而言，法律全球化突出表现在以下几个方面：①超国家法律或国际法的大量出现，其种类越来越多，适用范围日益扩大。越来越多的国际法不再仅仅是区域性的法律，而是具有了全球性。如联合国所制定的法律已被世界上的大多数国家所接受。还有其他许多全球性的组织，如世界卫生组织、国际红十字会、国际货币基金组织、世界银行、世界贸易组织等，它们所制定的规章也被世界上的大多数国家所接受，并对各国的法律产生巨大影响。②国内法越来越具有开放性，它不再是一个封闭的系统。各国立法通过交流、移植等在不断地互相吸收和借鉴外国法中对自己有用的东西，使得各国法律之间愈加具有共性，因而能更加便捷地彼此沟通与对接，各国法的界限也越来越小。各国之间越来越多地进行司法合作，共同打击国际性的犯罪活动。

　　（二）法律全球化机制：国际法的国内化与国内法的国际化

　　法律全球化进程有两个彼此转化、互相促进的全球法律发展机制，即国际法的国内化与国内法的国际化。

---

〔1〕　朱景文："关于法律与全球化的几个问题"，载胡元梓、薛晓源主编：《全球化与中国》，中央编译
　　　　出版社 1998 年出版，第 103 页。
〔2〕　李林："全球化背景下的中国立法发展"，载《学习与探索》1998 年第 1 期。

第
九
章

所谓国际法的国内化，即国际组织的条约、规章为国内所接受，转变为对国内具有法律约束力的规则。由于越来越多的国家加入某一国际组织中，从而使该组织的规则成为全球性的规则。世界贸易组织、世界银行和国际货币基金组织的规则就属于此类。国际法的国内化同样也会对一个国家的政治领域产生影响，如加人两个人权公约，即《经济、社会、文化权利国际公约》和《公民权利和政治权利国际公约》，必将要求加入国的宪法和法律在公民权利和政治权利的内容和保障措施等方面与国际条约协调一致。此外，国际法的国内化还表现为法律的区域一体化。最典型的范例是欧盟法的出现和发展。

所谓国内法的国际化，即在一个国或一个地区范围内的法律制度由于某种原因而在更广泛的领域，乃至全球通行。这种形式的全球化，往往与某一国家或某些国家在世界经济或政治中的霸权地位（或主导地位）相关。而就接受国而言，或者出于依附地位，或者出于文化影响，接受这些制度和规则。近代以来，在世界范围内这种形式的全球化曾经发生过两次：一次发生在私法领域，即19世纪中叶以来直到20世纪从欧洲开始扩展到世界的仿照法国民法典和德国民法典的编纂法典运动；另一次发生在公法领域，即第二次世界大战以来在欧、美兴起扩展到亚、非、拉第三世界国家的以建立宪法法院或宪法委员会和司法审查制度为标志的潮流。此外，20世纪五六十年代，美国和欧洲一些国家以"援助第三世界国家"为名，推行"法律与发展运动"，虽然最终以失败告终，但也在不同程度上加强了受援国家法制的西化色彩；而90年代以后，与经济全球化相联系，随着争夺市场和投资的国际竞争的加剧，第三世界国家和苏联与东欧国家普遍出现了一股以市场为导向的法律改革潮流。国际货币基金组织、世界银行和来自发达国家的法学家和经济学家被派到第三世界国家和苏联和东欧国家设计和策划那里的经济和法律改革。亚洲金融危机后，他们更进一步提供各种各样的"克服"金融危机的方案，为满足投资者的要求，这些国家制定、修改了大量的法律，与国际通行做法接轨。

对于上述两种推动法律全球化的机制而言，国际法的国内化是一种较强意义上的法律全球化，即有关国家具有统一的规则，而这类规则实际上是一种"超国家的法""世界法"，它凌驾于主权国家的法律之上，主权国家的国内法必须根据它的标准加以调整；而国内法的国际化，则是一种较弱意义上的法律全球化，并不一定有统一的国际规则、全球性的法律或世界法的出现，只不过表现为一种世界性的法律潮流，而其源泉则是某一国家或地区的法律制度。但是，这两种意义上的法律全球化又是互相联系和相互转化的，国际组织的规则体现了某些国家在世界经济与政治秩序中的主导地位，而这些规则的来源往往又是这些国家或国家之间的有关规则。

（三）全球法律化的态势：一体化与多元化

所谓法律的一体化，不是指世界上的法律最后统一为一种法律，即出现单一的"世界法"，更不是用一种强势法律文化占领、取代其他法律文化——虽然在历史的某个阶段会存在此类情况，而是指世界上各个国家的法律不再是孤立的或截然对立地存在着，它们越来越接近，越来越具有共性，因而能融洽相处，和谐并存于世界之上，或者说它们之间能够接轨、对接、连接起来，组成一个统一体，从而服务于共同的目的，即人类的发展和繁荣。由于当今所存在的法律一体化正像当今全球化的其他方面一样，是以西方资本主义法律制度为主整合而成的，是随着西方发达国家在经济上和军事上的对全球的侵略扩张，在法律上推行殖民主义和霸权主义的基础上形成的，因此，同样具有法律霸权主义和一元化的性质，这显然还不完全符合一体化中的多元主体平等、独立的要求。

就发展趋势而言，法律全球化应当呈现一种"法律的多元化"与"法律的一体化"并存的状态。因为，"过去那种单一主体、单一中心、单一规范尺度的全球化已为多样化、多元化与差异化趋势所代替。全球的同质结构——西方中心论所推崇的单一主体性霸权已为多元主体的网络结构所消解。全球化的单一规范尺度已为多元差异的规范所取代。多元规范尺度，使参与全球化的主体多元化。全球化绝不是由那种按照启蒙哲学构造的单一价值尺度支配的，相反，是由多元价值标准差异地重合的"。[1] 全球法律多元表现在多极、多层次、多样化以及多元价值追求等几方面。所谓多极，指当今世界法律在格局上不是单一的，而是由多种主体在多种法律传统的基础上所发展出来的多种法律系统组成的。所谓多层次而言，其构成有国际法和国内法，国际法还有区域性和全球性之分。区域化是全球化的一个必经阶段，但有时也会延缓全球化的速度，它会使全球化的发展避免单一性，使全球化过程更趋于合理化。国家不再是唯一的造法主体，而是出现了许多新的造法主体，因而国际法的表现形式和种类也呈现多样化的趋势。就追求的内在价值来说，发达国家与中等发达国家、第三世界国家、社会主义国家的法律显然是不同的，它们之间的差异和矛盾是会长期存在的，对立和斗争势在难免。总之，各种法律体系能保持其相对的独立性，其法律理想和法律技术各具有独特性，呈现多极对立的格局。

虽然人类法律在很大程度上已经全球化或一体化了，但并不意味着它的单一化。虽然它在很大程度上还主要属于资本主义的法律制度，或者说是已

---

〔1〕 高峰："发展理论全球化转向的分析模式及启示"，载《江海学刊》2002年第6期。

被"西化",也不意味着世界上只存在单一的资本主义法律体系。就资本主义法律体系来说,其内部也是极不统一的。所谓的法律全球化,只是意味着人类社会的一部分法律在一定程度上具有超越国家普适性,并非表明世界上只有一种法律或各个国家的法律毫无差别。恰恰相反,任何一国的法律都有其特殊性,或者说任何一国的法律都有其特殊的价值取向、文化背景、表现形式和实现方式。另外,任何一国的法律的大部分都是该国特有的,不可能具有全球性或能被普遍的适用于其他国家。任何一个具有全球性的法律在适用于不同国家时,又都会有不同于另外一个国家的理解、实施方法和效果。正是因为这样,当今世界,伴随着法律全球化的同时,世界上的各种法律并没有因这一趋势而完全丧失其独立性,这就使法律在一体化的同时,也走向多元化。它不是要削弱或取消一体化,而是会克服全球化初期法律单一化的不良现象,使其向着更加合理性的方向前进。它意味着世界上的各种法律文化将以平等的资格加入世界法律体系的行列,在竞争中互相吸收和借鉴,以求共同的繁荣和发展。[1]

三、全球化时代的中国法律发展

随着全球化程度的加深,世界各国均无法脱离全球化进程而孤立存在,只能在参与之中为自身谋求更为合理有利的生存空间。由于法律全球化意味着世界各种法律文化将以平等的资格加入世界法律体系的行列,在竞争中互相吸收和借鉴,以求共同的繁荣和发展。因此,当代中国法律的发展也必须要积极应对全球化的挑战,正视现实,有利应对,抓住机遇,迅速发展。既保持我国法律体系的社会主义性质和中国特色,又不断地增加其开放性,积极地吸收借鉴各种法律中有意的因素,使之能与世界其他法律体系顺利接轨,能作为世界法律体系的平等一员和能具有越来越强的生命力和竞争力。

第一,全球化程度加深,导致了民族国家对国家主权的自主克制,从而在维护国家利益和完善国际合作方面,对我国法律发展提出了新要求。全球化意味着世界一体化程度的加强,这集中表现在传统的主权性事务或民族国家内部事务,正在大量向全球性问题转化并能够产生迅猛的全球连锁效应。纯粹地方性的东西越来越少,而国际化又势必意味着问题的复杂性与不确定性增加,迫使民族国家采取以国家集团或区域联合的形式,确保对国际政治经济问题的有

---

〔1〕 参见严存生:"'全球化'中法的一体化和多元化",载《法律科学》2003 年第 5 期。

效回应，增强本国国际竞争能力和化解国际风险能力。[1]这既造成全球事务上国家间的协商合作日益频繁和重要，从而加大了各国的国际依赖，如果还是按照过去处理单纯国内问题的方法与理念来办事，很可能引发更大的问题和麻烦。这就要求当代中国的法律发展需要具备国际问题意识、健全国际合作机制、提升全球应对能力，在内外事务一体化处理的过程中，自主地调适传统的主权要求日益成为常态。

第二，全球化使跨国公司、国际组织的作用日益彰显，既表明了民族国家操控乏力的主权边缘或稀薄地带，也丰富了世界格局多极化、多向度发展的可能空间。这就要求当代中国法律的发展，既要积极关照与国际组织、跨国公司和非政府组织的合作领域，又要积极完善国内经济组织和非政府组织的国际化发展所需的法律制度。跨国公司、国际组织既是全球化过程中的推动力量，也是全球问题的制造者。大的跨国公司在世纪经济中的市场份额和资本能力已经大大改变了传统的国际经济格局，并且在投资国、母国以及公司本身之间形成错综复杂的利益关系。不但是众多小国只能随风摇摆，就是大国也往往投鼠忌器，难以轻言操控。至于各种非生产性的国际组织，如世界银行、国际货币基金组织，以及东盟、欧盟、联合国等国际机构，虽然受到少数大国的影响，但却绝非能够在民族国家体系内加以简单化制约的。随着当代中国经济实力的进一步增强和社会发展全球化程度的进一步加深，我们应当有效利用法律全球化发展的各种机制，积极谋求在跨国公司经营、非政府组织运作等非传统法律发展领域，实现从规则适用者到规则参与者乃至规则输出者的转化。

第三，全球化程度的加深，致使我国公民跨文化交往的日趋频繁与深化。最显著的表现是，各种生活方式、意识形态不再经过国家层面的过滤而直接作

---

[1] 吉登斯2007年12月在中山大学就全球化问题所做的演讲中，他以当下人类的生存状况与18世纪哲学所蕴含的判断之间的对比开篇，从而将"不确定性"作为进入全球化问题意识的开端而非常简明、生动地提了出来，确可谓拿捏精到，举重若轻。他说："我们生活在一个令人迷茫、变化无常、非理性而且远离了历史的世界，生活在一个越来越难以理解、未来越来越难以预测的21世纪。这个世纪与18世纪哲学家们所预言的情况完全不同。这些哲学家创立了社会科学，认为我们这个社会的生活将变得更容易预测，我们这个世界将变得更容易理解，我们对于自己的生活和历史也会有更深刻的了解。这也是马克思所相信的。他认为，如果我们想要创造历史，那就必须先理解历史。18世纪晚期，人们瞥见了科学对于生活的影响，认识到科学可以使生活变得更容易控制，使自然变得更容易理解。凭借技术的进步，世界将变得更容易为人类所操纵。实际却并不如此，并且恰恰相反，世界变得越来越超出我们的控制范围，变得越来越不确定。……从科学与自然关系的角度说，也许在五六十年以前，你所担心的主要是自然对于我们人类的影响，如洪水、飓风、自然灾害、粮食歉收等。但是到最近几年，人类对自然所带来的担忧逐渐超过了自然对人类所带来的担忧。这是人类历史的一个根本性转变。"参见［英］安东尼·吉登斯："全球时代的民族国家"，郭忠华等译，载《中山大学学报（社会科学版）》2008年第1期。

用于国民，这既带来了国民个体自由发展的契机与空间，也为民族国家巩固国家认同、避免分裂带来了新的问题与压力。因此，应当高度重视国家安全的法制建设，尤其需要大力推动网络空间、知识产权以及国际反恐领域的法制建设，以有效应对全球化带来的各种社会风险。

【延伸阅读】

1. 公丕祥："法制现代化的分析工具"，载《中国法学》2002 年第 5 期。

2. 张晋藩：《中国法律的传统与近代转型》，法律出版社 1997 年版。

3. 姚建宗：《法律与发展研究导论——以经济与政治发展为中心的考察》，吉林大学出版社 1998 年版。

4. 张生主编：《中国法律近代化论集》，中国政法大学出版社 2002 年版。

5. 朱勇：《中国法律的艰辛历程》，黑龙江人民出版社 2002 年版。

6. 尹伊君：《社会变迁的法律解释》，商务印书馆 2003 年版。

7. 俞江：《近代中国的法律与学术》，北京大学出版社 2008 年版。

8. 王人博主编：《中国法制现代化的历史》，知识产权出版社 2010 年版。

9. 黄文艺：《中国法律发展的法哲学反思》，法律出版社 2010 年版。

10. 舒国滢主编：《法制现代化的理论基础》，知识产权出版社 2010 年版。

11. 冯玉军：《全球化与中国法制的回应》，四川人民出版社 2002 年版。

【思考题】

1. 什么是"法制现代化"，它与"法治""法治国家"之间有怎样的关系？

2. 结合法制现代化模式理论，试论我国法制现代化的历程与特点，及其对当代中国法制建设的启示。

3. 试论法律全球化的表现与发展机制。

4. 试论全球化背景下当代中国法律的发展。

第 十 章
法治与法治国家

【内容提要】

法治论从总体上负担着澄清法治基本概念、论证法治价值、分析我国法治国家建设重大理论问题的任务与职能。我国封建人治历史长久，法治启蒙任务艰巨。本章在讲述法治与法治国家建设一般原理的基础上，论述了当代中国建设中国特色社会主义法治体系，全面推进依法治国的重大意义、理论内涵和现实任务。

【重点问题】

法治的含义；法治国家的概念、条件和特征；社会主义法治体系

第一节　法治的概念与原则

一、法治的含义

法治是"一个无比重要的，但未被定义，也不是随便就能定义的概念"。[1]现代学者对法治的认识是多元的，有从历史的角度把法治视为法律发展的一个阶段或一种类型；有从社会状态上把法治定义为法律秩序；有从社会权威的角度把法治定义为表达法律特性的、所有权威机构都必须服从的某些原则；还有从正义论的角度把法治界定为形式正义或作为规则的正义；我们认为，从本质上讲，法治是现代民主人权时代有关政治和法制建设一种综合性的价值目标，以及由此产生的一系列基本的行动原则及其实现过程和结果。有关政治法制建设的价值目标和行动原则，在不同的时代有着不同的内容。在古代社会法律只是统治者的一种治国方略、一种治国手段。因此，在我国古代社会服务于专制统治的"法治"并不与人治相对立，只是与"礼治""德治"分主次；在现代社会，法治是与人治针锋相对的，它意味着在国家中法律具有最高的权威，以规制公共统治权力为重心，以保障和促进全体国民的民主权利和个体尊严为

---

〔1〕　[英]戴维·M.沃克：《牛津法律大辞典》，李双元等译，光明日报出版社1989年版，第790页。

指归。

由此看来，法治与法制概念既有密切联系，也有明显的区别。法制一词在我国古代的典籍中很早就已出现，比如《吕氏春秋》中就有"命有司修法制，缮图圄，禁止奸，慎罪邪，务搏执"的用法。[1] 一般说来，法制有两种含义：一是指国家的法律和制度的简称。董必武同志曾经说过："我们望文生义，国家的法律和制度，就是法制。"[2] 二是指国家的法律制度的简称，包括国家的立法、执法、司法、守法及法律监督方面的制度。这两种意义上所说的制度有所不同，前者指国家依法制定的政治、经济、文化、教育、军事诸方面的制度；后者指法所规定的国家立法、执法、司法、守法和法律监督制度。但不管从这两种含义的哪一种来说，都可以看到，凡是有法律的社会，便有法制。法制表明一种法律制度的存在状态，实际上它泛指任何一种法律制度，是存在于任何一个国家的普遍形态。因此，法制与法治，虽然仅仅一字之差，但内涵则有很大不同。从法制与法治的概念演进，标志着我国法治建设经历了一个相当艰难而漫长的过程之后，在理论认识上的飞跃与深化。概括而言，法制与法治的区别主要表现在：

第一，法制是一个描述性概念，是法律和制度的总称。法制建设是关于法律和制度方面的建设，这种建设存在于任何有法律的社会。而法治却是一个价值性概念，只是某些社会法制建设的一种奋斗目标，是人们从现代民主人权观念出发，在对法制的作用和优越性的充分认识的基础上提出来的一种价值选择和一种理想境界。

第二，二者在与民主的关系上有所不同。历史地看，法制始终受制于国家权力甚至统治者的专制暴政，这也就充分说明了法制概念本身无力发展出一套彻底的规制统治、捍卫人权的观念和制度。与之对应，法治所蕴含的价值目标并不存在于任何社会和任何人的心目中，它的产生需要一定的历史条件。这种条件，从法律自身来说，它有赖于法律的充分发展，只有当法律不仅发展为一套精巧的技术，而且不再是个人随意性意志的体现而具有较大的公意性和科学性时，才能产生法治观念。显然，只有在民主社会才可能谈法治问题，因为只有通过民主途径产生的法律才可能体现公意和保护公益，也只有这种法律才能具有权威性和得到人们的尊重和遵守，从而达到法治状态。

第三，二者在法律介入社会生活的广泛性上有所不同。法制主要强调法律和制度及其实施的过程，而对法律在社会生活中的作用范围从字面上是无法界

[1]《吕氏春秋·孟秋纪第七》。
[2] 董必武：《论社会主义民主和法制》，人民出版社 1979 年版，第 153 页。

定的。而法治一词的含义比较明确，就是在全部的国家生活、社会生活、公民生活中都必须依法办事。因此法治要求法律更全面地、全方位地介入，实现法律主治。

第四，二者在法律调整的正当性问题上有所不同。法制所包含的法律和制度，其含义从字面看是中立的，并不必然的具有正当性，它更强调秩序价值。而法治一词则蕴涵了这种正当性。首先，法治是与专制相对立，与民主相联系，体现的是人民当家作主的要求。法治之法是由国家权力机关通过民主程序制定的，集中体现了广大人民的意志和利益。它的贯彻实施严格依照法定程序，防止少数人、个别人滥用国家权力。其次，法治要求社会生活的法律化，树立法律的最高权威，防止个人凌驾于法律之上。最后，法治符合社会生活理性化的要求，使人们的社会行为和交往活动具有可预测性和确定性，也使人的正当性要求有了程序化、制度化的保证，增强了社会成员的安全感。所以，任何国家虽然都有自己的法律和制度，即都有某种意义上的法制，但并不是每个国家都有法治。

因此，法治较之法制，其内涵更为丰富。法制是一种手段，而法治是社会发展与治理上的一种价值选择。当然，法治与法制也绝对不是对抗性关系。应该说法治概念完全吸收法制概念，并侧重于法制本身的价值与原则方面。法治首先是依法而治，当然也就离不开法律制度，也必然要求最终表现为一个良好的法律秩序，没有健全的法律和制度就不可能有真正的法治，建立健全法律和制度是建设现代法治的前提条件。同时，法治促进法制的健全与完善。当法制仅指法律和制度时，那么法律和制度的健全和完善需要有法治理论的指导。执政者没有现代法治观念，不重视法律和制度在治国中的作用，不重视对法律制度的实施，就不可能真正加强法制。在现代国家如果不实行法治，法律制度就难以真正有效的实行，法制自身的价值也难以实现。固然如有学者所指出的："法制和法治各有自己的含义和价值，它们有密切的关联，但它们却不可以相互替代。过去只讲法制是非常片面的，现在应当法制和法治都讲，而决不能只讲其中的一个方面，亦即绝不能只讲法治，搞什么'由法制向法治的过渡'"，[1]但我们仍然有必要强调的是，不是任何一种法律制度和法律秩序都称得上"法治"，否则我们在高举"依法治国，建设社会主义法治国家"旗帜的同时，阔步奔向的很可能仍然是一种人治甚至专制之下的"法制"。

基于上述分析，从统合法治理论的角度看，作为一种有关国家、社会治理的综合性的价值目标及其实现过程和结果，法治概念包含下述三个方面的内容：

---

[1]　朱景文主编：《中国法理学论坛》，中国人民大学出版社 2006 年版，第 67 页。

其一，从对国家社会的治理职能上看，法治意味着一种宏观的治国方略。在此意义上，法治要求在一国全部的权威之中，法律具有至上的地位；一国最基本的治理方式是法律，而不是任何其他社会规范或社会力量；法律成为判断是非、认定权利义务的最高准则；法律权威、法律信仰和普遍守法是治国方略意义上法治最基本的要求。其二，从对人类尊严与发展的意义上看，法治意味着蕴含在法律及其治理之中的一套均衡中和的价值观念和良好的社会生活状态。这个意义上的法治要求一个国家的法律制度能够通过一种政治文明或者说制度文明的内在功能的有效释放，贡献于国民个体的自由发展和民族国家的繁荣进步。进而意味着法治自身具备最基本的价值含量，并在政治制度上实行民主。其三，从自身内在运作逻辑结构上看，法治是法治观念、法治原则、法律制度和法律秩序的动态统合。

二、法治与人治的本质区别

用口号式的方式凸显人治与法治的对立、通过对人治的简单贬抑来张扬法治，即便对于唤起民众的法治意识、表达一种彻底告别人治的反传统的路向抉择有其必要性和社会效果，但在严肃的理论与实践问题面前，无疑都是太过简单化。人治概念的简单与模糊，是我们法治理论简单与模糊的反映。由于一切治理原则或者治理方式最终都离不开人的因素，对于法治而言，我们同样要面对法律是由人制定、由人实施的，以及法律思维同样属于"人"的思维等这样的一些事实。

那么，法治和人治之间究竟存在怎样的区别？为什么说，现代社会，法治和人治是决然对立的，"从人治到法治"是人类政治理念和治理方式上的一次质的飞跃、"要法治不要人治"是当下中国现代化建设的必然选择？中外人治都存在着对社会治理问题，以及对法律问题的深刻见解，以及社会治理上的有效实践，其中更不乏与现代法治在理论与实践上的困惑、疑难直接相关联的方面，法治如何面对人治的遗产和挑战？换言之，在抛弃人治观念和体制之后，法治如何发展出真正能够取代人治的、精微有效的人与法的理论与实践，从而真正告别国人对人治的向往、杜绝人治思潮和人治现象的回潮？作为一套深刻、复杂的政治哲学和中外历史上反复出现的有效的社会治理模式，人治始终是法治应当借以反思从而需要认真对待的一个宿敌。

（一）人治是什么

人治是对"为政在人"和"贤人政治"这样一种理想的治国理念和治国方略的概括。古今中外，由于观念、条件和历史任务的差异，导致对于"贤人"的标准，以及治理的手段上的不同，使得人治出现多样化的具体形态。比如，孔子眼中的理想政治状态是通过统治者的德行教化，达致对周礼的回归，因而表现为"德治"和"礼治";柏拉图从其"理念论"出发,钟情于借助"哲学王"的"理想国",因而更多的是一种源自希腊知识论哲学传统的"知识的统治";法家法制学说,极力主张借助法律强制建立的王权专制等级制度,在皇权人治的终极立场上与儒家政治学说并不存在本质差别,因此最终"内儒外法、儒法合流";新中国成立以后,我们很长一段时间内的国家治理完全依赖于中国共产党的政策,而党的政策在产生机制上受制于党的领袖,在实施机制上更提倡干部、党员的政治表率和道德模范,从而致力于一种社会主义的新人治。通过这些彼此分歧、对抗,甚至被认为具有某种超越关系的人治现象,我们可以把握它们背后作为人治的本质属性和内在逻辑。

第一,人治对统治者个人的理性和道德能力持乐观态度。西方基督教的"原罪"教义在人治论者的心目当中是完全不存在的。套用哈耶克的分析范式,人治理论当中有极强的建构理性的倾向。"为政在人"和"贤人政治"的一个基本的前提是社会上源源不断地产出着为政治统治所需的德行兼备的英雄人物。然而就像孟子自己所说:"五百年而圣人出",何况这个"圣人"又是被人治意识形态层层放大的产物。历史的经验表明,对贤人政治的追求,在理论上是虚幻的,在实践上,则必然转化为对现实统治的放任与美化。

第二,人治对统治与权力赋予了绝对"善"的价值。古人把统治百姓叫做"牧民",这里面包含了人治论者核心的政治理念:历史是由贤者来把握的。在将统治者贤人化的同时,人治论者同时赋予了统治与权力本身毋庸置疑的善的价值。"修身、齐家、治国、平天下(大学)"作为一种崇高的人生境界激励着一代代的社会精英投入统治与被统治的权力漩涡之中去一展怀抱。问题在于,贤人理念同统治权力无阻碍地对接,其结果只能是公共权力的"异化"。个体的独立与尊严在"施恩"与"忠义"的核心社会结构之中,只能通过权力中介得到扭曲的展现。

第三,人治必然向独裁暴政转化。基于上述两点,人治对被统治者讲"他律",而对统治者讲"自律",因而就统治者的统治行为而言,人治最大的特点是随意性。政治关系的非规则化和政治手段的非常规化必然是互相促进的。由此意味着只要统治者认为为统治所需,那么独裁暴政也是完全正确的。换言之,人治虽然不直接就是独裁暴政,但是,人治一方面不彻底排除独裁暴政的采用,另一方面,更缺乏防止独裁暴政出现的有效的制度措施。对于人治,各种牵制力量要么只是人治内部的权力争夺和实力较量,要么也就只能劝善,却决然没有力量使之必善。"人存政举、人亡政息"对于人治来说,实在是最深刻的一句箴言。这句出自人治论者自己口中的话,既是对"为政在人"的强硬坚持,又何尝不是对人治之下政局叵测、人治理想最终破灭的判断与哀叹。

　　第四，人治最终是国民政治主体地位缺失的产物。人治背后是社会成员的身份等级秩序，所谓"唯贤者宜居高位"。贤与不贤表面上看是一个道德和能力的概念，实际上从来也不可能脱离财产、职位以及意识形态等非道德内容。治理既然是由人而出，那么基于各种前提产生的人与人的身份等级关系必然在治与被治中得到最大的强化。沦为统治对象的民众只能在感叹统治者贤德的前提下，享受统治者赐予的权利与利益。在治乱因循的低水平重复中，中国数千年的人治统治，既出现了对当时民众所造成的深重灾难，更形成了深厚的人治传统和官本位的特权等级观念，为整个民族的政治法律现代化带来沉重的包袱。

　　（二）人治和法治的区别

　　法治是与人治对立的治国方略。这种对立在古代和近代，其内容和表现形式都不尽相同。一般地说，法治和人治的对立，表现在以下三个方面：其一，国家治理主要依靠法律还是道德？人治论者认为国家主要应由具有高尚道德的圣君、贤人通过道德感化来进行治理。法治论者则认为主要应由掌握国家权力的人通过强制性的法律来治理。其二，对人的行为的指引，主要依靠一般性的法律规则，还是依靠针对具体情况的具体指引？人治论强调具体指引，法治论强调一般性规则。这两个方面的对立在中国古代的儒法之争和古希腊柏拉图与亚里士多德的分歧之中均有深入的涉及。其三，政治制度上的民主与专制之间的对立，这是法治与人治之间的本质对立。这一对立在柏拉图和亚里士多德之间已经有所涉及，但显然局限于奴隶制民主的现实环境。因此，法治论和人治论在政治制度上的根本对立主要出现在17、18世纪资产阶级革命时期，一些先进思想家在反封建专制时所提出的政治思想和政治纲领中。在我国古代儒法两家关于法治和人治的争论中从未涉及民主与专制的分歧。

　　20世纪中国关于法治与人治的历次讨论，已在理论上明确了：法治与人治这两种治国方略的界限不在于是否承认法律运行中人的因素，而在于：从主体上，法治是众人之治（民主政治），人治是一人（或几人）之治（君主专制或贵族政治）；法治依据的是反映人民大众意志的法律，人治则依据领导人个人的意志；法治之法是政治的目的性所在，人治之法是政治意志的工具。法治与人治的分界线是：当法律与当权者的个人意志发生冲突时，是法律高于个人意志，还是个人意志凌驾于法律之上；或者说，是"人依法"还是"法依人"？其次，应当将道德定性为精神文明范畴，从而与作为制度文明的法律严格界分。道德当然会对法治产生影响，但这种影响必须以能够转化为法律问题和能够纳入法治的运作机制为前提。任何一个现代国家都必须保持国民道德在整体上的中立、多元与开放。依靠国家政权进行道德的强制执行不但违背道德的自律本性，对自由、法治造成伤害，而且从根本上讲是不利于国家社会的发展进步的。在这方面，我们有着长久而惨痛的历史经验教训。对于规范性调整和个别性调整的矛盾，应当明确这是一个根源于法律内在属性与局限的问题，并不构成从整体上对法治的否定。当然，它需要我们在法律的框架下尽可能地对其协调和解决。

应该强调的是，人和法的关系问题决不仅仅是人治和法治的立场问题，将人和法的关系总体上定位为法治当中人的因素或人的作用也不会取消这种因素或作用本身与法和法治之间的紧张甚至对立。从这个意义上讲，人治与法治的三种对立中，虽然第三种（民主与专制的对立）是二者的本质对立，但并不意味着前两种对立对于法治来说是没有多大意义的。相反，在选择了法治之后，我们同样要长期面对产生于人和法的深层关系的问题对法治的理论与实践的挑战。这就要求我们一方面要进一步深化法治理论的研究，尤其是要从法治理念出发，关注法律思维、法律方法、法律职业等法治的操作性问题的研究，从中国社会发展的实际之中逐步探索出符合现代法治精神的具体的治理模式和措施，同时也要时刻对法律乃至法治本身的限度与局限保持清醒地认识，避免一种过于浪漫而空洞的法治观念引发完全违背法治基本原理的错误实践。道德也好，人治也好，在某种程度上都是在表明，法治不可能是尽善尽美的，彻底实行法治是有代价的。我们尤其不能抱持一种机械主义的法律观，似乎人可以躺在制度上等待着美好未来的降临。说到底，法治的每一步都是需要我们为之奋斗的事业。

三、法治与民主政治

（一）民主与民主政治

民主是一个根源于人的独立的主体性地位的概念。作为一个在社会关系当中表征和维护人的独立主体地位的概念，民主是与被支配、被决定的客体地位相对立的。由于政治关系在所有社会关系中的核心地位，民主最集中的表现领域就是政治民主。历史地看，每个国家的国民的主体性地位都有一个发展、变化的过程，因而民主发展的过程首先表现在享有民主的人的种类和数量的变化上。马克思主义历来坚持从阶级的观点出发认为"民主是一种国家形式[1]"，是什么人对什么人的统治问题，无疑抓住了阶级社会民主的实质所在。

在古代社会，对于普通民众来说，民主问题和民主意识总体上看处于盲目的状态，中国儒家的"民本"最多是对统治者实行仁政的规诫，而无伤专制等级秩序之大本，与民主实隔天渊。西方古代的自然法思想面对现实也只能得出"各得其所就是正义"的保守结论。所谓"兴，百姓苦；亡，百姓苦"，面对英雄人物的权力争夺，民众的地位和力量是潜在的、间接的，民主总的表现是少

---

〔1〕《列宁选集》（第 3 卷），人民出版社 1972 年版，第 257 页。

数社会成员的特权。在资产阶级革命以后，民主的发展开始出现了质的变化。伴随着人权、自由、平等价值成为现代社会的基本观念，人的解放和人民主权上升为政治统治合法性的依据，民主的主体第一次被要求扩大到全体国民。社会主义国家的出现，致力于从经济基础、政治法律制度和思想文化建设上全面实现人民主权。

历史地看，社会主义的民主发展，同社会主义国家政权一道，经历了社会主义革命和社会主义建设两个时期。社会主义革命时期的民主问题必然集中在民主的主客体关系上，即采取一切必要的方式，包括在人民内部实行专制集权的方式，去夺取和捍卫人民民主，借以对敌人实施包括武装斗争在内的阶级专政。然而，这种现象在新中国成立以后的长期延续，造成我们在强调政权的人民属性的同时，实际上忽略了人民民主的实现方式，在政权的运作上，出现了违背民主原则，甚至是严重的集权专制的情况。改革开放以来，我们对于阶级斗争同社会主义建设之间的关系做出了明确的界定，抛弃了"以阶级斗争为纲"的指导路线。由此决定了，当代中国的民主的核心问题，必然从对民主主客体关系转向民主的实现方式，从而使社会主义民主的实质性发展提上了历史议程。换言之，对于一个已经存在人民主权的国家来说，如何具体地实现民主是当前中国民主发展的关键所在。

民主的基本原理是少数服从多数。少数服从多数，作为最大限度地保障民主成员的主体地位和意志，无疑是符合民主本意的。然而，民主的这条核心的操作性原则所体现的民主内涵与制度要求却绝非一个"服从"那么简单。从实践来看，这个核心的民主命题却存在着太多的反民主的曲解。

第一，作为民主原则的少数服从多数，显然是属于民主内部的问题，而不属于敌我斗争的问题。换言之，少数和多数一样，都是民主的主体，享有平等的民主权利和民主地位。主张少数服从多数，一旦获取多数就用专制暴政的手段对待少数，这绝不是民主，而是迫害。

第二，少数和多数是流动和变化的，就人来说，一个人不可能在任何问题上都是少数派，也不可能在任何问题上都是多数派；就观点来说，同样存在着在不同时间、不同场合下多数与少数之间的转化问题。出于任何理由进行强制性的政治划界实质上都是反民主的。

第三，少数，包括服从了多数的少数，绝不应当被看作是一种错误、甚至丑恶的群体。民主之所以必要，决不在于统合大多数人的意志，尽管这是民主的当然功能。相反，民主的必要性恰恰在于意志统合之前的多元与对抗状态。政治领域也罢、其他领域也罢，出于利益或观念的不同，社会成员的意志与见解必然是多元甚至冲突的。这既是人类社会的常态，也蕴藏着推动社会发展进步的力量与契机。古人讲："敢为天下先"，鲁迅先生说："第一次吃螃蟹的人是很值得佩服的"，[1]这都是对少数的赞美与支持。少数不能藐视多数，这是民主对少数的必要的抑制，这一方面是因为绝大多数情况下，多数的意见代表着正确；同时更是因为，多数本身就是值得尊重也必须予以尊重的。但是，民主对少数的抑制以及多数决定的有效性，必然助长"搭车"现象，导致"集体无意识"的病态社会状况。

第四，少数服从多数的前提是存在一个能够借以进行少数与多数的合理确定的政治程序和政治制度，因此民主内在要求自身的程序化和制度化。而民主程序与制度的核心目标在于保障民主主体平等的独立地位和参与机会。民主制度的精义即在于一方面通过一套开放、合理的程序与制度安排，最大限度地达成对多元意志的吸纳、对话、妥协、合作，从而使得社会发展能够在一种社会成员之间公平竞争与稳定合作的层面上渐次展开；另一方面，在彻底实行少数服从多数、确保社会发展的稳定性与可预期性的同时，通过保障少数派的民主地位保留了民主制度的自我纠错能力，最大程度提供社会获取真理的渠道与机制。列宁曾说："真理往往掌握在少数人手中"，这句话往往被用来为专制者张目，实在是民主的悲哀。但同时，民主制度确实需要重视少数，要为少数向多数的转化提供平等的民主制度的保障。

民主政治作为民主的核心，要求在国家政治生活中实行民主原则和民主制度。我国的民主政治实质是落实社会主义人民主权的本质要求，其前提是承认并尊重社会利益结构的多元化状态，要害在于坚持中国共产党领导的同时进一步理顺党政关系、大力完善作为我国民主政体的人民代表大会制度，确保国民决定国家制度、管理国家事务的政治民主权利的有效实现。显然，民主、民主政治以及民主政体本身都同法和法治有着内在的深层联系。存在着共同的问题面向、致力于共同的价值追求，中国的法治化进程和民主化进程必然是同荣辱、共命运的。

（二）法治与民主政治的内在关联

第一，民主政治作为法治的政治基础，决定法治的本质和效能，也是法治发展最终的动力源泉。作为反专制、人治的法治本身就是现代民主意识和民主运动的产物，法治以民主政治为其政治基础，也就意味着，法治必须由民主政治支撑，以实现人民主权为自身的价值追求。民主决定法治的本质，根本上讲在于民主政治是主张一切权力来自人民的政治，从而决定了建立在民主政治基础上的法治与一般法制甚至专制的本质区别。换句话说，法治的标志主要不在

---

〔1〕鲁迅：《集外集拾遗》，人民文学出版社 1981 年版，第 388 页。

于有无法律，法律多少，甚至也不在于法律实现的状况，而在于法律的制定与实施是否真正体现和维护人民的利益和意志。人民的利益和意志决定统治的正当性和法律的"合法性"，从而又从根本上决定着法律的效能。只有民众认同为"合法"的东西，民众才会把它转化为内在的行为规则而去自觉遵守和维护，法律的价值才能充分实现。只有认真对待公民权益的法律，才能赢得人民对它的信赖、尊重和遵守，这样的法律本身也才是有价值的。

民主政治为法治提供了正当性的基础，同时也为法治指出了基本的制度原理。在民主政治下，国家的政治权力一方面来自人民，人民（作为整体）是权力的源泉；另一方面又被分解为公民（作为个体）的政治权利。这一状况决定着法治对待人民主权、国家权力和公民权利的基本价值取向和基本的制度原理。即是说为了贯彻实现人民主权，法治必须采取人民主权决定国家权力、公民权利制约政府权力的治理原则。民主政治是与专制政治对立的。专制政治把政治权力变成以君主为首的少数人的特权，并由君主总揽其成。这种政治体制一方面扼杀了人民群众的政治动力、政治热情、政治责任和政治能力，使政治失去了社会基础，政治权力变成社会的对立物；另一方面促使少数政治人物狂热地攫取并肆无忌惮地滥用权力，甚至为争权夺位大动干戈，铤而走险，导致周而复始的政治动荡和社会灾难。民主政治则把国家权力分解为公民的基本政治权利，赋予公民参政的资格和机会，把政治变成绝大多数人的事务，从而克服了专制政治的弊端。在民主制度下，公民享有法定的政治权利并承担相应的政治义务，国家权力的和平转移、政权机关的组建，都是公民按照既定的法律程序行使政治权利的结果；国家权力是在公民的参与和制约下依法运行和操作的；公民与国家机关工作人员的关系是主仆关系、委托人与受委托人的关系。这样，政权与社会融为一体，公民一方面以政治主体的身份采取主动的参政行动，影响、支持现行的政治决策和立法，从而大大增强了政治的动力，增强了法律的效能。另一方面，又时刻监视国家机关的行权活动，制止以权代法、以权压法、以权废法等破坏法治的行为，从而强有力地保障了法律的实行和实现。

第二，民主政治必然是、也必须是法治政治，社会法治化的进程也必然带动民主的发展。民主政治必须是法治政治首先根源于民主政治当中必须通过法治才能加以防范和规制的权力异化问题。民主政治的根本特征是国家的一切权力属于人民，人民当家作主。然而除了古代个别城邦实行直接民主外，在现代国家，特别是我们这样的大国，只能实行间接民主制，即代议民主制。这种体制意味着在政治权力的持有与政治权力的行使之间存在某种程度的分离。这种分离可能引起政治失控——政治权力不是按照权力所有者的整体意志行使，而是在运行中发生异变。以权谋私、贪污腐化、权钱交易、弄权渎职等政治腐败行为都是权力失控和异化的现象。为了防止政治权力的失控和异化，就要求法律对国家权力的有效控制。

民主政治必须是法治政治还根源于民主政治作为一种程序政治，要求法治提供有效的制度保障。民主的基本原理是少数服从多数，从这个意义上讲，任何民主政治实质上都是民主与集中的统一。只不过必须强调的是，民主集中制的科学内涵必定是程序性的，任何民主权利都必然是通过一套科学的民主程序来完成的，程序性保障了主体的独立地位和参与机会，提供了民主对话与合作的协商机制，有效地对抗程序终结之前强制性地统一意志的专制做法。民主的程序性是民主的生命所在，这就要求要有法治提供科学的制度供给和有效的制度保障。同时，对于民主来说，"集中"不是集中到某个人，而是集中到法律和制度；社会共同意志应当通过法律表现出来，而不应通过某个人或某个机关的指令或命令。作为民主结果的法律，本身就是民主的一个组成部分。随着法治意识的增强和法律技能的普遍提高，公民对民主程序化、规则化的要求和对一切政治活动必须符合法律的要求会越来越强烈，从而推动民主政治的法治化。

民主政治内在地要求法治。要实行民主，要保障和发展民主，就必须加强实施法治，必须建立起与社会主义民主政治相适应的法律体系。在当代社会主义中国，在有关政治主体、政治行为、政治关系、政治责任、政治程序方面的民主政治立法亟待加强。

四、法治观念和法治原则

法治观念是指人们内心中对法治的认识、信念和情绪，是以意识形态表现出来的法治目标以及人们对此的信仰和情绪。法治观念包括人们对法治的本质、作用、特征的认识，也包括人们对将来建立的法治社会的蓝图设想，还包括人们对这种理想的信仰和向往的情绪。从内容上讲包括一系列观念，如法律至上、良法而治、法律公意、权责平等、人民主权、守法护法等。

如果把法治的配套要素划分为软件和硬件两方面的话，那么，法治观念属于软件部分，其特点是既可存在于法律之前，或法律诞生过程中，亦可存在于法律之后。一般来说，超前存在的法治观念常为社会精英阶层所拥有，而在法治之法基础上推广的法治观念则为大众法治观念。对法治而言，法治观念不仅是其"催助剂"、而且是其"营养液"。说其是"催助剂"，在于倘无超前的法治观念，则法治难以产生，如没有资产阶级革命前夜的法治思想启蒙，就没有近现代资本主义法治；没有近20年来中国法学界对法治的热切呼唤，中国的法治化进程将更加困难。说其是营养液，则在于法律一旦没有法治观念的支持，则必是"死法"，而无法变成"活法"。正如美国汉德法官所警惕我们的那样："我们是否对宪法、法律和法庭寄予了过多的希望。这些是不切实际的希望，真的，这些都是不切实际的希望。自由存在于男男女女的心中，如果它在那里死去，没有任何一部宪法、法律或任何一家法院能够挽救。"[1]

　　严格意义上的法治观念只是对法治目标的内心感受的设想，并不包括如何实现此目标所应采取的方式和方法的设想。也就是说，它只回答法治"是什么"的问题，并没有回答人应该"怎么办"的问题，或者说尚没有转化为行为准则。法治原则能回答后一个问题，因为它不仅包含着法治目标，而且包含着实现此目标的方式和方法，因而它不同于作为观念的法治原理，它已使法治原理公意化和技术化，使之带有准则性和应用性，能对人们的行为作出规定，虽然还只是一般性的、不甚明确和不甚具体的规定，但它已为进一步制定明确的行为准则指明了方向和打下了基础。所谓法治原则，是法治制度建构和运行方式的指导思想和一般准则，是法治观念在制度体系上的表现。从根本上讲，法治原则属于制度范畴，决定并反映着法治的阶级本质和社会价值。

　　由于不同时代和不同社会的人们对法治社会的目标的设想是有差别的，因此，法治原则不是永恒不变的，而是具有相对性。这表现在不同时代有不同的法治原则，或对某法治原则有不同的理解。对于当代中国的法治建设来说，应当从法治的实体性与形式性两个方面把握法治原则。实体性原则和形式性原则是法治原则当中紧密联系、互相制约的两个方面，法治是以自身的形式品性来促进和捍卫其实体价值的实现的。

第二节　法治国家的条件与特征

一、法治国家的概念

　　"法治国"出自德文 Rechtsstaat，源自 19 世纪德国自由主义政治哲学，直接将"法"和"国家"这两个词强制连接，对于传统德语来说也是一个全新的词汇。这样一个词汇，从构词法上看，在英文中历来没有直接对等的词汇。硬要翻译成"Law State"或者"Just State"，既显生硬让人不知何意，同时也并不能反映德文"法治国"之原意。英文当中与之相对应的、或者说具有同等地位的概念是"法的统治"，即由英国法学家戴雪（Albert Venn Dicey，1835～1922）在 1885 年出版的《英国宪法学导论》（《An Introduction to the Study of the Law of

---

[1]　比林斯·勒尼德·汉德（Billings Learned Hand，1872 年 1 月 27 日～1961 年 8 月 18 日），美国法学家，美国历史上最伟大的法官之一。他的作品因语言极好，而被人们奉为"法律文学"。1944 年 5 月 21 日，时任美国第二联邦上诉巡回法院首席大法官的勒尼德·汉德应邀在纽约市中央公园的一篇题为《自由的精神》的演讲，以纪念"我是美国人日"。

the Constitution》，汉译《英宪精义》）当中第一次明确提出并着力阐释的 "the Rule of Law"。德文 "法治国" 与英文 "法的统治" 同在 19 世纪产生，都是古典自由主义基础上的形式法治理论，但是，从这两种理论在共同主张法治的同时，在对待国家权力以及实在法的态度上却存在明显的不同，进而在英、德两国不同法治发展模式上的背后，潜伏着法治观念上的深刻差异。

19 世纪的德文 "法治国" 概念起源于康德 "国家是一群人在法律下的联合" （Ein Staat ist die Vereinigung einer Menge von Menschen unter Rechtsgesetzen）的论断，主张通过国家实在法的制定与实施，自上而下地建构一套法制秩序，借以划定民众自由、规范国家机构权力，实现国家和社会的法制运作。作为一种古典自由主义思潮下民主、宪政理论同唯理主义国家观念的混合产物，这样一个 "法治国" 根本上主张的是 "国家法制" 而非 "法治国家"。只不过，区别于古代的人治法制，它反映了古典自由主义有关天赋人权、个体自由的理想，主张国家权力之间的分工与制衡，也要求法律规定人民的自由与权利，因而，使它成为在一定程度上反映了法治价值、吸纳了宪政结构的现代国家治理形态，同封建专制等级制度有着根本的区别。但是，在法律和作为整体的国家权力，尤其是国家立法权的关系上，它明确地把法律的最终渊源归结于国家，"法治国" 只是国家营造的一套实在法律制度与秩序。民众的权利与自由根本上被视作法律规定的结果，而国家则被认为天然地属于合法性领域，国家本质在于通过法律来规范人民的自由，维持法律秩序是国家的任务所在。法律在理论上是公共意志的产物，是超脱个人认知之上的共通理性，在实践上就是作为主权者的国家立法的理性和意志的产物。因此，在唯理主义思潮支撑下，既然国家及其立法可以保障人民的自由与权利，而忍受立法就是人民的绝对义务，即使他们忍无可忍。这样一来，"法治国理念强调把法律当作治理国家及课以人民服从义务的 '工具'，至于法律本身的 '品质' 是否符合宪法所追求之保障正义及人权，就失去其重要性"[1]。这样一种工具属性的 "法治国" 在德国的进一步的实践，日益同德国的国家统一与民族主义高度统合，最终走向极端民族主义和国家主义，在纳粹国家社会主义的集权统治中全面破产。

当然，也不能将德国 19 世纪以来的形式主义的法治国家同纳粹的极权统治画等号。如富勒所说的 "法制普遍、极端败坏" 的纳粹统治实际上是和德国 "法治国" 格格不入的。这从纳粹政府对《魏玛宪法》及其整个法律制度的全面破坏即可得到明证。真正的问题在于，数十年精深的法律学术积累和法律制度建构的德国法治国，何以几乎是丝毫无阻碍地放任了纳粹政府对自身的蹂躏？

---

〔1〕 陈新民：《法治国家论》，学林文化事业有限公司 2001 年版，第 99 页。

一种把自身效力与价值完全交付给作为"主权者的化身""大写的理性"的国家及其实在法律的"法治国"，同全面破坏人类法治理念、极端践踏基本人权的国家行为之间究竟有着怎样的内在关联？

一般认为，德国 19 世纪"法治国"的内在缺陷根源于它是一种形式法治，而非实质法治。这个判断不错，但是，仅仅从形式法治来把握德国"法治国"是不够的。一方面，形式法治和实质法治是一切法治形态的内在冲突，它不独属于 19 世纪的德国，当时的戴雪法治理论同样是形式法治，今天的所有法治国家的法治实践都仍然存在形式法治与实质法治的纠葛，理论上如哈耶克、拉兹等坚持形式法治的思想仍然具有很强的说服力。另一方面，从德国 19 世纪"法治国"的本质与归宿上，我们可以看到：虽然形式法治和形式法治国有密切的关联，但是，形式法治国由于直接导致国家权力最终凌驾于法治之上，实在法最终凌驾于民主、人权之上，因而，它比一般的形式法治而言，更容易导致国家主义，导致国家行为对法治的合法颠覆。与此不同的是，单纯的形式法治并不自动带有任何国家主义的立场。

形式法治是针对实质法治而言的，形式法治存在对社会实质正义关照不足的问题，法治的形式平等会捍卫甚至加剧实质的不平等，因此，形式法治的问题是法律形式合理性的内在问题，同国家主义破坏法治并无直接关联。这也就说明了，19 世纪英美法治虽然与德国"法治国"同属形式法治这个大的范围，但它没有产生国家颠覆法治的结果。因此，德国"法治国"与英美国家"法的统治"之间的分歧，更多地根源于欧洲大陆唯理主义与英美经验主义之间的差异，更多地与德国近代民族国家形成与崛起区别于英美国家的特殊历史过程相联系。英美形式法治的背后，是长达数百年的法律与封建国王为代表的国家权力的斗争，自然正义原则浸润其中，近代以来更奉行消极自由和最小国家的政治理念，更不存在利用法律富国强兵的急切政治行为的内外压力。相反，德国则在大陆唯理主义思潮的浸润下，伴随推动民族国家迅速崛起的政治目标，出现了把法制严重国家工具化的理论和实践。因而，19 世纪德国的"法治国"概念，不能单纯从形式法治的角度上加以把握，而必须要从法治与国家权力的整体关系上予以说明。将法律视作国家政策之工具基础上的形式法治才是 19 世纪德国"法治国"的要害所在。这样的法治国显然是我们熟悉的"Rule by law"，而非"Rule of law"。

除了国家主义这一层外，19 世纪德国"法治国"概念当中的形式性也应当成为我们检讨的对象。形式法治同法治国中的国家主义显然是有联系的，虽然说，如果作为德国法治国之大成的魏玛宪政体系能够坚持不坠的话，纳粹那种普遍败坏的法律是不可能出现的。然而，纳粹的出现本身却更有力地证明了一

第十章

个单纯的形式法治是不足以捍卫自身的存在的。因此，法治国家这个概念必须，也完全可以成为法治理论与实践当中更为全面、积极的一个普适性概念。这样的法治国家概念是摒弃了德国 19 世纪法治国当中的国家主义，并将实质正义导入其中。就产生了"法治国"概念的德国而言，在历经纳粹和二战而劫后余生，在理论上对一种"实质意义的法治国家"有了极为深切地感受；在制度上则在《宪法》第 20 条第 3 项中明确规定："所有国家权力都受到法律及法之拘束"，大力实施违宪审查，注重分权原则与权利救济的有效运作，坚持公民的良心自由和对恶法的抵抗权。形式法治与实质法治的冲突成为西方各国法治一般性的共有问题，当代德国法治同英美法治之间已无质的区别。正如我国台湾地区学者陈新民所说："法治国必须承继传统形式意义法治国的杰出理念，诸如最大幅度地维护人民基本权利、基于自由主义的对国家权力可能滥权的疑惧，以及确保上述两个原则所必需采行的法律保留及所衍生的信赖利益保护、溯及禁止与可预测性原则的实践等。同时必须符合国家追求整体实质正义以及将国家行为确实用法而非单纯的用法律加以束缚，使得法治国无疑地可透过违宪审查的制度，来摒斥恶法亦法，而达到'良法之治'。因此，法治国的精神已将实证的法律工具论视为下层次的执行原则。"[1]

今天的法治国家概念已在根本上摆脱 19 世纪"法治国"的国家主义范围，意味着包含实质正义的法治原则在国家政治法律生活领域内的全面实现。所谓法治国家，是指依靠正义之法来治理国家与管理社会，从而使权力与权利得以合理配置的社会状态。在当代社会主义中国，"社会主义法治国家"的基本内涵应当包括：社会生活的基本方面和主要的社会关系均纳入法律（制度及程序）的轨道，接受法律的治理。而法律是建筑在尊重民主、人权和潜能、保护和促进经济增长、社会公平、社会秩序和社会进步的基础之上，就是说法治乃良法善治；凝结着人民公意的宪法和法律高于任何个人、群体、政党的意志，有至上的效力和最高的权威；国家的一切权力根源于法律，而且要依法行使；公民在法律面前一律平等，不因性别、种族、肤色、语言和信仰等特殊情况而有基本权利和义务的差别，非基本权利和义务的差别只应与职位相连，而职位对一切人开放；凡是法律没有禁止的，都是合法或准许的，每个人只要其行为不侵犯别人的自由和公认的公共利益，就有权利（自由）按照自己的意志活动；公民的权利、自由和利益机会非经正当的法律程序和充足的理由不受剥夺，一切非法的侵害（不管来自个人或国家）都能得到公正、合理、及时的补偿。[2]

---

[1] 陈新民：《法治国家论》，学林文化事业有限公司 2001 年版，第 118～119 页。
[2] 张文显主编：《法理学》，高等教育出版社、北京大学出版社 1999 年版，第 184～185 页。

二、法治国家的条件

法治与法治国家是人类基于现代社会生活条件所提出的理想目标，这也就意味着它们的实现有着客观的前提条件。从历史发展的角度看，法治国家显然是人类社会现代化过程的一个产物，是在一国社会发展和内部结构变迁过程中缓慢生长起来的。如果说形式上架构完备的法律体系是为现代法治国家的建立提供了可能性的话，那么，现代政治、经济、文化条件的具备则为现代法治国家的建立提供了现实性与基础条件。法制变革固然有促进与加快社会发展的重要作用，但是，从根本上说，是现代民主政治与市场经济培育与推动了现代法治的成长与真正实现。换言之，社会政治、经济、文化条件的充分发展为法制变革提供了最恒久而可靠的源动力与保证，法制架构乃是对民主政治与市场经济建设成果的巩固。

1. 法治国家是以市场经济为经济基础和条件的。我们在前述"法律与经济"一章中已经阐明：法律的兴盛总是与商品经济、市场经济相关，近代以来，随着市场经济的深入发展，经济与法律的内在联系日益彰显，最终有了市场经济必然是法治经济的判断和要求。自给自足的自然经济和以国家权力强制安排的产品经济虽然也需要行政法、刑法等法律，但却没有也不可能导致法治国家的产生，确切地说，自然经济和产品经济恰恰是人治国家的深层原因，这也就为什么世界上没有任何一个法治国家可能建立在自然经济或者产品经济基础之上。市场经济之所以构成法治国家赖以产生前提基础和赖以强化的支撑力量，取决于市场经济的品性与结构同法治之间的内在联系。换言之，法治国家是市场经济在政治制度与社会治理方式上的总体表现和必然要求。市场经济是反对人身依附的平等经济，是尊重个性与自由的权利经济，是追求效率与发展的竞争经济，是打破地域分割体制分割的统一经济、甚至是打破民族国家封锁的全球化经济，同时，市场经济也存在着天然的盲目和消极因素。这样的经济形态对法律的要求就不仅仅是制度的保障和规则的预期，更要把自身追求平等、自由、权利本位、普遍竞争的价值理念注入法律制度之中，从而不仅为法治国家的建立提供了法律规则上量的积累，更重要的是，由市场经济所最终决定的文化观念和行为方式为法治国家注入了区别于人治国家的新的品格，或者说，质的规定性。

2. 法治国家是以民主政治为政治基础和条件的。民主与法治之间在理念上的同一与功能上的互促关系。现代民主的基本精神在于一切权力属于人民、一切权力服务人民、一切权力受到人民的监督与制约。因此，民主政治在逻辑上必然要求法治国家，民主政治决定着法治国家的本质和发展程度，是法治国家建设真正的动力源泉。只有在一个民主精神深入人心的国度，人民才会为法律而斗争、最终为法治而斗争；也只有在一个民主原则受到尊重的国度，人的权利和尊严才会被作为法律之法，驾驭着法治的方向而使之走向具体与精微。相反，没有了民主政治，法律纵然可以繁多、纵然可以强悍，而距离真正的法治却只能是南辕北辙、渐行渐远。从这个意义上讲，能否有效扩大并落实社会主义民主政治无疑是中国法治建设的实质所在。

3. 法治国家是以公民文化为文化基础和条件的。任何文化都是人的思想观念与行为方式的体现，因而，文化类型界分的实质标准应当是人，即在一个社会文化体系当中，人本身的地位与属性。公民文化现代社会成员基于自身的公民属性而具备的思想文化观念和行为方式，是与现代市场经济、民主政治和科学技术相适应的社会文化系统。就现代社会法治国家建设而言，公民文化包含以下基本内容：

第一，公民意识。公民是法治国家对社会成员的制度定位，因而公民意识首先是一种法律意识，它集中地体现了人与法的基本联系，表征着现代社会成员在基于法律而获得的一种主体性与平等性的存在方式和行为方式。由此决定了，与现代法治观念相联系的公民意识同时区别于"臣民"意识和"主人"意识。臣民意识是自己做奴隶，主人意识是叫他人做奴隶，前者背离现代社会成员的主体性地位，后者背离现代社会成员的平等性价值，从事实上看，在现代法治缺失的情况下所谓的主人意识最终培养起来的只能是官僚的主人意识，而导致民众意识向臣民意识的复归。即便在政治理念层面上强调人民的主人地位，也必须明确：其一，主仆关系是适用于作为整体的民众与国家政权之间的政治学范畴，而不是指向民众之间的社会关系范畴；其二，作为表征人民主权的政治范畴的"主人"最终必须转化为法律范畴的"公民"来予以实现。也就是说，人民主权必须转化为法定权利和法律制度才是可操作的和可以正确实现的。因此，公民意识直接指向法律上的权利义务意识。

第二，理性精神。理性是相对于感性或非理性而言的。感性或非理性内在于人的本性之中，以一种偶然性的方式作用于人及社会的存在与发展，在某些依赖于个体性天才创造的特定的社会领域或场合感性或非理性甚至是不可或缺的，这实际上根源于理性和非理性是可以转化的，或者说，不同的时代、不同领域理性精神本身具有不同的内容。作为公民文化内涵之一的理性精神意味着社会成员从对社会发展的矛盾运动尤其是国家—社会—个人的关系及国家政权的职能与运作的正确观念出发，依据法律主张权利履行义务，合乎理性地应对和处理公共关系和私人事务。这种理性精神对于一个社会的健康、平稳发展是极其重要的，尤其是对于政治法律领域而言，感性或非理性至少应当被看作一种危险。历史上在政治领域的对感性文化、非理性文化的鼓吹，历来是人治主义的看家本领，最终是为专制集权统治张目。

第三，社会契约观念。英国法史学家梅因在 19 世纪提出的"截至目前，人类历史上的一切进步归根到底是一场运动，即身份到契约的运动[1]"这样一个命题，对人类认识现代社会产生了深刻地影响。契约原本是表征商品交换当中的经济形式和人际关系的，社会契约观念是商品契约的思想逻辑在法律、政治和社会领域上的表现。社会契约论和自然权利学说、人民主权学说以及分权制衡学说一道构成了资产阶级民主和法治理论的内在逻辑和历史起点。社会契约论在历史上粉碎了封建的等级观念和人身依附，并且从人的主体平等出发，主张对包括政治统治在内的一切公共社会关系进行公开与理性地度量与规制，因而在今天继续发挥着防范政府滥用权力、约束公民依法办事的作用。尽管，社会契约论所据以成立的哲学基础是历史唯心主义，其中的逻辑也很难说完全严密，但是，它所发挥的对民主和法治的支撑与促进作用是不容否定的。吸收其中的合理因素作为现代公民文化有机构成，对于有着深厚封建人治传统的中国社会来说是极为必要的。

第四，思想自由开放观念。正如法国思想家帕斯卡尔所说："人的全部尊严在于——思想[2]"，不管是出于对人本身的尊重还是出于社会发展进步的动力和机制的考虑，任何一个现代的国度都要求高度重视社会成员在思想上的独立、自由与开放，从而保证每个人都有形成（生产）和传播（出售）思想的权利和平等机会。这些权利包括：形成和坚持某种信念和观念的权利（宪法上"良心自由"），通过演说、文学、艺术、音乐、图像、符号等沟通媒介传播和接收思想的权利，保护沉默的权利，听取别人关于政治、法律、经济、文化、历史、哲学等观点和关于事实的陈述评论的权利，获取情报的权利，采取集体行动共同表达思想的权利（如集会、游行、示威、请愿的权利）。判断思想认识正确与错误的唯一途径，在于思想的公开、自由对话基础上平等地接受社会实践的检验，从而代表科学和理性并有益于社会的思想精华才能够击败谬误和不合时代潮流的陈腐观念而坚持下来和传播开去。任何个人都无权也不可能长期垄断思想，搞舆论一律和意识形态霸权，只许自己有形成和传播思想的权利，不许别人形成、坚持和传播思想，或者把人们置于除了权威人士认定的标准思想外一无所知的状态。置身于人类知识日新月异民族国家千帆竞发的全球化时代，不管是来自民族主义的恋旧情绪还是来自威权统治的高压控制，任何企图进行思想控制的观念和行为都必然被历史所抛弃。就政治统治和法治建设而言，思想

---

[1]　[英] 梅因：《古代法》，沈景一译，商务印书馆 1959 年第 1 版，第 97 页。

[2]　[法] 布莱兹·帕斯卡尔：《思想录》，钱培鑫译，译林出版社 2012 年版，第 57 页。

的自由开放最能有效地传递政治信息，从而增加政治的透明度和开放性，并为舆论监督提供机会，逐步培养起公民的议政意识和参政督政能力，保证政治的民主和廉洁，保证法律活动的公正性和国务活动的合法性。

三、法治国家的基本特征

人类社会的法治实践表明，一个成熟的法治国家至少应当具备下述五个方面的内容或特征：

1. 法律成为基础性和终极性的国家—社会治理方式，法律在一切权威系统中具有至高无上的地位。"法律的统治而非人的统治"，是一切法治国家的首要原则。在这个层面上，法治国家意味着社会政治、经济、文化等主要社会关系纳入了法律的调整范围；法律作为社会治理最终和最基本的方式，而对社会秩序起到支柱性的作用，道德、宗教、政策等其他一切社会调整方式都必须在法律的范围内发挥作用。法律之治成为社会上下的基本共识，法治信仰普遍形成。

2. 法治之法是良法，既具备普遍性、连续性、一致性、明确性等形式品质，又充分体现民主、人权和社会正义的实质内容。从根本上讲，良法来源于人民的意志，但是，从人民意志向良法的转化是以发达的法律方法和完备的法律程序为前提的。同时，只要我们不抱持一种机械主义的法律观念，而是看到法律在实施过程中的确证与演化过程，那么，法律的良善与否就绝非仅仅是一个立法问题。实际上指望立法一次性地解决良法问题，完全是不现实的。法律的生命在于它的实现，法律的内容也是在实施中得以制度化确定的。因此，良法的形成一方面有赖于民主的立法制度和科学的立法程序，从而尽其可能地提高立法质量；另一方面，更要依赖于一支高素质的法律职业群体，从法治精神出发，在法律赋予的权力范围内，合理运用法律解释与推理技术，尽其可能地纠正立法中的不足与缺憾，确保法律的价值在实施过程中得到最大限度的释放。

3. 国家权力受到法律的有效规制，权力的异化与腐败得到根本性的控制。法治国家的本质是人民民主、人民主权的国家，所以，法治的主体是人民。人民依照宪法和法律规定，通过各种途径和形式管理国家事务，管理经济文化事业，管理社会事务，保证国家权力依法运行，各项事业依法推进。那种认为法治的主体是国家机关，人民群众是法治的对象，依法治国就是依法治民的观念是错误的。与法治的主体是人民相对应，法治的客体是国家机器和国家权力。依法治国的"国"首先是国家机器意义上的国，其次才是国度意义上的国。所以，依法治国关键是治权、治吏是不言而喻的。古往今来，对法治的威胁和危害主要不是来自公民个人，而是来自公共权力和政府官员。有法不依、执法不严、司法不公、以权压法、以言代法，都是来自上面，来自官员；至于权钱交易，矛盾的主导方面也是掌握国家权力的官吏，而不是腰缠万贯的老板。权力的异化与腐败程度显然是检测一个国家法治真实程度最实质的指标。可以确定地说：国家权力切实受到法律的有效控制之日，便是中国法治真正建成之时。

4. 司法独立与司法权威。法治的化身是手持天秤与宝剑的司法女神，而不是殚精竭虑的立法者和鞠躬尽瘁的执法者，这是因为司法领域是法治力量与反法治力量最典型、最激烈的竞技场，是法律力量有无，或者说，法治真假的最直接的试金石。把法治国家或者法律之治在操作层面上作最终极的规约与压缩，所剩下的就是法院和法官。换言之，法治的最终捍卫者，不是立法者，更不是执法者，而只能是司法者。因为法院与法官是法治原则或法治国家的最后一道防线，包括立法、执法本身对错与否在内的一切社会纠纷，在法治国家的最终解决机制是法院、法官的司法活动。一支独立、公正、权威、高效的司法职业者队伍是任何一个法治国家的柱石所在。英、美、日、德等西方法治国家甚至不惜损伤社会平等而花费巨资为全社会打造出一个作为法律正义化身的法袍贵族阶层或者说法律精英阶层。而严重存在的司法腐败正是极具刺激性地反映了法治原则在我国当下的败坏程度。法官是会说话的法律，法律及其权威是法官的职业灵魂与职业生命所在，如果果真连法官这样核心的法律职业者都不会或不敢主张法律的思维与要求，我们还能指望什么人、什么力量来使我们真诚地相信"法治国家"最终不会是一个美丽而真实的谎言。因此，任何一个法治国家都必须高度重视司法权力的制度配置问题。一切法治国家的一个普遍特征就是确定的司法独立与权威。司法体制与司法权力的合理配置与否，绝不只是社会某一特定领域、甚至如同政府的一个内部机构的局部问题，而是应当作为关系法治国家建设成败的结构性问题来看待和把握。

5. 有限政府和社会自治。有限政府也就是宪政政府，意味着政府的一切权力均来自于宪法的授予，而不得自行推定。一个权力无所不包、随意行事的"无限政府"是极其可怕的，也是法治最大的敌人。因此，在一个法治国家，宪法必须对一切授予政府的权力，以及这些权力的分配、取得和行使方式有明确的规定，并确保政府权力（包括立法权力）的行使是在服从宪法和法律的前提下进行；政府的权力尽管强而有力，但必须限于公民权利范围之外；司法或专门机构必须有能力对政府（包括立法机构）行为的合法性进行独立审查。与有限政府对应的，是建立在政治国家—市民社会二元互动结构下的社会自治。一个以市场为中心的平等、自由和协商的社会领域，始终是法治国家的根基所在。法治秩序在结构上就是这种市民社会同政治国家妥协的产物——社会赢得的是自主的空间，得以自由地契约和结社建构自身；国家和政府则作为社会公共领域在制度上的一种延伸，成为维护法律秩序的手段，本身不得侵入、压制或并吞社会的制度空间，否则，法治也就蜕变成赤裸裸的专制。因此，宪法必须肯定公民的基本权利和自由，排除国家的任意干预；法律应肯定公民的自由契约和结社的权利，以授权的方式调整行为；法律应确认公共领域之言论、出版、集会等政治权利和自由，以使社会有能力抵制政府的非法干预；司法机关必须为公民的权利提供有效的救济手段。

第三节　当代中国的法治国家建设

一、依法治国基本方略的形成

依法治国，建设社会主义法治国家是建设中国特色社会主义的必然要求，是中国共产党对新中国成立以来的历史进行反思的结果，是符合中国社会全面走向现代化要求的正确选择。然而，这一选择的做出是非常艰难的，也是几代中国人不断努力、接力探索的结果。

在新中国即将诞生之际，共产党就面临着用什么方式治国理政，如何更好地维护和实现最广大人民的根本利益的问题。1949 年 2 月，中共中央于发出《关于废除国民党的〈六法全书〉与确定解放区的司法原则的指示》，1949 年 4 月，华北人民政府也发布了《为废除国民党的〈六法全书〉及一切反动法律的训令》，从而一举废除了国民党政府的法律体系。在前一个指示中，规定了司法机关的办事原则应该是：以人民政府、人民解放军已发布的各种纲领、法律、命令、条例、决议为依据；以上纲领、法律、命令、条例、决议也无规定的，以新民主主义政策为依据。

新中国建立之初，以毛泽东为核心的党的第一代中央领导集体领导人民制定了宪法、组织法、选举法等涉及国家政治、经济制度和国家权力分配的重要法律，开创了新中国社会主义法制建设的新局面。但随着"左"的思潮泛滥，法律虚无主义盛行，"文化大革命"致使法律制度的建设完全停顿并遭到严重破坏。

1978 年，中国共产党第十一届三中全会总结了历史经验和教训，实现了拨乱反正。在十一届三中全会公报中，提出了"发展社会主义民主，加强社会主义法制"的基本方针，并提出了社会主义法制建设就是要做到"有法可依，有法必依，执法必严，违法必究"，"要忠实于法律和制度，忠实于人民利益，忠实于事实真相；要保证人民在自己的法律面前人人平等，不允许有任何人有超越法律之上的特权"。这是改革开放之初，共产党用党的文件正式重申"法律面前人人平等"这一重要原则。邓小平同志也强调，"为了保障人民民主，必须加强法制。必须使民主制度化、法律化，使这个制度和法律不因领导人的改变而改变，不因领导人的看法和注意力的改变而改变[1]"。为宪法法律与国家权力的关系划定了明确的界限。在 20 世纪 80 年代中后期，学术界也非常活跃，尤其是对"法制"与"法治"概念的讨论和辨析，更是起到了提高全民法治意识的重要作用。

1979 年 9 月 9 日，中共中央颁布了《关于坚决保证刑法、刑事诉讼法切实实施的指示》，强调刑法等七部法律"能否严格执行，是衡量我国是否实行社会主义法治的重要标志"。这是新中国成立以来党和国家文件第一次使用"法治"这一概念。

1996 年 4 月，第八届全国人大四次会议通过的《国民经济和社会发展"九五"计划和 2010 年远景目标纲要》，明确提出"要坚持和实行依法治国，积极推进社会主义法制建设的进程，加强立法，严格执法，不断提高广大干部和群众的法律意识和法制观念，努力建设社会主义法治国家"。

1997 年 9 月，党的十五大在总结了我国社会主义民主法制建设的历史经验基础上，第一次提出了"依法治国，建设社会主义法治国家"的治国方略，把依法治国看作是社会主义市场经济的客观要求，是社会文明进步的重要标志，是国家长治久安的重要保证。随后，1999 年 3 月，九届人大第二次会议将"依法治国，建设社会主义法治国家"作为治国方略写入了宪法修正案。

2002 年 11 月，党的十六大把依法治国作为社会主义民主政治建设的重要内容和目标，强调把坚持党的领导、人民当家做主和依法治国统一起来，进一步推进了我国民主政治法治建设的进程。

2007 年 10 月，党的十七大提出要"全面落实依法治国的治国基本方略，加快建设社会主义法治国家"。强调"依法治国是社会主义民主政治的基本要求。要坚持科学立法、民主立法，完善中国特色社会主义法律体系。加强宪法和法律实施，坚持公民在法律面前一律平等，维护社会公平正义，维护社会主义法制的统一、尊严、权威。推进依法行政。深化司法体制改革，优化司法职权配置，规范司法行为，建设公正高效权威的社会主义司法制度，保证审判机关、检察机关依法独立公正地行使审判权、检察权。加强政法队伍建设，做到严格、公正、文明执法。深入开展法制宣传教育，弘扬法治精神，形成自觉学法守法用法的社会氛围。尊重和保障人权，依法保证全体社会成员平等参与、平等发展的权利。各级党组织和全体党员要自觉在宪法和法律范围内活动，带头维护宪法和法律的权威"。

2012 年 11 月，党的十八大报告指出：法治是治国理政的基本方式，要推进

---

[1]《邓小平文选（1975～1982 年)》，人民出版社 1983 年版，第 136 页。

科学立法、严格执法、公正司法、全民守法，坚持法律面前人人平等，保证有法必依、执法必严、违法必究。同时，强调把"依法治国基本方略全面落实，法治政府基本建成，司法公信力不断提高，人权得到切实尊重和保障"作为全面建成小康社会的重要保障。

2013年11月，党的十八届三中全会提出，全面深化改革的总目标是完善和发展中国特色社会主义制度、推进国家治理体系和治理能力现代化，要求"紧紧围绕坚持党的领导、人民当家作主、依法治国有机统一深化政治体制改革，加快推进社会主义民主政治制度化、规范化、程序化，建设社会主义法治国家"。十八届三中全会为后来的四中全会提出全面推进依法治国的总蓝图奠定了基础。

2014年10月，召开的十八届四中全会是中国共产党历史上的两个"第一"：第一次专门研究法治建设的中央全会，形成了第一个关于加强法治建设的专门决定。党的十八届四中全会召开，在建设社会主义法治国家的征程上竖起一座新的里程碑，也是法律人与法律界的一次新的历史机遇。这次全会作出的《中国共产党关于全面推进依法治国若干重大历史问题的决定》是党的十八大提出全面建成小康社会的奋斗目标，党的十八届三中全会对全面深化改革作出的顶层设计之后，实现这个奋斗目标和落实这个顶层设计，需要从法治上加以推进和保障。因此，全会的《决定》也就不仅仅是政法领域的深化改革问题，它关系到党如何执政兴国、关系到整个社会治理和社会管理水平与效率、关系到人民幸福安康、关系到党和国家长治久安的重大战略问题。

二、建设中国特色社会主义法治体系

（一）中国特色社会主义法治体系提出的重大意义

党的十八届四中全会提出，全面推进依法治国，建设中国特色社会主义法治体系，就是在中国共产党的领导下，坚持中国特色社会主义制度，贯彻中国特色社会主义法治理论，形成完备的法律规范体系、高效的法治实施体系、严密的法治监督体系、有力的法治保障体系，完善的党内法规体系。坚持依法治国、依法执政、依法行政共同推进，坚持法治国家、法治政府、法治社会一体建设，实现科学立法、严格执法、公正司法、全民守法，促进国家治理体系和治理能力现代化。全面推进依法治国的总目标，总结了中国共产党治国理政的经验和教训，深刻分析了国内外形势的新变化，回应了人民群众的新期待，站在全局的高度作出的总部署，具有重大的战略意义。

第一，明确了中国特色法治道路的正确方向。改革开放以来，中国共产党治国理政上的巨大成就之一就是在全党和全社会范围内达成了法治国家建设上的思想共识。世界各国由于历史、文化和发展道路的不同，存在着不同的法律制度模式和法治体系。坚持党的领导，坚持中国特色社会主义制度，坚持中国特色社会主义理论体系指导，将保障我们依法治国沿着正确的方向推进。

第二，明确了全面推进依法治国的总体布局。要把法治建设看作是一个系统工程，从立法、执法、司法、守法等方面全方位推进，围绕建设中国特色社会主义法治体系这个总抓手，从依法治国、依法执政、依法行政共同推进和法治国家、法治政府、法治社会一体建设方面，对法治中国建设加以总体部署和安排。

第三，反映了中国共产党治国理政思想的重大创新。随着社会主义事业的不断发展，党对法治的地位和作用的认识也在不断深化。从"文化大革命"结束到十八届四中全会，党认识到法治是治国理政的基本方式，这标志着党对法治发展规律、社会主义建设规律和共产党执政规律的认识达到了一个新的高度。

第四，体现了与全面深化改革总目标的内在联系。党的十八届三中全会确定了全面深化改革的总目标，这就是完善和推进中国特色社会主义制度、推进国家治理体系和治理能力的现代化，这被人们称为是在中国共产党提出工业、农业、科技和国防四个现代化之后的第五个现代化，也是中国共产党首次将治理体系与治理能力的现代化上升为"总目标"的高度，为下一步全面深化改革指明了方向。推进国家治理体系和治理能力现代化，涉及政治体制、经济体制、文化体制、社会体制、生态文明体制和党建体制等各个领域，也涉及治理主体、治理理念、治理内容、治理方式等层面，其中任何一个方面都离不开法治的轨道，作为第五个现代化的国家治理体系和治理能力的现代化，必须在法治的框架内推进。

（二）中国特色社会主义法治体系建设的任务

虽然中国特色社会主义法律体系已经形成，法治政府建设稳步推进，司法体制不断完善，全社会法治观念明显增强，但同党和国家事业发展要求相比，同人民的期待相比，同推进国家治理体系和治理能力现代化目标相比，法治建设还存在许多不适应和不符合的问题。主要表现为三个大的方面：一是有的法律法规没有全面反映客观规律和人民意愿，针对性、可操作性不强，立法工作中部门化倾向、争权诿责现象较为突出；二是有法不依、执法不严、违法不究现象比较严重，执法体制权责脱节、多头执法、选择性执法（对执法对象区别对待、有违公正的现象）依然存在，执法司法不规范、不严格、不透明、不文明现象较为突出，群众对执法司法不公和腐败问题反映强烈；三是部分社会成员尊法、信法、守法、用法，依法维权意识不强，一些国家机关工作人员特别是领导干部依法办事观念不强、能力不足，执法犯法、以言代法、以权压法、徇私枉法现象依然存在。这些问题违背社会主义法治原则，损害人民群众利益，妨碍党和国家事业发展，必须下大力气加以解决。因此，当前建立和健全具有中国特色的社会主义法治体系，主要有以下五个方面的任务：

第一，形成完备的法律法规体系。2010 年，我国宣布中国特色社会主义法律体系已经建成。截至 2014 年 3 月，我国现行有效法律 242 部。68 部法律的制定或修改列入了本届全国人大及其常委会的立法规划中。与此同时，现有法律法规中依然存在不协调、不一致、体系性不强等问题。现代社会发展纷繁复杂，新生态、新业态不断出现，这就决定了法律自身是发展变化的，从来都不存在固定不变的法律。经济社会越发展，人民群众对美好生活的期盼越强烈，继续建立和健全我国社会主义法律法规体系就成为持久常态工作。形成完备的法律法规体系就要增强法律法规的系统性，解决因体系性不强导致在逻辑上、价值取向的冲突问题。在一个国家的法律法规体系中，一切法律都要服从宪法并与其保持一致，规定实体权利的法律要与规定诉讼程序的法律保持一致，否则就会影响法律体系的整体和谐乃至法律的功能。我国法治建设的任务已经从以立法为中心转向以落实宪法和法律规定为中心，形成完备法律体系是形成完备法治体系的制度前提。

第二，高效的法治实施体系。所谓高效的法治实施体系是指法治实施体系能有效地确保纸面上的规范成为实践的行为和立法目的如期实现。"徒法不能以自行"，[1]仅有精良的法律，没有使其得以实现的渠道，无异于一堆废纸，而司法、执法和守法就是法律实现和实施的三种基本形式。十八届四中全会指出"法律的生命力在于实施，法律的权威也在于实施"。建设中国特色社会主义法治体系，是一个把静态法律法规通过执法、司法、守法的等环节加以实现的过程，也是一个从理论到制度再到实践的系统工程，这样的法律才是具有生命力的法律，才是从书本上的法走到现实中的法。从实践来看，人民群众对法治建设意见最大的地方，就是有法不依和执法不严，就是法律给老百姓"打白条"。这就必须要求各级领导干部要带头遵守法律，带头依法办事，不得违法行使权力，更不能以言代法、以权压法，形成全民尊法、守法的良好社会风气。归结到一点，全体国人对法治的认同是实施法治的一切力量之源。因此，我们要法治国家建设过程中，紧紧抓住法治实施这个重点难点，加强法治实施能力和实施机制的建设，着力构建以法律规范实施为核心，以党内法规实施、社会组织规范实施、道德伦理规范实施以及乡规民约等社会生活规范实施构成的法治实施体系。

第三，严密的法治监督体系。对公权力的监督之所以必要，概括讲主要的

---

[1]《孟子·离娄上》。

理由有三：一是法律监督可以保证法律的实现。二是法律监督有利于维护法治的统一。三是法律监督有利于防止权力滥用。一切权力拥有者必须受到法律的监督和制约，这是现代法治国家的重要标志之一。对公权力的监督需要建立一种严密的法治监督体系，它涉及谁来监督、对谁监督、如何监督等一系列的问题。一是谁来监督，是一个法律监督主体的问题，是指行使法律监督权的人或机构，也就是法律监督活动的实施者。法律监督的主体是十分广泛的，既包括各级人大、行政监察、法律监督等国家专门机关，又包括执政党和其他民主党派，群众组织和公民个人等社会力量。其中，前者是国家的法律监督，后者是社会的法律监督。二是对谁监督，也称法律监督客体，是指法律监督的直接指向，即法律监督的对象。在我国，法律监督的客体主要是各级国家机关及其工作人员。前者包括各级权力机关、行政机关、司法机关；后者是在中央国家机关和地方各级国家机关中任职的公职人员。三是如何监督，是指法律监督的方式和内容。法律监督从方式上可以分为内部监督和外部监督：其中内部监督主要包括两个方面：一是行政机关、司法机关各个系统内的自我监督。二是行政机关与司法机关之间的相互监督；而外部监督主要是指社会力量的监督，包括各党派、社会组织、传媒和公民个人。法律监督从内容上可以分为静态监督和动态监督：其中静态监督主要是制度设计上的监督内容，如国家机关之间的相互监督的权力以及社会力量对公权力拥有者的监督等；动态的监督主要是运行过程和权力行使结果的监督。

　　第四，有力的法治保障体系。近些年来，我国法治保障体系不断完善，但仍然存在一些问题。如法治保障体制机制的部门化、行政化，人财物保障体制的"分灶"固化，进而滋生执法司法领域的人情案、金钱案，出现了个别执法、司法行为被干预、被插手的情况，损害了法治威信。同时，执法司法保障的低职业化现象较为明显，特别是执法司法人员的准入、遴选、晋升、转任机制不健全，形成职业保障规则不公平、机会不公平、起点不公平，"驱逐人才"。构建有力的法治保障体系是一个复杂的系统工程，涉及利益相关主体的冲突与磨合，亟须增强理念认同，对制约法治保障体系的深层次矛盾和问题进行系统梳理和逐一解决。首先，应加快推进省以下司法管理体制改革，探索建立与行政区划适当分离的司法管辖制度，确保司法机关依法独立公正行使审判权、检察权。其次，围绕遵循司法规律，理顺司法权与司法行政事务权、司法权与监督权的关系，健全办案组织体系，健全司法权力运行机制，加快推进司法职权配置科学化。最后，加快建立符合职业特点的司法人员管理制度，推进司法职业化，如建立以法官、检察官为主体，以司法助理官、书记官、司法警察等为辅助，以综合管理服务事务官三个序列适度分离的司法人员分类管理体系。当然，促进社会公平正义、增进人民福祉是构建有力的法治保障体系的根本所在。接下来亟须加快推进人权司法保障法治化，完善法律援助、法律服务、法律宣传等工作，让老百姓打得起官司，让群众合理诉求及时就地解决，切实维护群众的合法权益。

第五，完善的党内法规体系。十八届四中全会提出："党内法规既是管党治党的重要依据，也是建设社会主义法治国家的有力保障。党章是最根本的党内法规，全党必须一体严格遵行。"将党内法规体系纳入中国特色社会主义法治体系进行统一部署，是执政党建设和法治建设上的重大创新，这从根本上找到了解决党的领导与依法执政的关系问题。中国共产党是一个现代政党，它不是传统的革命组织，要走出革命党依靠政治意志统治国家的旧局面，开创执政党依法治国的新局面，这就是党要把执政方式纳入法治的范围里来，宪法法律以及党内法规均是党员干部需要遵守的基本规则。

【延伸阅读】

1. 徐显明："论法治'构成要件'——兼及法治的某些原则及观念"，载《法学研究》1996 年第 3 期。

2. 夏勇："法治是什么？——渊源、规诫与价值"，载《中国社会科学》1999 年第 4 期。

3. 王人博："一个最低限度的法治概念——对中国法家思想的现代阐释"，载《法学论坛》2003 年第 1 期。

4. 严存生："论法治原则与我国的法治实践"，载《法的理念探索》，中国政法大学出版社 2003 年版。

5. 郝铁川："中国依法治国的渐进性"，载《法学研究》2003 年第 6 期。

6. 高全喜："论宪法政治——关于法治主义理论的另一个视角"，载《北大法律评论》2005 年第 1 期。

7. 李步云："转型时期的中国法治"，载《中国政法大学学报》2008 年第 2 期。

8. 张文显："改革开放新时期的中国法治建设"，载《社会科学战线》2008 年第 9 期。

9. 袁曙宏、杨伟东："我国法治建设三十年回顾与前瞻——关于中国法治历程、作用和发展趋势的思考"，载《中国法学》2009 年第 1 期。

10. 郭道晖："中国法治与中国改革的社会动力"，载《太平洋学报》2009 年第 9 期。

11. 张志铭、于浩："共和国法治认识的逻辑展开"，载《法学研究》2013

年第 3 期。

12. 钱弘道、王朝霞:"论中国法治评估的转型",载《中国社会科学》2015 年第 5 期。

13. 朱景文:"论法治评估的类型化",载《中国社会科学》2015 年第 7 期。

14. 王旭:"'法治中国'命题的理论逻辑及其展开",载《中国法学》2016 年第 1 期。

15. 葛洪义:"作为方法论的'地方法制'",载《中国法学》2016 年第 4 期。

16. 郑永流:《法治四章——英德渊源、国际标准和中国问题》,中国政法大学出版社 2002 年版。

【思考题】

1. 如何理解法治概念?

2. 什么是人治? 人治和法治的本质区别是什么?

3. 民主与法治是怎样的关系?

4. 如何认识法治国家建设的前提条件和基本特征?

5. 如何认识中国特色社会主义法治体系的内容和任务?

图书在版编目（CIP）数据

法理学教程/李其瑞主编. —北京：中国政法大学出版社,2017.1
ISBN 978-7-5620-7287-4

Ⅰ.①法…　Ⅱ.①李…　Ⅲ.①法理学－教材　Ⅳ.①D90

中国版本图书馆CIP数据核字(2016)第323341号

出　版　者　　中国政法大学出版社

地　　　址　　北京市海淀区西土城路 25 号

邮　　　箱　　fadapress@163.com

网　　　址　　http://www.cuplpress.com（网络实名：中国政法大学出版社）

电　　　话　　010-58908435(第一编辑部)　58908334(邮购部)

承　　　印　　保定市中画美凯印刷有限公司

开　　　本　　720mm×960mm　1/16

印　　　张　　15.75

字　　　数　　291 千字

版　　　次　　2017 年 1 月第 1 版

印　　　次　　2018 年 3 月第 2 次印刷

印　　　数　　4001～9000 册

定　　　价　　36.00 元